DuMont Schnellkurs

ROMANTIK

Heinz-Georg Held studierte Vergleichende Literaturwissenschaft, Kunstgeschichte und Religionswissenschaft in Berlin und Venedig. Seit 1990 ist er Dozent für Deutsche Sprache und Literatur an der Universität Pavia.

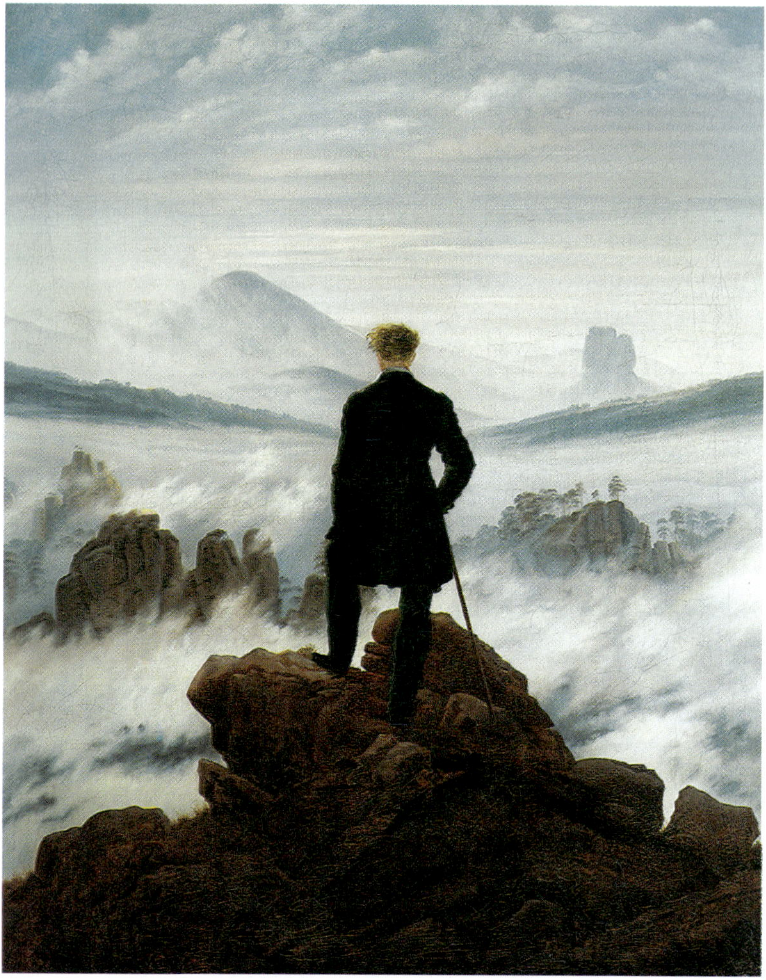

Caspar David Friedrich (1774–1840), *Der Wanderer über dem Nebelmeer*, um 1818, Öl auf Leinwand, 74,8 x 94,8 cm, Hamburger Kunsthalle

„Der vollendete Mensch muß gleichsam an mehreren Orten und in mehreren Menschen leben – ihm müssen beständig ein weiter Kreis und mannigfache Begebenheiten gegenwärtig sein. Hier bildet sich dann die wahre, großartige Gegenwart des Geistes – die den Menschen zum eigentlichen Weltbürger macht." (Novalis)

„Der Historiker ist der rückwärts gewandte Prophet." (Friedrich Schlegel)

DuMont Schnellkurs

ROMANTIK

Literatur, Kunst und Musik
1790–1840

Heinz-Georg Held

DUMONT

Impressum

Umschlagvorderseite von links nach rechts und von oben nach unten:
Caspar David Friedrich, *Der Wanderer über dem Nebelmeer*, um 1818, Hamburger Kunsthalle; Joseph Anton Koch, *Wasserfall*, 1796, Hamburger Kunsthalle, Caspar David Friedrich, *Das Eismeer*, um 1823/24, Hamburger Kunsthalle; Philipp Otto Runge, *Die Hülsenbeckschen Kinder*, 1805/06, Hamburger Kunsthalle; William Turner, *Frieden – Bestattung auf See*, 1842, London, Tate Gallery; Carl Spitzweg, *Der arme Poet*, 1839, München, Neue Pinakothek

Umschlagrückseite von links nach rechts:
Philipp Jakob Loutherbourg, *Coalbrookdale bei Nacht*, 1801, London, The Science Museum; Eugène Delacroix, *Die Freiheit führt das Volk an* (Detail), 1830, Paris, Musée du Louvre

Bibliographische Informationen der Deutschen Bibliothek
Die Deutsche Bibliothek verzeichnet diese Publikation in der Deutschen Nationalbibliographie; detaillierte bibliographische Angaben sind im Internet über http://dnb.ddb.de abrufbar.

Originalausgabe

Redaktion und Satz: Lioba Waleczek, Köln
Druck und buchbinderische Verarbeitung: Editoriale Lloyd

Printed in Italy ISBN 3-8321-7601-2

Inhalt

Eine europaweite Protestbewegung

Die Romantik ist ein bewegtes Kapitel der europäischen Kulturgeschichte. Gewöhnlich versteht man darunter die Zeit zwischen zwei Revolutionen: der Französischen Revolution von 1789, deren unmittelbare Folgen über mehrere Jahrzehnte die politische Landschaft in Europa bestimmen, und den Erhebungen von 1830, die den Auftakt zu der bürgerlichen Revolution von 1848 bilden.

Es ist eine Epoche, in der die häufig fassungslosen Zeitgenossen erleben, wie jahrhundertealte Selbstverständlichkeiten von einem Tag zum anderen ihre Gültigkeit verlieren. Dem entspricht eine verwirrende Vielfalt künstlerischer Ausdrucksformen, die auf den ersten Blick nur wenig Gemeinsamkeiten erkennen lassen. Ironischerweise hat Heinrich Heines polemische Grabrede auf die »romantische Schule« (1836) dafür gesorgt, daß diese unterschiedlichen und widerstrebenden Tendenzen künftig unter dem vereinheitlichenden Begriff »Romantik« zusammengefaßt wurden.

„Wir stehen in einer wichtigen Zeitepoche, einer Gärung, wo der Geist einen Ruck getan, über seine vorige Gestalt hinausgekommen ist und eine neue gewinnt. Die ganze Masse der bisherigen Vorstellungen, Begriffe, die Bande der Welt sind aufgelöst und fallen wie ein Traumbild in sich zusammen." (Georg Wilhelm Friedrich Hegel)

Darüber hinaus hat das Wort Eingang in die Alltagssprache gefunden und ist dabei auf so inflationäre Weise verwendet worden, daß sich die früheren Romantiker vor Lachen ausgeschüttet hätten. Tatsächlich gibt es zwischen Extremsport, Kindererziehung, Heimatvereinen und Soft-Pornos kaum einen gesellschaftlichen Bereich, der nicht mit der Romantik in Verbindung gebracht worden wäre. Angesichts dieser Konfusion haben einige Historiker ernsthaft daran gedacht, den Begriff ganz und gar abzuschaffen. Aber da niemand von ihnen sagen konnte, wie man die »Romantik« umbenennen sollte, ohne daß allzu viel dabei verloren gegangen wäre, hat sie ihren angestammten Platz zwischen »Klassik« und »Realismus« behalten dürfen.

„Ist denn wirklich das Volk erwacht (...), der Schlaf ist zu tief gewesen, als es auch die stärkste Rüttelung so schnell zur Besinnung zurückzuführen vermöchte." (Johann Wolfgang von Goethe)

Es wäre auch schade gewesen. Schließlich hatten die romantischen Kunsttheoretiker dieses begriffliche Durcheinander eigens beabsichtigt. In ihren Augen sollten alle starren Begriffssysteme in den Wissenschaften, in der Philosophie, in der Religion, vor allem aber die gesellschaftliche Ordnung mit ihren festen Regeln und Konventionen unterlaufen werden.

Und eben das ist bereits die wichtigste Gemeinsamkeit der im übrigen so widersprüchlichen Romantik. Sie ist eine europaweite Protestbewegung, die der Kultur ihrer Gegenwart radikal ablehnend gegenübersteht und dieser Haltung in der Kunst, vor allem in der Malerei und Literatur, durch unerhörte Entwürfe und Utopien, durch erschreckende Traumvisionen und idyllische Gegenwelten zum Ausdruck bringt.

Betrachtet man die Ideen und Vorstellungen der Romantiker genauer, wird man überrascht feststellen, daß sie weitgehend dieselben Probleme thematisieren, die uns heute vordringlich beschäftigen: die Fragwürdigkeit des technischen Fortschritts, die Umweltzerstörung, die Entfremdung des Menschen gegenüber der Natur und seinem eigenen Körper, die Zerrissenheit des Individuums in einer von Warentermingeschäften bestimmten Gesellschaft. Ebenso aktuell erscheint der romantische Versuch, die Prinzipien der Vernunft und der Realität durch Kunst zu dekonstruieren. Die Romantik ist nicht nur der Beginn der Moderne, sie ist in vieler Hinsicht auch Vorwegnahme der Postmoderne. Unterhaltungsindustrie und künstlerisches Außenseitertum, Identitätsspiele und Esoterik, Disneyland und virtuelle Paradiese gehören zu dem Erbe und den Erblasten der Romantik.

Chronologie, begriffliche Ordnung, stilistische Definitionen laufen stets Gefahr, dem romantischen Verwirrspiel zum Opfer zu fallen. Ratsamer erscheint es, die romantische Epoche unter thematischen Gesichtspunkten zu betrachten. Und darüber hinaus zu versuchen, in einen Dialog mit ihr zu treten, indem man die Bilder und Texte selbst sprechen läßt. Allerdings ist Vorsicht geboten. Wer sich auf die Romantik einläßt, muß mit unerwünschten Nebenwirkungen rechnen. Es besteht das Risiko, daß man dazu übergeht, nicht nur die Kunst, sondern auch die Wirklichkeit mit anderen Augen zu betrachten.

„Sollte es wirklich ernst sein mit einer Revolution, so müßte sie uns wohl vielmehr aus Asien kommen, als daß wir fähig wären, wie wir zu voreilig wähnen, den Geist der Menschen über den ganzen Erdkreis von hier aus lenken zu wollen. Eine wahre Revolution kann nur aus dem Mittelpunkte der vereinigten Kraft hervorgehen, sonach ist das Organ für dieselbe in Europa bei der Menge gar nicht vorhanden; im Orient aber sind wir der Meinung, daß die Möglichkeit des Enthusiasmus nie so bis auf die letzte Spur vertilgt werden könne, weil die Natur selbst eine ursprüngliche und nie ganz versiegende Quelle desselben dorthin gelegt hat“. (Friedrich Schlegel)

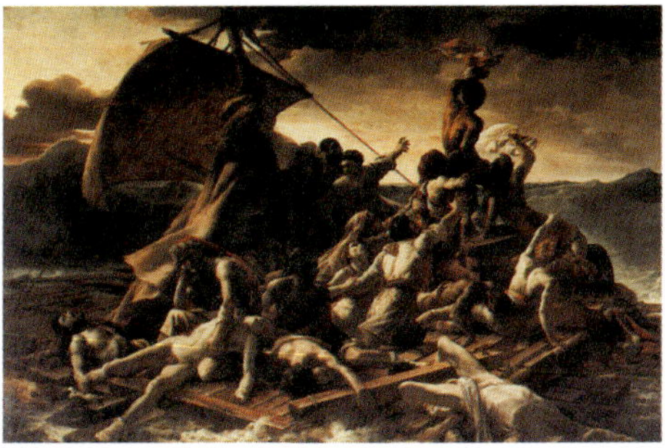

Théodor Géricault, *Das Floß der Medusa*, 1818/1819, Öl auf Leinwand, 419 x 716 cm, Paris, Musée du Louvre

Romantik ist ganz anders

Seltsame Dinge werden der Romantik nachgesagt. Kaum eine andere Kulturepoche ist mit so vielen Vorurteilen behaftet, zumal in Deutschland, wo die romantische Bewegung extrem widersprüchlich und fast immer mit moralischen Vorbehalten rezipiert worden ist. Romantisch – das sind und waren nicht nur Caspar David Friedrichs Landschaften im Mondschein, Schuberts *Winterreise* und Eichendorffs *Taugenichts*, sondern auch schwärmerisch schwadronierende Jünglinge und behütete junge Mädchen, Poesiealben und parfümierte Liebesbriefe, Burschenherrlichkeit, vaterländische Gesinnung und Heidelberger Schloss. Oder aber emanzipierte Schriftstellerinnen mit wechselnden Liebesaffären, Künstler-Bohème und gesellschaftliche Außenseiter, versoffene Genies und berauschende Gesamtkunstwerke.

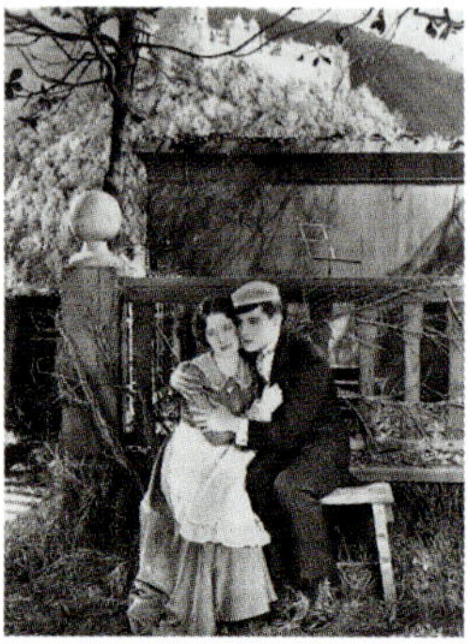

Standfoto aus dem Stummfilm *Alt-Heidelberg*, 1927

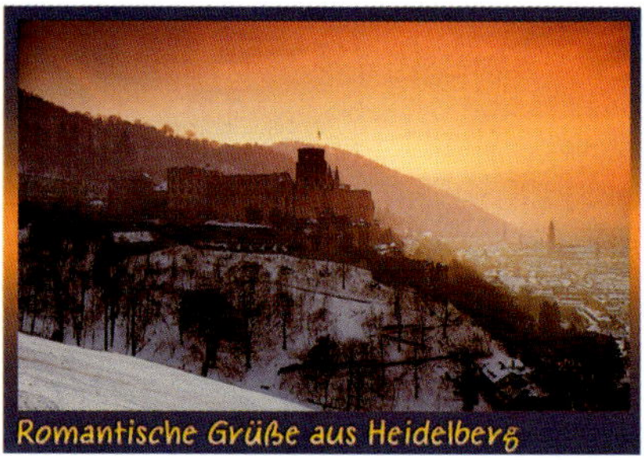

„Romantische Grüße aus Heidelberg", Postkarte

Tatsächlich scheint der Romantik hierzulande ein besonders provokantes Nachleben beschert zu sein. So greift das Nachrichtenmagazin »Der Spiegel« auf ein populäres Gemälde von Caspar David Friedrich zurück, um »das komplexe Geschehen um den reichsdeutschen Zusammenbruch (1945) und den Umgang mit der historischen Schwerlast« zu veranschaulichen. Der *Wanderer über dem Nebelmeer* meditiert offenkundig über die deutsche Geschichte des 20. Jahrhunderts, die in eingängigen Bildern und Symbolen aus den Wolken hervortritt: Kinder hinter den Stacheldrähten eines Konzentrationslagers, Hakenkreuzfahnen, darüber wie eine gespenstische Vision der Kopf Adolf

Schöne Stimmung – herrlicher Abend – herrlicher Abenduntergang – weiche Seelen und Kalbesbraten und weißer Burgunder – auf die Aussicht – das schlummernde Heidelberg – Sehnsucht nach dem Ideal – der duftende Jasmin – die auffahrende Nachtigall – die stummen Ruinen – der verhüllte Mond. (Robert Schumann, *Leben in Heidelberg*, 10.6.1829)

Hitlers, der seinerseits visionär in die Ferne blickt. Dem NS-Staat gegenüber (und damit gleichgestellt) die DDR, eine anonyme Formation der Nationalen Volksarmee und ein einzelner Soldat, der (nach einem berühmten Foto) die Grenzabsperrungen im geteilten Berlin überwindet, um in den Westen zu fliehen. Über dem Haupt des einsamen Bergsteigers schwebt das Brandenburger Tor, das auf seinen trüben Gedanken zu lasten und sie zugleich zu bekrönen scheint. Zu seinen Füßen ein erläuternder Kommentar: »Bewältigte Vergangenheit«. Ohne Fragezeichen.

Titelbild „Der Spiegel", Nr. 19, 18. Mai 1995

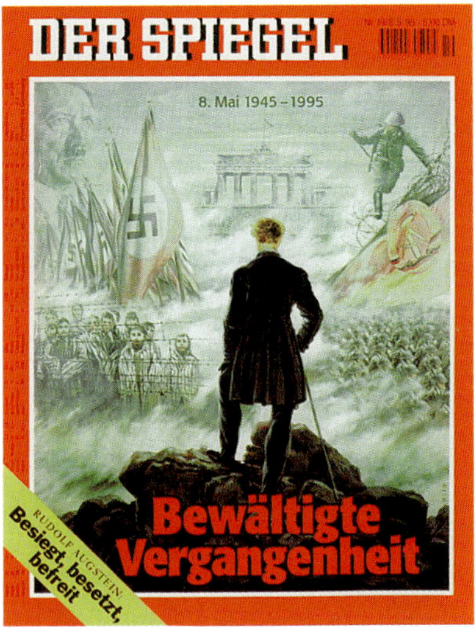

Es ist bezeichnend, daß die Collage nicht nur Romantik und Militarismus unmittelbar zusammenführt, sondern auch die romantisch inspirierten Proteste gegen Aufrüstung und Krieg aus der »Vergangenheitsbewältigung« gänzlich ausklammert. Jugend- und Studentenrevolte, Friedensbewegung und Umweltschutz, Hausbesetzungen und Globalisierungsgegner standen und stehen, wenn auch weitgehend unbewußt, im Zeichen, wenn nicht sogar im Bann romantischer Vorbilder: Im frühen 19. wie im späten 20. Jahrhundert richten sich die zumeist jugendlichen Romantiker gegen veraltete gesellschaftliche Strukturen, gegen pragmatische Realpolitik und ökonomische Zwänge, gegen bedingungslosen Fortschritt und wirtschaftlichen Liberalismus. Daß einige von ihnen auch damals ihren Weg in die Institutionen fanden und in ihren respektablen Ämtern und Würden sich durchaus als Rea-

Photographie für Schallplatten-Cover, Tanita Tikaram, *Ancient Heart*, 1988

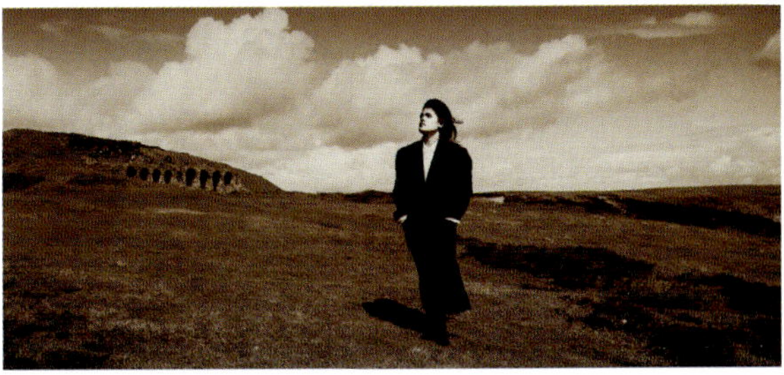

Friedrich Overbeck (1789–1896), *Germania und Italia*, um 1828, Öl auf Leinwand, 95 x 105 cm, Dresden, Staatliche Kunstsammlungen, Gemäldegalerie Neue Meister

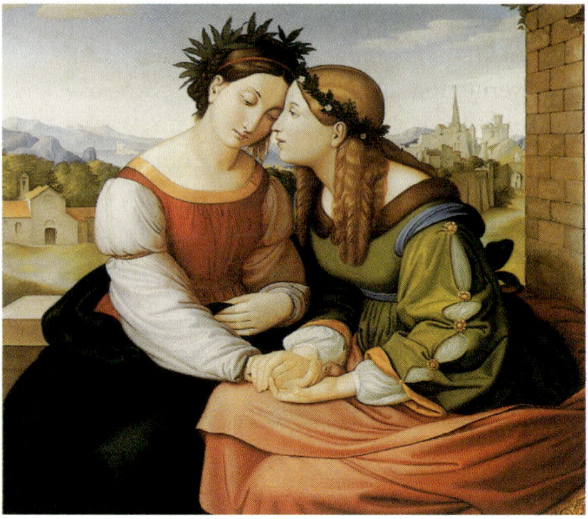

listen bewiesen, ist im historischen Nachhinein keineswegs überraschend.

Interessant ist der aktuelle Sprachgebrauch, der eine ganz andere Haltung als die des nachdenklichen Wanderers über Bergen, Höhen und Tiefen der Geschichte auszudrücken scheint. Das Wort »romantisch« bedeutet einerseits unrealistisch, phantastisch, irrational, wirklichkeitsfremd, bezeichnet aber andererseits konkrete Orte oder Landschaften als malerisch oder idyllisch, vor allem, wenn damit unberührte Natur gemeint ist. Ein Romantiker ist heute ein »Träumer« oder »Schwärmer«, eine »empfindsame« Person, und somit eröffnet das Attribut »romantisch« ein relativ weites, überwiegend negativ besetztes Bedeutungsspektrum, das von sentimental, gefühlvoll über exaltiert, überschwenglich, überspannt bis zu rührselig, gefühlsduselig und weinerlich reicht. Dazwischen aber gibt es eine unendliche Vielfalt von Varianten und Zwischentönen: »romantisch« sind jugendlich unreife Vorstellungen

Johann Heinrich Füssli (1741–1825), *Titania und Zettel mit dem Eselskopf*, 1793/94, Öl auf Leinwand, 169 x 135 cm, Zürich, Kunsthaus

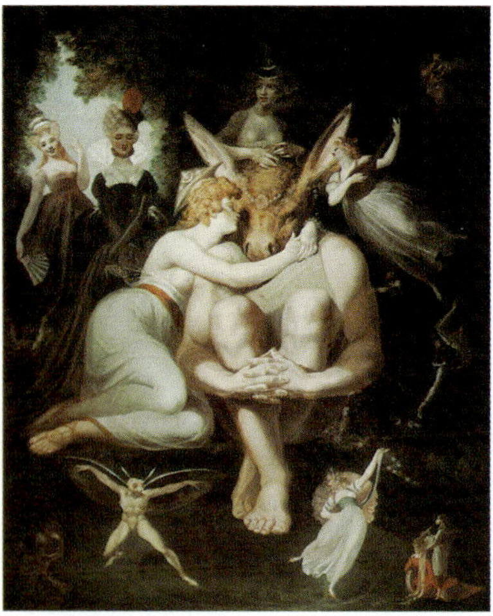

über das Leben, von dem die jeweils Älteren immer am besten wissen, wie es wirklich ist und worauf es dabei vernünftigerweise ankommt; »romantisch« sind aber auch deren altmodische Anschauungen und Verhaltensweisen, vor allem wenn sie hinter dem gegenwärtigen Stand der Technologie zurückbleiben. »Romantisch« ist vor allem die erotisch-verliebte Zweisamkeit, bevor sie zur Alltagsroutine geworden ist, aber auch dann, wenn sie diese vorübergehend unterbricht; »romantische Liebe« meint stets eine Ausnahmesituation, ein (sei es auch nur imaginäres) Moment der Befreiung von Normen und Konventionen. Was immer sich mit dem Wort »Romantik« verbinden läßt – stets handelt es sich um eine von Vernunft, Pragmatik, Realitätssinn stark gefährdete, womöglich längst zerstörte Idylle.

Wenn bei Capri die rote Sonne im Meer versinkt / und vom Himmel die bleiche Sichel des Mondes blinkt / ziehen die Fischer mit ihren Booten aufs Meer hinaus / und legen im weiten Bogen die Netze aus. (Gerhard Winkler / Ralph Maria Siegel, *Capri-Fischer*, Schlager, gesungen von Rudi Schurike, 1948)

Der gegenwärtige Wortgebrauch des »Romantischen« umfaßt auch Kitsch in allen seinen Spielarten. Tatsächlich gibt es keine andere literarische oder künstlerische Bewegung, die auf so umfassende Weise trivialisiert wird wie die Romantik. Süßwaren, Kinderkleidung, Kosmetika und landwirtschaftliche Erzeugnisse werden mit Vorliebe »romantisch« vermarktet; »romantic« ist ein durchgehendes Label der Unterhaltungsindustrie, die unter diesem Etikett »Musik zum Träumen« und *soapoperas* zum Weinen verkauft. Romantische Ästhetik gehört zu unserer alltäglichen Konsumwelt. Insbesondere die Tourismus-Branche entwirft ein breites Panorama mehr oder minder exotischer Sehnsüchte: der Palmenstrand mit Liebespaaren, die sonnendurchflutete meridionale Landschaft, das Abendrot über einsamen Fjorden, die von schneeweißen Gipfeln umgebene Berghütte, die restaurierten Fachwerkhäuser in mittelalterlichen Städten stehen

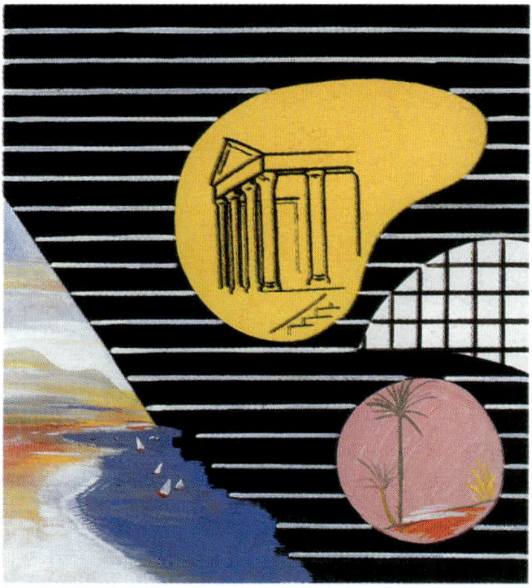

Sigmar Polke (*1941), *Urlaubsbild*, 1966, Öl auf Leinwand, 100 x 90 cm, Stuttgart, Sammlung Froehlich

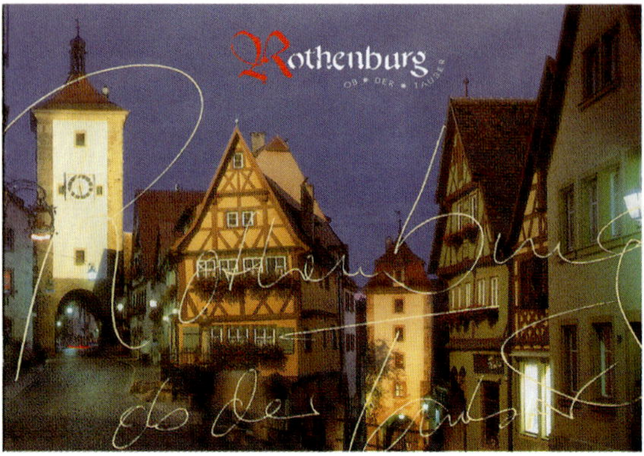

Werbeprospekt Romantisches Rothenburg

durchweg in der Tradition der romantischen Malerei, und selbst die Banalisierung dieser Wunschphantasien ist noch ein genuines Produkt der Romantik. Von Beginn an ist der Kitsch ihr hartnäckiger Doppelgänger gewesen. »Ach teurer Freund«, heißt es bei Eichendorff angesichts ähnlich fragwürdiger Kunstfiguren, »ich wollte fast, die Romantik wäre lieber gar nicht erfunden worden«.

Die »Erfindung« der Romantik hängt unmittelbar mit der Geschichte ihres Namens zusammen. Das Wort geht auf das altfranzösische *romanz* zurück, das die romanische Volkssprache (im Unterschied zum Latein der Juristen und Gelehrten) bezeichnete und somit von Beginn an seine Abgrenzung gegenüber der antiken Tradition betont. Später werden die in diesem Idiom abgefaßten Abenteuererzählungen *romance* genannt. Diese besondere Herkunft hat auch das weitere Bedeutungsfeld des Begriffs geprägt: meist in abschätziger Weise wird *romantic* im England des 17. Jahrhunderts für Ritter- und Liebesgeschichten und somit für literarische Produkte verwendet, die den formalen Ansprüchen der sogenannten hohen Literatur und ihren verbindlichen Normen nicht entsprechen, als Unterhaltungsliteratur sich aber eigenständig weiterentwickeln und in ihrer meist anspruchslosen sprachlichen Gestaltung immer neue Stoffe verarbeiten, auch aus mündlicher Überlieferung, etwa lokale Sagen oder

Spukgeschichten. Der zunächst ebenfalls als minderwertig angesehene Roman ist aus dieser Tradition hervorgegangen. Noch Friedrich von Hardenberg (1772–1801) alias Novalis meint, wenn er (wohl als erster) das Wort »Romantiker« gebraucht, einen Romanautoren, nun aber in dem durchweg positiven Sinn, den die Frühromantik dem Roman als universaler Literaturgattung zuschreibt. In seinem *Gespräch über die Poesie* definiert Friedrich Schlegel (1772–1829) den Roman als eine literarische Form, die sich auf immer neue und originelle Weise über alle poetischen Regeln, Vorschriften oder Systeme hinwegsetzen sollte.

Damit ist zugleich ein entscheidendes Merkmal der – erstmals in der von Friedrich und August Wilhelm Schlegel (1767–1845) herausgegebenen Zeitschrift *Athenäum* (1798–1800) so bezeichneten – »romantischen Dichtung« angesprochen. Nicht nur die deutsche, sondern die europäische Romantik insgesamt konstituiert sich als oppositionelle Bewegung gegenüber dem herrschenden Klassizismus, der in der Nachfolge der Renaissance aus dem antiken Kulturerbe zeitlose Kunstregeln abzuleiten versucht und diese zu verbindlichen Normen erklärt hatte. Die Romantik nobilitiert im Gegenzug die sogenannten niederen Gattungen (Sage, Märchen, Ballade, Volksbuch); sie distanziert sich mit ihren phantastischen, grotesken, exzentrischen Ausdrucksformen auf provokante Weise von einer Klassik, die einem strengen Nachahmungsprinzip sowie einer idealen Naturauffassung verpflichtet ist, und behauptet sogar, recht unmoralisch zu sein, indem sie dem traditionellen Gebot der »Nützlichkeit« (eigentlich der didaktischen Nutzanwendung von Kunst und Literatur) zuwiderhandelt.

Indessen sind damit noch keine konkreten Inhalte oder Vorstellungen verbunden, und entsprechend wird der Begriff mit sehr unterschiedlichen Bedeutungen versehen: F. Schlegel liest Goethes *Wilhelm Meister* als romantisches Epos, Schiller nennt seine *Jungfrau von Orléans* eine »romantische Tragödie«, E. T. A. Hoffmann prägt den Begriff »romantische Musik« auf Beethovens

Symphonien, A. W. Schlegel – und nach ihm der Philosoph Georg Wilhelm Friedrich Hegel (1770–1831) – bezeichnet die gesamte christlich geprägte Literatur seit dem Mittelalter als romantisch im Gegensatz zur klassisch-antiken Epoche und ihren Epigonen in der Neuzeit. Im Anschluß an die weit über hundert Jahre zurückliegende kunsttheoretische Auseinandersetzung in Frankreich (»Querelle des anciens et des modernes«) wird nunmehr die Romantik im emphatischen Sinn als »modern« verstanden.

So unterschiedlich die künstlerischen Resultate der traditionellen normativen Kunsttheorie in den jeweiligen Kulturregionen ausfallen, so verschieden sind auch die Konzepte ihrer romantischen Opposition. Dies wird besonders deutlich in der bildenden Kunst, vor allem in der Malerei; denn die Skulptur hat sich nach den Experimenten des Barock abermals der Antike zugewandt, und in der Architektur werden sich nur wenige der romantischen Postulate im Zuge des Historismus verwirklichen lassen. In der romantischen Malerei hingegen dominiert ungeachtet ihrer künstlerischen Vielfalt eine grundsätzlich anti-akademische Tendenz. Verantwortlich dafür sind nicht nur stilistische Gründe; die Ablehnung gilt vor allem dem Lehrbetrieb, der im Bewußtsein der romantischen Kunststudenten ihre Individualität und Phantasie einschränkt und auf ihr

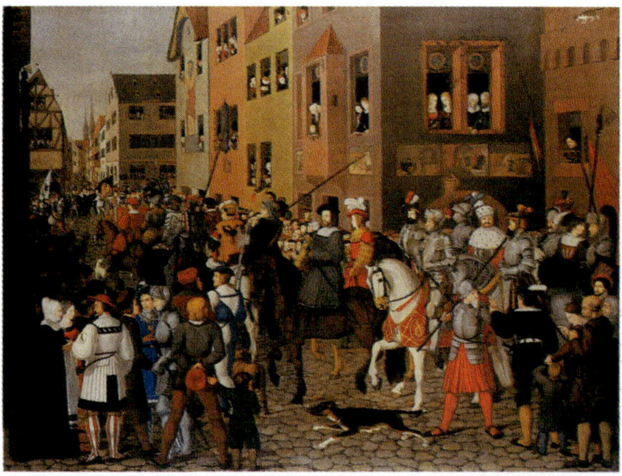

Franz Pforr (1788–1812), *Der Einzug Rudolfs von Habsburg in Basel im Jahre 1273*, 1808–10, Öl auf Leinwand, 90,5 x 119 cm Frankfurt/M., Städelsches Kunstinstitut (Leihgabe des Historischen Museums)

künstlerisches Genie zu wenig Rücksicht nimmt, zumal es – in ihren Augen – die Kunst generell entwürdigt, daß man sie auf den Akademien als Gegenstand einer quasi wissenschaftlichen Lehre begreift.

Dieser künstlerische Protest schließt indessen keineswegs Gemeinsamkeiten zwischen romantischen und klassizistisch orientierten Malern aus, ganz im Gegenteil: es gibt zahlreiche Anknüpfungspunkte, wechselseitige Einflüsse, analoge Zielsetzungen. Auch stilistisch lassen sich so prominente Maler wie Benjamin West (1738–1820), John Constable (1776–1837) und Joseph Anton Koch (1768–1833) kaum eindeutig festlegen. Was die romantische Revolte auszeichnet, ist vor allem eine emphatische Neubewertung der Kunst, ein neues künstlerisches Selbstbewußtsein sowie eine daraus resultierende veränderte Haltung gegenüber der Gesellschaft. Mit der Romantik bildet sich der bis heute gültige Begriff eines autonomen Kunstwerks, die Vorstellung einer freien Künstlerexistenz, das Wunschbild eines von Auftraggebern wie von äußeren Zwängen unabhängigen künstlerischen Schaffens.

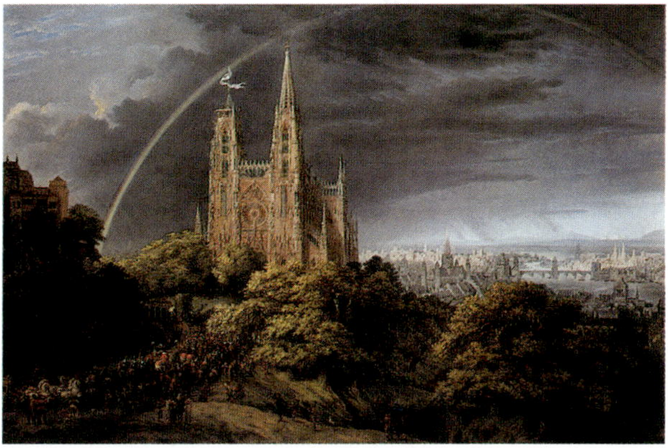

Karl Friedrich Schinkel (1781–1841), *Mittelalterliche Stadt an einem Fluß*, 1815, Öl auf Leinwand, 94 x 140 cm, Berlin, Nationalgalerie

Die »Romantik« ist daher kein primär literatur- oder kunstgeschichtlicher Stilbegriff, sondern bezeichnet eher eine Epoche oder eine kulturelle Konstellation, in deren Mittelpunkt die Kunst steht: ein Ensemble von politischen Utopien, humanitären Idealen, sozialen Ängsten, die im Medium der Kunst reflektiert werden. Kulturgeschichtlich ist die Romantik geprägt von dem Bewußtsein, daß die Aufklärung gescheitert ist und

> Mich deucht, wer das Zeitalter, das heißt jenen großen Prozeß allgemeiner Verjüngung, jene Prinzipien der ewigen Revolution verstünde, dem müßte es gelingen können, (...) das Tun der ersten Menschen, wie den Charakter der Goldnen Zeit, die noch kommen wird, zu erkennen und zu wissen. Dann würde das Geschwätz aufhören, und der Mensch inne werden, was er ist, und würde die Erde verstehn und die Sonne. Dieses ist, was ich mit der neuen Mythologie meine. (Friedrich Schlegel, *Rede über die Mythologie*, 1800)

zugleich inspiriert von der Hoffnung, den von der Aufklärung angestrebten humanitären Fortschritt noch auf anderem Wege erreichen zu können. Dabei werden die kulturellen Energien der Philosophie und der Religion gewissermaßen in der Kunst gebündelt. Obwohl der radikale Erneuerungswille der frühen Romantiker sich auf praktisch alle gesellschaftlichen Bereiche richtet, manifestiert er sich doch weniger in politischer als in ästhetischer Programmatik. Abgeschreckt von dem Verlauf der Französischen Revolution (1789), setzen die deutschen Romantiker ihre Hoffnung auf eine politische Sogwirkung der Künste. Nicht Vernunft oder Gelehrsamkeit, allein die Kunst vermag den nunmehr aufgeklärten Menschen aus seiner Verstrickung in ökonomische Zwänge und aus seiner selbstverschuldeten sinnentleerten Rationalität zu befreien.

Auf die naheliegende Frage, wie die Kunst diese tiefgreifenden Veränderungen im Menschen und in der Gesellschaft bewirken wolle, wird die romantische

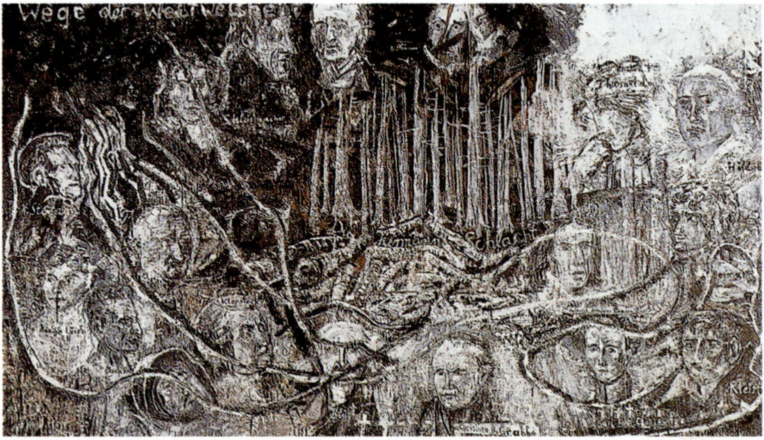

Anselm Kiefer (*1945), *Wege der Weltweisheit*, 1976–1977, Öl, Acryl und Schellack auf Sackleinen auf Leinwand, 305 x 500 cm, Sammlung M. Sanders, Amsterdam

Kunsttheorie eine erstaunliche Antwort finden. Und so abgehoben diese auch erscheinen mag, beinhaltet sie doch eine ganz konkrete Utopie: Die poetische Einbildungskraft soll eine »neue Mythologie« hervorbringen, aus der die Gesellschaft ein anderes und besseres Selbstverständnis entwickeln kann.

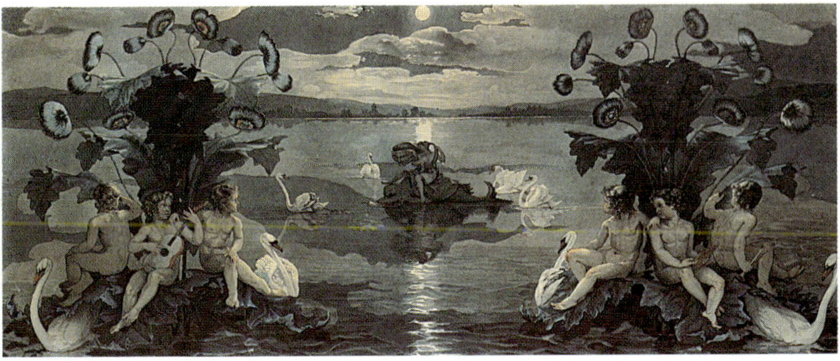

Philipp Otto Runge (1777–1810), *Arions Meerfahrt*, 1809, Feder und Aquarell, 51 x 118,7 cm, Hamburger Kunsthalle

Die romantische Forderung nach einer neuen Mythologie zielt darauf ab, die auseinanderstrebenden Tendenzen innerhalb der bildenden Künste, der Literatur, der Musik, der einzelnen wissenschaftlichen Disziplinen, der Philosophie und Theologie zu einem neuen umfassenden weltanschaulichen Konzept zu vereinigen. Analog zum romantischen Imperativ, die Welt zu »poetisieren«, somit die Realität in Poesie zu verwandeln, sollen nun die mythischen Erzählungen der Völker, die Weisheitsbücher aller Religionen und ihre archaische Symbolik, die Visionen der Mystiker, die Bildsprache der großen Maler wie Raffael und Dürer und die literarischen Gemälde eines Dante, Shakespeare, Calderón, aber auch die einfache, als natürlich und unverfälscht aufgefaßte Volkspoesie zu einer lebendigen Vorstellungswelt verbunden werden. Alle Träume und Erinnerungen,

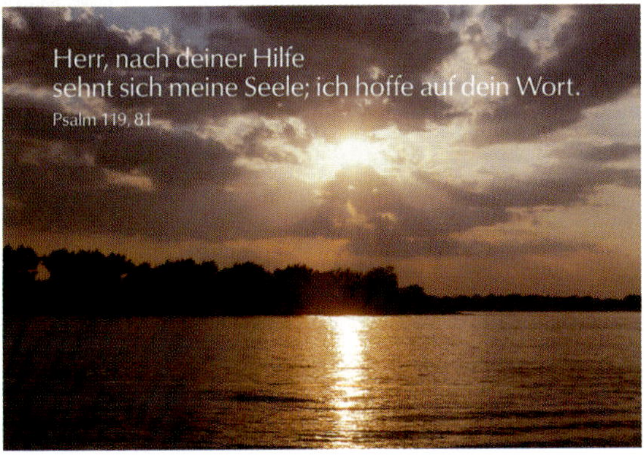

Postkarte mit Psalm 119,81

Gerhard Richter (*1932), *Abendstimmung*, 1969, Öl auf Leinwand, 120 x 150 cm, Kunsthalle zu Kiel, Gemäldegalerie

alles Wissen und Denken der Gesellschaft, die soziale und politische Realität, die Geschichte, der religiöse Glaube könnten darin ihren vollkommenen Ausdruck finden.

Dieses Projekt einer poetischen Enzyklopädie, in der – im Unterschied zum Reallexikon der Aufklärung – auch die irrationalen Seiten der menschlichen Natur ihren Platz finden sollten, hat sich so vollkommen nicht realisieren lassen; aber all das, was heute als romantische Literatur, Kunst, Philosophie bezeichnet wird und was an literarischen, künstlerischen, philosophischen Folgeerscheinungen daraus hervorgegangen ist, gehört zu den Fragmenten jener neuen Mythologie. Viele ihrer Vorstellungen sind fester Bestandteil noch unseres heutigen kulturellen Selbstverständnisses. Freilich klingt das romantische Vokabular etwas altmodisch. Denn um 1800 gibt es noch keine Psychoanalyse, keine Ökologie und keine alternative Medizin, man spricht nicht von »freier Selbstbestimmung« oder »Bewußtseinserweiterung«, Bürgerinitiativen und Ethik-

Gegenüberliegende Seite unten: Eugène Delacroix (1798–1863), *Die Freiheit führt das Volk an*, 1830, Öl auf Leinwand, 260 x 325 cm, Paris, Musée du Louvre

kommissionen existieren ebenso wenig wie die Begriffe »Existentialismus«, »Dekonstruktivismus«, »kulturelles Gedächtnis«. Dennoch sind die damit verbundenen (unterschiedlichen und teilweise gegensätzlichen) politischen, philosophischen, wissenschaftlichen Ansätze aus dem romantischen Denken hervorgegangen. Auch andere Bilder haben sich bewußt oder unbewußt unserer Realität eingeschrieben: der Künstler als Revolutionär und als Opfer seiner politischen Überzeugungen; das Kind als unverdorbenes und zugleich fremdartiges Naturwesen; die Ambivalenz der Frau als ätherischer Engel und als dämonischer Elementargeist; das kalte Herz als Ausdruck einer rücksichtslosen Anverwandlung des Menschen an die Gesetze der Geldwirtschaft. Vielleicht bietet gerade diese alte und neue Mythologie den besten Zugang zum Verständnis jener utopischen Kulturrevolution, die sich heute unter dem vermeintlich harmlosen Begriff der Romantik verbirgt.

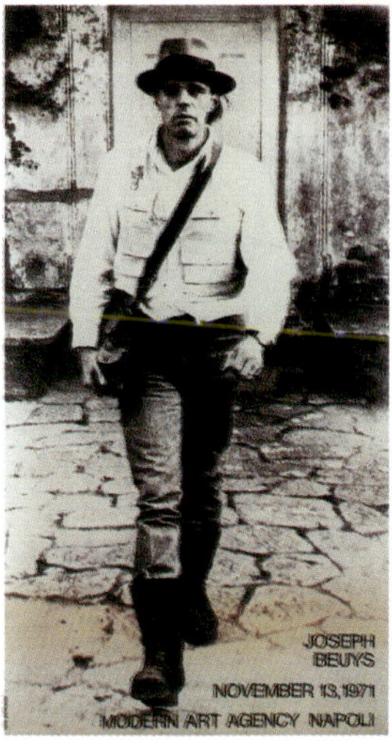

Joseph Beuys (1921–1986), *La rivoluzione siamo Noi*, 1972, Lichtpause auf Papier, 191 x 100 cm, Sammlung Klüser, München

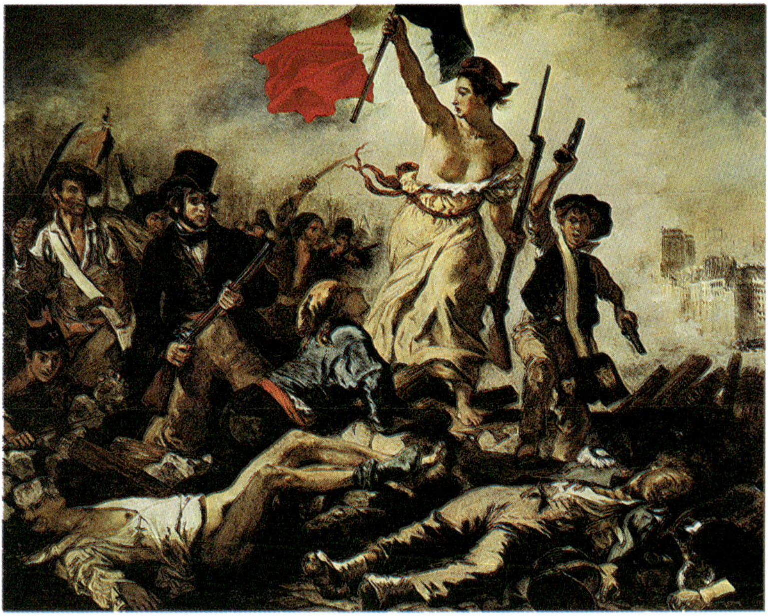

Romantische Kulturrevolution

Mit der ganzen Brutalität jenes überdimensionierten Körpers, der das »el colosso« betitelte Bild beherrscht, zerschlägt Francisco Goya (1746–1828) die seit der Renaissance verbindlichen Bildkonventionen, die auf den Gesetzen der Zentralperspektive, auf einer ausgewogenen Komposition und einer harmonischen Verbindung von Linie und Farbe beruhten. Indem er die vertrauten Raumstrukturen durch den aus der Erde hervorgebrochenen Koloß außer Kraft setzt und durch einen Wechsel von klarer Umrißzeichnung und verschwommenen Konturen das Auge verwirrt, entsteht der Eindruck einer beängstigenden Traumsequenz. Dargestellt ist eine haltlose, gänzlich aus den Fugen geratene Landschaft, hinter der die übernatürliche Gestalt des Riesen in einen verfinsterten Himmel emporragt, während in der unteren Bildhälfte alles – mit Ausnahme des stoischen weißen Esels im Vordergrund – in wilder, panischer Flucht begriffen ist. Dabei ist unklar, ob der Koloß als Ausdruck einer kollektiven Schreckensvision die Massenflucht hervorgerufen hat oder ob diese durch eine andere, durchaus irdische Gefahr verursacht worden ist, durch einen unsichtbaren Feind, dem nun seinerseits der Riese zornig entgegentritt, um die bedrohten Menschen mit ihrer Habe, ihrem Vieh, ihrem Land zu schützen.

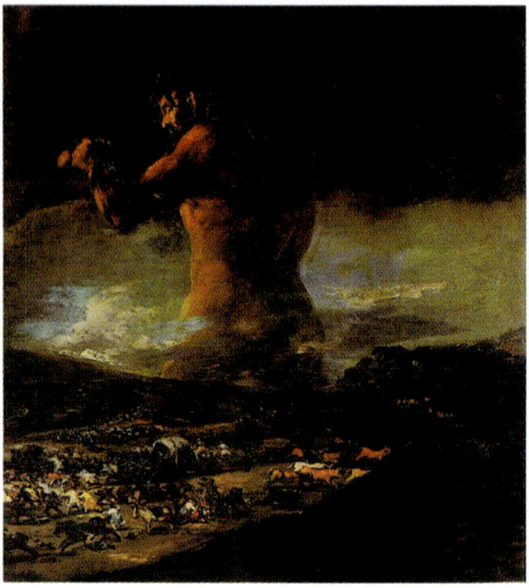

Francisco José de Goya Lucientes (1746–1828), *Der Koloß*, um 1808–10, Öl auf Leinwand, 116 x 105 cm, Madrid, Museo del Prado

Wahrscheinlich liegt dem Bild, über dessen Bestimmung weiter nichts bekannt ist, ein ähnlicher Gedanke zugrunde wie jenem patriotischen Gedicht des Spaniers Juan B. Arriaza (1770–1837), der zur Befreiung seines von den Franzosen besetzten, gedemütigten, ausgeplünderten Landes die Erscheinung eines riesenhaften Kriegers beschwört. Dennoch ist Goyas *Koloß* keine Allegorie, deren Bedeutung auf eine einfache sprachliche Formel gebracht werden könnte. Zur selben Zeit entstanden wie die später berühmte Serie von Kupferstichen, welche die »Schrecken des Krieges« (siehe S. 33) zugleich als Ausdruck einer bestialischen Menschennatur schildern, ist auch der *Koloß* eine entschiedene Absage an die Vernunftgläubigkeit und den Fortschrittsoptimismus der Aufklärung, an die Utopie einer bes,seren Welt, an die Dreieinigkeit von Freiheit, Gleichheit, Brüderlichkeit, in deren Zeichen das napoleonische Frankreich Europa mit Krieg überzogen hatte.

Betrachtet man daraufhin die Bilder der deutschen Romantik, liest man die Romane, Novellen, Gedichte von Novalis, Ludwig Tieck, Clemens Brentano oder Joseph von Eichendorff, so scheint hier eine ganz andere Erfahrungswelt beschrieben zu sein: Harmoniestreben in Farbe und Sprachklang prägen den Gesamteindruck, weite Horizonte und behütete Innenräume bestimmen das Bild, eine freundliche Natur spendet den Menschen Lebensfreude und umfängt sie sanft im Tode, ein unbezweifelter religiöser Himmel wölbt sich über Arm und Reich und sichert auch den umherstreifenden Künstlergestalten Sinn und Unterhalt ihrer gesellschaftlich freischwebenden Existenz. Doch der Schein trügt. Die romantischen Utopien sind unverkennbar gezeichnet von der tristen Wirklichkeit, die man gewaltsam, nämlich wider besseres Wissen, zu überhöhen versucht. Die künstlerisch gestalteten Wunschträume bilden nur eine hauchdünne Schicht über dem Alptraum der Realität.

Joseph Anton Koch (1768–1839), *Kloster San Francesco di Civitella*, 1814, Öl auf Nußbaumholz, 45 x 57 cm, Berlin, Nationalgalerie
Koch schrieb über dieses Bild: „Die Gegend ist höchst romantisch. Die Figuren darinnen machen den Kreuzweg der 14 Stationen" (Gegenstück zu dem 1812 fertiggestellten *Winzerfest bei Olevano*).

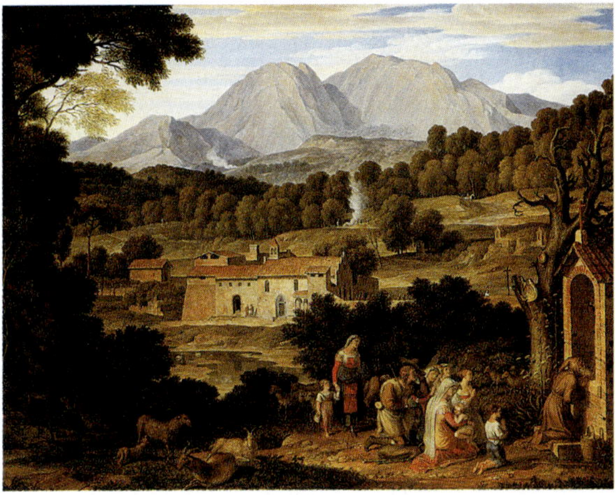

Abendlich schon rauscht der Wald / Aus den tiefen Gründen, / Droben wird der Herr nun bald / An die Sterne zünden, / Wie so stille in den Schlünden, / Abendlich nur rauscht der Wald.
(Joseph von Eichendorff, *Abschied* – erste von zwei Strophen)

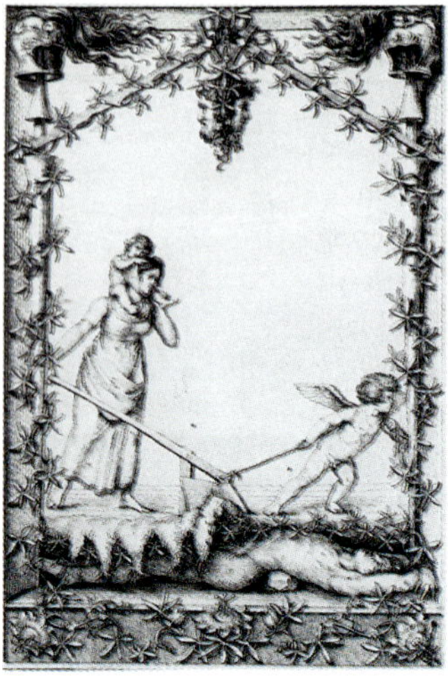

Philipp Otto Runge (1777–1810), *Fall des Vaterlandes*, Vorzeichnung zur geplanten Vorderseite des Umschlags zum *Vaterländischen Museum*, 1809, Schwarze Feder, Bleistift, 19,3 x 13,4 cm Hamburger Kunsthalle

Zeitlich und geographisch befindet sich Deutschland im Zentrum des romantischen Wirbelsturms, der, um 1770 von England ausgehend, erst in den zwanziger und dreißiger Jahren Frankreich, Südeuropa, Rußland und Nordamerika erfaßt. Die ersten Anzeichen einer Neubewertung des »gotischen« Mittelalters, die Entdekkung (und teilweise Erfindung) einer uralten Volkspoesie, die Entstehung einer alternativen Naturauffassung (bei der natürlich auch die Zivilisationskritik Jean-Jacques Rousseaus (1712–1778) eine maßgebliche Rolle spielt) werden bereits aus dem angelsächsischen Sprachraum von Johann Gottfried Herder (1744–1803), Gottfried August Bürger (1747–1794) und dem jungen Goethe aufgenommen. An eben diese Sturm-und-Drang-Phase der deutschen Literatur, die zugleich eine bürgerliche Protestbewegung gewesen ist, werden die jungen Poeten anknüpfen, die sich Ende der neunziger Jahre in Jena einfinden und noch nicht ahnen, daß man diese Begegnung einmal »Frühromantik« nennen wird. Im Hause der Sophie Merceau (1770–1806), die später Clemens Brentano (1778–1842) heiraten und eine der ersten Berufsschriftstellerinnen werden sollte, trafen Herder und Jean Paul auf eine neue Generation von Literaten. Ludwig Tieck (1773–1853), der an dem ersten romantischen Manifest, den *Herzensergießungen eines kunstliebenden Klo-*

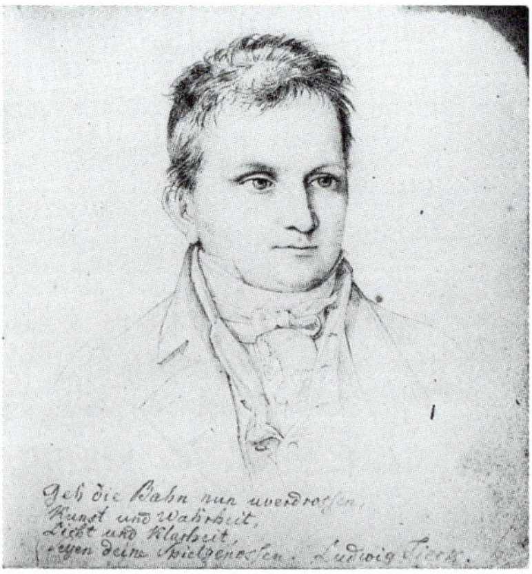

Wilhelm Hensel 1794–1861), *Ludwig Tieck*, um 1835, Bleistift, 12,5 x 11 cm, Berlin, Kupferstichkabinett. Aufschrift: „Geh die Bahn nun unverdrossen/ Kunst und Wahrheit / Licht und Klarheit / Seyen Deine Spielgenossen – Ludwig Tieck“

sterbruders seines bereits verstorbenen Freundes Heinrich Wackenroder (1773–1798) mitgearbeitet hatte; Dorothea Veit (1763–1839) und Caroline Böhmer (1763–1809) nebst den mit ihnen liierten Brüdern Friedrich und August Wilhelm Schlegel; die Philosophen Johann Gottlieb Fichte (1762–1814), Wilhelm Schelling (1775–1854) und Friedrich Schleiermacher (1768–1834); die Naturforscher Johann Wilhelm Ritter (1776–1810) und August Ludwig Hülsen (1765–1810). Es war alles andere als ein harmonischer Freundeskreis. Bei ihren Zusammenkünften, berichtet F. Schlegels spätere Gattin Dorothea, »zankten sich alle wie dumme Buben«. Doch entwickelten sich in diesen Jahren die entscheidenden Positionen der romantischen Kunsttheorie. Die von den Brüdern Schlegel herausgegebene Zeitschrift *Athenäum* (1798–1800) enthält bereits das vollständige Konzept einer romantischen Universalpoesie und somit das Programm einer Revolutionierung der Gesellschaft durch Kunst.

Als wenige Jahre später Joseph Görres (1776–1848) an der Universität Heidelberg seine Vorlesungen über Ästhetik und Geschichte hält, Achim von Arnim (1781–1831) und Clemens Brentano ebendort ihre Sammlung von Volksliedern unter dem Titel *Des Knaben Wunderhorn* herausgeben, der Jurastudent Joseph von Eichendorff (1788–1857) »Im kühlen Grund« seine ersten Gedichte schreibt und die Brüder Jacob (1785–1863) und Wilhelm Grimm (1786–1859) ihre Forschungen zur Literatur des Mittelalters aufnehmen, hat sich die politische Situation in Europa vollkommen gewandelt.

Das Heilige Römische Reich Deutscher Nation existiert nicht mehr, nicht einmal mehr auf dem Papier. Durch die vernichtende Niederlage bei Jena und Auerstedt 1806 ist auch Preußen zu einem Vasallenstaat Napoleons geworden, dessen Machtbereich sich nunmehr von der iberischen Halbinsel und Nord-

Carl Philipp Fohr (1795–1818), *Bildnis eines jungen Mannes im „deutschen Rock"*, 1816, Feder mit schwarzgrauer Tusche, Bleistift, 17,7 x 13,7 cm, Berlin, Kupferstichkabinett
Der „deutsche Rock" war vor und während der Befreiungskriege Zeichen nationaler, danach oppositioneller Gesinnung gegen die „Heilige Allianz"; während der Zeit der Restauration wurde er verboten.

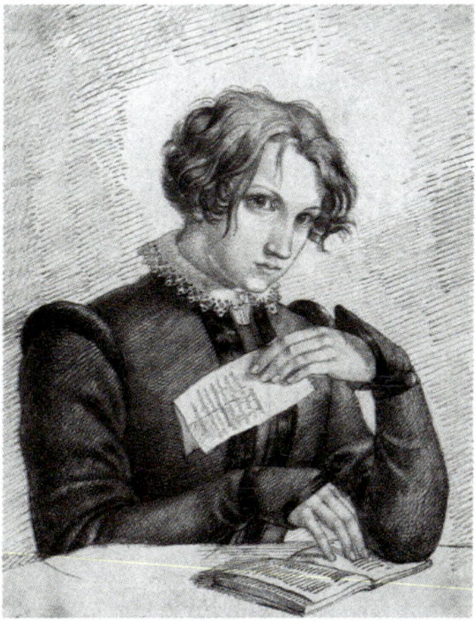

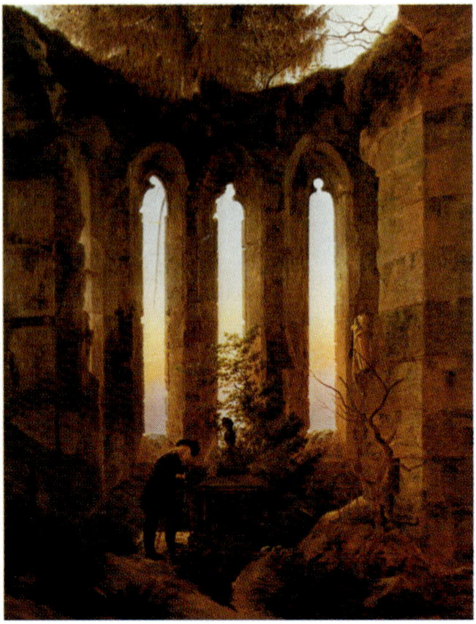

italien bis zur Ostsee und nach Polen erstreckt. Vor diesem Hintergrund beginnt sich die romantische Bewegung in unterschiedliche Richtungen zu verzweigen. Ihr kulturpolitisches Programm ist nunmehr weniger mit weltbürgerlichen als mit deutschnationalen Akzenten versehen. Die Rückbesinnung auf vorgeblich spezifisch deutsche Kunsttraditionen geht einher mit volkspädagogischen Bestrebungen. Die Sammlung altdeutscher Kunstwerke der Brüder Sulpiz (1783–1854) und Melchior Boisserée (1786–1851), die in den Jahren 1810 bis 1819 in Heidelberg der Öffentlichkeit zugänglich ist, wird in diesem Sinn noch als ein nationales Bildungsunternehmen verstanden.

Ernst Fries (1801–1833), *Schloß und Stadt Heidelberg*, um 1820, Lithographie, Kurpfälzisches Museum Heidelberg
Das zerstörte Heidelberger Schloß gilt in der Romantik als Symbol für den desolaten Zustand Deutschlands.

Ganz anders die Wende F. Schlegels, der 1808 zum Katholizismus konvertiert, 1809 in den österreichischen Staatsdienst tritt und in Wien vor einem hochadligen Publikum Vorträge *Über die neuere Geschichte* hält, um der politischen Führungsschicht seine (von einem Geheimpolizisten als »sehr orthodox« eingestuften) Vorstellungen zu einer »freien und eigentümlichen Nationalentwicklung« zu unterbreiten. Seine Konzeption einer politischen Reform als Rückkehr zu vorreformatorischen Zuständen hat der nach dem Sturz Napoleons 1815 ein-

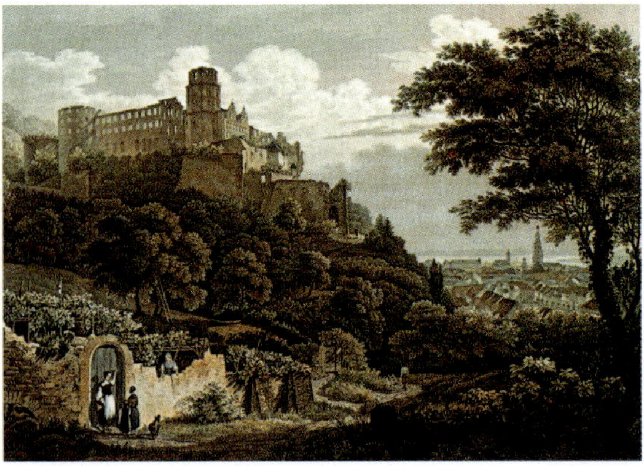

setzenden Restauration intellektuell vorgearbeitet. Dennoch konnte F. Schlegel in den Jahren 1812 bis 1813 so unterschiedliche Autoren wie Jean Paul (1763–1825), den populären Friedrich de la Motte-Fouqué (1773–1831), Theodor Körner (1791–1813) und Matthias Claudius (1740–1815), den Dramatiker Zacharias Werner (1768–1823), die Brüder Grimm und Wilhelm von Humboldt (1767–1835) für eine Mitarbeit an seiner Zeitschrift *Deutsches Museum* gewinnen, die zu einer universalen »Nationalbildung« beitragen sollte.

Neben Jena, Heidelberg und Wien hatte sich seit A. W. Schlegels *Vorlesungen über schöne Literatur und Kunst* (1801/04) auch in Berlin ein Zentrum der literarischen Romantik entwickelt. Fast alle Autoren, die sich der romantischen Bewegung zugehörig fühlten oder im nachhinein dazu gerechnet werden, haben sich vorübergehend oder auch des längeren in der preußischen Hauptstadt (die um 1800 alles andere war als eine Metropole) aufgehalten. Allerdings war man nach den Befreiungskriegen gegen die französische Fremdherrschaft bestrebt, die politische Vormachtstellung in Deutschland auch kulturell hervorzukehren, was sich insbesondere in einer intensiven öffentlichen Bautätigkeit unter der Leitung Karl Friedrich Schinkels (1781–1841) manifestierte; dazu gehörte ebenfalls der Ausbau der bereits 1809 – und somit auf dem Tiefpunkt der wirtschaftlichen Krise – gegründeten Universität,

Gegenüberliegende Seite oben:
Caspar David Friedrich (1774–1840), *Huttens Grab*, 1823/24, Öl auf Leinwand, 93,5 x 73,4 cm, Kunstsammlungen zu Weimar, Schloßmuseum

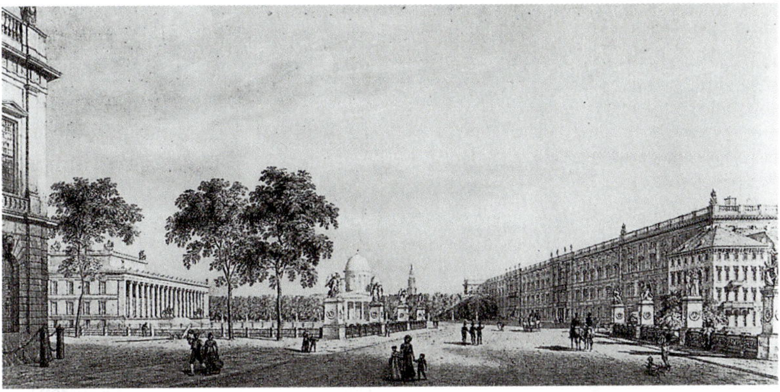

Karl Friedrich Schinkel (1781–1841), *Ansicht des Berliner Lustgartens mit seiner Umgebung mit dem eigenen Museumsentwurf*, 1823, Bleistift, Feder, Tusche, 40,3 x 63,2 cm, Berlin, Kupferstichkabinett

Wie man in den Wald schreit, so schreit es wieder heraus. Ein Spaßvogel wollte in den neunziger Jahren einen Juden in Frankfurt zum besten haben. Er sprach also zu ihm: „Weißt du auch, Mauschel, daß in Zukunft die Juden in ganz Frankreich auf Eseln reiten müssen?“ Dem hat der Jude also geantwortet: „Wenn das ist, artiger Herr, so wollen wir zwei auf dem deutschen Boden bleiben, wenn schon Ihr kein Jude seid.“ (Johann Peter Hebel, *Der wohlbezahlte Spaßvogel*, 1811)

an der Fichte und Schleiermacher, Wilhelm Ferdinand Solger (1780–1819), Georg Wilhelm Friedrich Hegel (1770–1831), Jacob Grimm und Wilhelm Schelling lehrten, zu dessen prominenten Schülern Sören Kierkegaard, Michail Bakunin, Friedrich Engels und Jacob Burckhardt gehörten.

Besondere Anziehungspunkte waren zu Beginn des Jahrhunderts die literarischen Salons der Henriette Herz (1764–1847) und der Rahael Levin-Varnhagen (1771–1833), in denen bisweilen auch Minister und Diplomaten verkehrten. In unmißverständlicher Abgrenzung zu diesen Kreisen gründeten Achim von Arnim und der radikal konservative Nationalökonom Adam Müller 1809 die »Christlich-Deutsche-Tischgesellschaft«, die der jüdischen Emanzipation ebenso wie anderen preußischen Reformbestrebungen keineswegs wohlwollend gegenüberstanden. Daneben gab es auch private Freundeskreise; so trafen sich in der Wohnung E. T. A. Hoffmanns (1776–1822) am Gendarmenmarkt der Verleger Julius Hitzig und der Arzt David Ferdinand Koreff (beide jüdischer Abstammung), der Schauspieler Ludwig Devrient sowie der preußische Major a. A. Baron de la Motte-Fouqué und der aus französischem Adel stammende Dichter und Naturforscher Adelbert von Chamisso (beide zugleich Mitglied der »Deutschen Tischgesellschaft«). Gerade die Berliner Situation verdeutlicht, daß »die« deutsche Romantik keine »Schule« gewesen ist (wie Heinrich Heine später suggerieren wollte). Vielmehr handelt es sich um eine Generation von Literaten und Intellektuellen, die aus den politischen und gesellschaftlichen Umwälzungen dieser Zeit völlig verschiedene und nicht selten widersprüchliche Konsequenzen gezogen haben.

Im krassen Gegensatz zu der vielleicht geläufigeren Vorstellung, die mit dem Zeitalter der Romantik ein überwiegend friedliches Zusammenleben von kultiviertem Adel, menschenfreundlichem Bürgertum und herzensguter Landbevölkerung verbindet, ist die Epoche genau das gewesen, was Goya mit geradezu terroristischer Unbedingtheit zur Darstellung bringt: eine

Zeit politischer und gesellschaftlicher Umbrüche, eine Abfolge traumatischer Ereignisse, die das kulturelle Selbstbewußtsein Europas nachhaltig erschütterten. Der englische Dichter Lord Byron (1788–1824), der sein eigenes Leben zu einem romantischen Epos zu stilisieren versuchte und 1824 als Freischärler im Kampf gegen die Türken ums Leben kam, hat zu Recht von einem »Zeitalter der Revolutionen« gesprochen. Den vielversprechenden Anfang dazu bildete die Unabhängigkeitserklärung der amerikanischen Kolonien von ihrem Mutterland. Der philosophische Traum vom idealen Staat schien hier politische Realität zu werden: ein Gemeinwesen unabhängiger und gleichberechtigter Bürger, die in freier Selbstbestimmung die Geschicke ihres Landes lenken sollten. Die Hoffnungen, die man auf die Neue Welt setzte, wurden auch dadurch nicht getrübt, daß Indianer und Sklaven von diesem zivilisatorischen Fortschritt ausgeschlossen blieben.

Franz Ludwig Catel (1778–1856), *Der über den Schiffbruch seines Lebens nachsinnierende René vor seinem Abschied von Europa an den Mauern des seine Amélie beherbergenden Klosters*, um 1821, Öl auf Leinwand, 62,8 x 73,8 cm, Kopenhagen, Thorvaldsens Museum

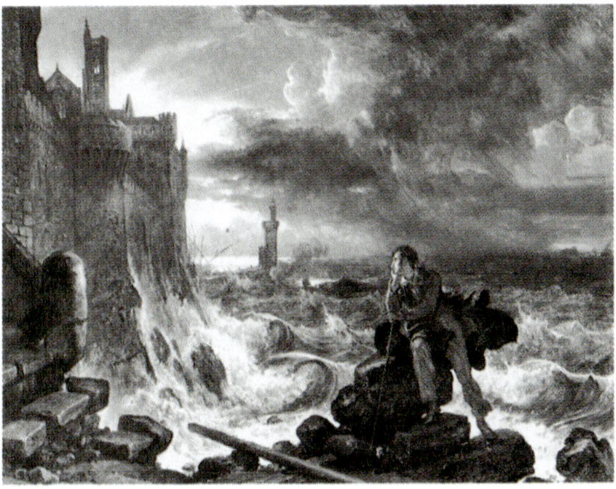

Von Beginn an ist der amerikanische Staat Projektionsfläche romantischer Sehnsüchte gewesen. Zahlreiche literarische Gestalten zieht es in das verheißungsvolle Atlantis jenseits des Atlantiks. Die Titelhelden von Dorothea Veits Roman *Florentin* (1801) und Chateaubriands *René* (1802) sind der Alten Welt und ihrer Kultur überdrüssig geworden, ebenso das frisch vermählte Paar Julie und Leontin aus Eichendorffs *Ahnung und Gegenwart* (1815), das der »Philisterin Europa« definitiv den Rücken kehrt; Goethes »Turmgesellschaft« aus *Wilhelm Meisters Wanderjahren* (1829) will in den noch unbesiedelten Gebieten Nordamerikas ein neues Sozialgefüge erproben; der alte Bernard de Mauprat, den

Der Mensch ist in der Gegenwart ausgesetzt zwischen der Vergangenheit und der Zukunft – wie auf einem Felsen zwischen zwei Abgründen: hinter ihm und vor ihm ist alles dunkel; mit Mühe erkennt er einige Phantome, die aus der Tiefe der Abgründe aufsteigen, sich einen Augenblick an der Oberfläche aufhalten und wieder untertauchen. (François René de Chateaubriand, *René*, 1802)

George Sand in ihrem gleichnamigen Roman (1837) seine Lebensgeschichte erzählen läßt, hat in Amerika jene Freiheit verteidigt, die es in seinem Heimatland Frankreich damals noch nicht gab und die es – wie die Autorin andeutet – auch in der Gegenwart nicht gibt.

Andererseits spielt die Romantik auch in Amerika selbst eine entscheidende Rolle. Tatsächlich sind die vielen Bemühungen des noch jungen Staates um eine eigene kulturelle Tradition aus der romantischen Bewegung hervorgegangen. Der bedeutendste amerikanische Literaturtheoretiker des 19. Jahrhunderts, Edgar Allen Poe (1809–49), war insbesondere von der deutschen Romantik beeinflußt; sowohl Ralph Waldo Emersons (1803–82) *Amerikanischer Gelehrter* (1837), der in seiner »intellektuellen Unabhängigkeitserklärung« »Individualität« und »Selbstvertrauen« als unverzichtbare Voraussetzung für eine mystische Durchdringung der Natur begreift, als auch Nathanael Hawthornes *Zweifach erzählte Geschichten* (1837), die eben jene Charaktereigenschaften einer detaillierten Analyse unterziehen, sind (ebenso wie James Fenimore Coopers beliebte Abenteuerromane) unbeschadet ihres Lokalkolorits romantisch geprägt. Auch der Versuch, eine eigenständige amerikanische Malerei zu begründen, greift auf die Romantik zurück; die von Thomas Doughty (1793–1856), Thomas Cole (1801–1848) und Asher Brown Durand (1796–1886) begründete Hudson River School sucht in der Darstellung unberührter, zivilisationsferner Natur eine Alternative zum klassizistischen Historienbild. Ihre Landschaften sind wie bei C. D. Friedrich mit religiöser Bedeutung erfüllt; in ihnen offenbart sich der

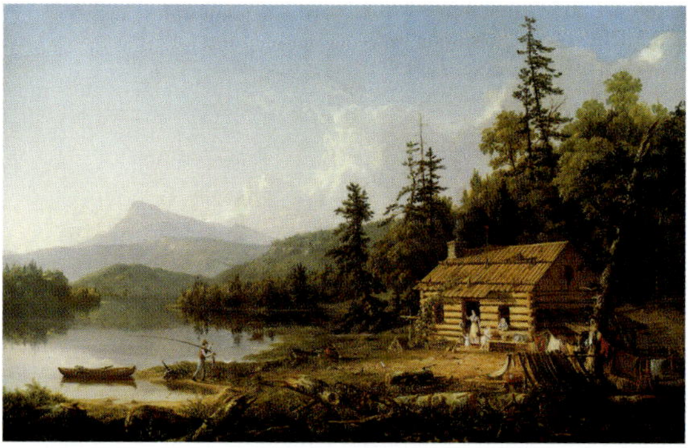

Thomas Cole (1801–1848), *Ein Heim in den Wäldern*, um 1847, Öl auf Leinwand, 118,1 x 167,6 cm, Winston-Salem, NC, Reynolda House, Museum of American Art

göttliche Kosmos, in dem der Mensch jedoch nicht einsam und verlassen, sondern geborgen und in einem mehrfachen Sinn aufgehoben ist. In der amerikanischen Natur ist – wie das Freundschaftsbild der »verwandten Seelen« Thomas Cole und William Cullen Byrant programmatisch zeigt – die einst revolutionäre Losung »Freiheit, Gleichheit, Brüderlichkeit« auch gesellschaftlich eingelöst.

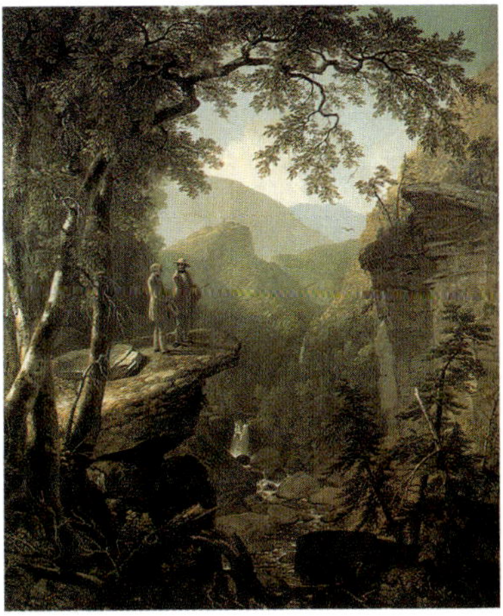

Asher Brown Durand (1796–1886), *Verwandte Seelen*, 1849, Öl auf Leinwand, 116,8 x 91,4 cm, The New York Public Library, Astor, Lenox and Tilden Foundations

Der eigentliche Referenzpunkt der romantischen Bewegung ist die Französische Revolution. Sie wurde zunächst – naturgemäß vor allem von den Jüngeren der »gebildeten Stände« – begrüßt, wo nicht sogar enthusiastisch gefeiert. Für die politischen Köpfe in Europa war es keine Überraschung, daß die völlig bankrotte französische Monarchie wie ein Kartenhaus in sich zusammenfiel; daß aber diese gleichsam im Handumdrehen durch einen Staatsapparat ersetzt werden konnte, der eine neue Zeitrechnung einführte, das christliche Kultmonopol aufhob und mit dem Gleichheitspostulat zumindest vor der Guillotine radikal Ernst machte, traf das europäische Bewußtsein ebenso unvermutet wie der politisch-militärische Siegeszug des korsischen Generals Bonaparte, der über zwei Jahrzehnte die angestammten Herrscherhäuser in Atem hielt, Gesetze diktierte, Kunstschätze raubte, nach eigenem Belieben Grenzen zog, Kleinbürger zu Königen erhob und schließlich seinerseits an dem mittelalterlichen Traum eines Weltkaisertums scheiterte. »Es gab keine Idee in Europa, die nicht von ihm zertreten wor-

Man kann sich daher heutzutage schwer noch einen Begriff machen von dem Schreck und der ungeheuren Verwirrung, die der plötzliche Knalleffekt durch das ganze Philisterium verbreitete, als nun die Mine in Frankreich wirklich explodierte. Die Landjunker wollten gleich aus der Haut fahren und den Pariser Drachen ohne Barmherzigkeit spießen und hängen. Die Prätentiösen lächelten vornehm und ungläubig und ignorierten den impertinenten Pöbelversuch, Weltgeschichte machen zu wollen; ja es galt eine geraume Zeit unter ihnen für plebejisch, nur davon zu sprechen. Die Extremen dagegen, die ohnedem zu Hause damals nicht viel mehr zu verlieren hatten, erfaßten die Revolution als ein ganz neues und höchst pikantes Amusement und stürzten sich häufig kopfüber in den flammenden Krater. (Joseph von Eichendorff, *Der Adel und die Revolution*)

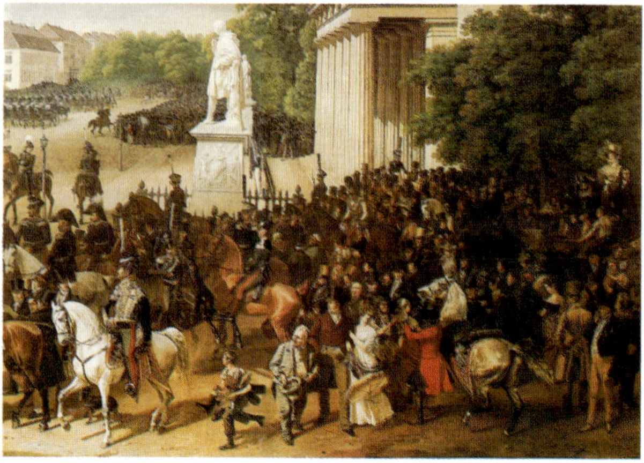

Franz Krüger (1797–1857), *Parade auf dem Opernplatz in Berlin*, 1824/29, Öl auf Leinwand, 249 x 374 cm, Berlin, Nationalgalerie

den wäre, und keinen Mund, den seine Hand nicht geknebelt hätte«, schreibt 1834 der französische Romantiker Lamartine. Indessen waren zu dieser Zeit zumindest in Mittel- und Osteuropa die Zensurmaßnahmen, der »Gedankenbüttel«, wie sie Nikolaus Lenau (1802–1850) in seinem *Faust*-Gedicht (1836) nennt, ungleich schärfer und die politische Unterdrückung weitaus rücksichtsloser geworden als zu Napoleons Zeiten.

Die nach 1815 einsetzende »Restauration« in den Kleinstaaten des ehemaligen Heiligen Römischen Reichs deutscher Nation sowie in Österreich-Ungarn, das nun auch über Norditalien herrscht, hat das erklärte Ziel, die politischen und sozialen Reformen, die während der letzten Jahrzehnte durchgesetzt worden waren, wieder zurückzunehmen und die alte monarchische Ordnung – das »Ancien Régime« – wiederherzustellen. Dabei stützen sich die konservativen Kräfte auf einen neuartigen, effizienten Überwachungsapparat, der sich nicht nur auf eine allgemeine Zensur sämtlicher Druckerzeugnisse, sondern auch auf geheimpolizeiliche Ermittlungen, auf Beobachtung und Bespitzelung verdächtiger Personen stützt. Es gibt zu dieser Zeit kaum einen bedeutenden Künstler oder Schriftsteller, der nicht davon betroffen gewesen wäre. Dennoch kann die restriktive Politik nicht verhindern, daß zum Ende der romantischen Epoche auch die Staaten der »Heiligen Allianz« von den revolutionären Bewegungen der Jahre 1830 und 1848 erfaßt werden.

Parallel zu diesen widersprüchlichen, teils restaurativen, teils revolutionären Tendenzen findet eine beispiellose ökonomische Umwälzung statt. Die fortschreitende Nutzung der Dampfenergie, die um 1780 in England einsetzt, wird in der ersten Hälfte des 19. Jahrhunderts sämtliche Bereiche der handwerklichen Produktion wie auch des Transportwesens grundlegend verändern. Diese sogenannte »industrielle Revolution« sollte jedoch keineswegs, wie man vielleicht erhofft hatte, zu allgemeinem Wohlstand, sondern ganz im Gegenteil zu einer bis dahin unbekannten Form der Verarmung in den ländlichen Regionen und einer fortschreitenden Proletarisierung in den Städten führen. Aus den sozialen Unterschieden sind emotionsgeladene Gegensätze geworden. Die entwurzelte Landbevölkerung begegnet der sich neu formierenden bürgerlichen Schicht mit Ablehnung und Haß, während die Besitzenden in ständiger Furcht vor kriminellen oder gar revolutionären Übergriffen schweben. Zukunftsängste und hoffnungsvolle Utopien, Fortschrittsglauben und nostalgische Rückbesinnung auf eine imaginäre Vergangenheit prägen das kulturelle Bewußtsein dieser Zeit.

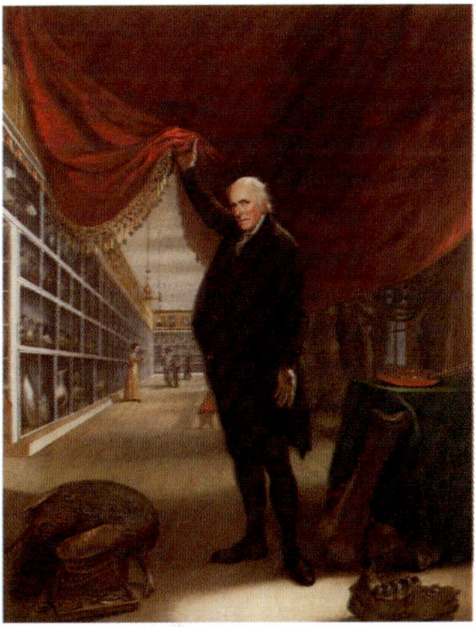

Charles Wilson Peale, (1741–1827), *Der Künstler in seinem Museum*, 1822, Öl auf Leinwand, 263 x 203 cm, Philadelphia, Pennsylvania Academy of Design

Begleitet wird die ökonomische und soziale Umwälzung von einer permanenten Revolution in den Wissenschaften. Das noch im 18. Jahrhundert als zusammengehörig verstandene Studium der »Naturgeschichte« wird aufgrund einer schwindelerregenden Zunahme von Detailerkenntnissen in neue Disziplinen aufgefächert, die nunmehr als einzelne »Naturwissenschaften« betrieben werden. Um 1740 unterscheidet man etwa 600 Tierarten, während nur einhundert Jahre später 2400 Arten von Schlupfwespen bekannt sind. Neue Begriffe und neue Ordnungssysteme werden erforderlich, um dem unablässig wachsenden Material

Friedrich Georg Weitsch (1758–1828), *Alexander von Humboldt*, 1806, Öl auf Leinwand, 127 x 94 cm, Berlin, Nationalgalerie

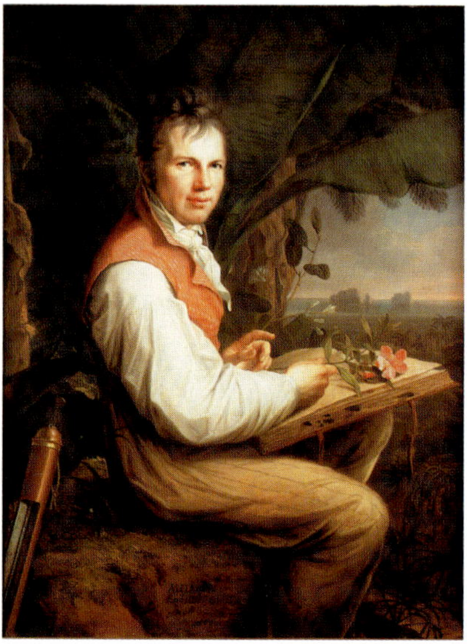

gerecht zu werden. Vor diesem Hintergrund wird das Ideal des Universalgelehrten in Chamissos Erzählung *Peter Schlehmil* (1814) noch einmal literarisch beschworen und dabei zugleich als unerfüllbare Wunschphantasie beschrieben, da der Titelheld sich seine umfassenden naturwissenschaftlichen Kenntnisse nur durch seine Siebenmeilenstiefel hat aneignen können; es nimmt in Johann Wolfgang von Goethe (1749–1832) oder Alexander von Humboldt (1769–1859) wohl ein letztes Mal reale Gestalt an, doch ist seine Zeit unwiderruflich vorbei. Auch die Utopie einer humanistischen Bildung, die eine harmonische Synthese von naturwissenschaftlicher Erkenntnis und menschlicher Kultur vorsieht, kann dieser Dynamik nicht standhalten. Zunehmend orientiert sich die wissenschaftliche Forschung an ihrer technischen Anwendbarkeit. Bildung und Kultur werden dem ökonomischen Nutzen untergeordnet.

Die romantischen Jahrzehnte sind nicht nur von periodisch wiederkehrenden politischen Revolutionen gezeichnet, in deren Hintergrund sich die eigentliche, nämlich industrielle Revolution vollzieht. Sie sind vielleicht stärker noch durch Kriegshandlungen von unerhörtem Ausmaß geprägt. Der Partisanenkampf der Spanier und die Vergeltungsmaßnahmen der Franzosen, die ganze Dörfer auslöschen und die verstümmelten Leichen ihrer Bewohner zur Abschreckung auf Äste spießen, Napoleons europäische Zwangsrekrutierungen, die einen dramatischen Mangel an Arbeitskräften und dadurch in vielen Regionen Hungersnöte hervorrufen, und schließlich der verheerende Rußlandfeldzug der Großen Armee waren für die Zeitgenossen geschichtliche Erfahrungen, die das Selbstverständnis

Wir haben eine Zeit gesehen, die wie ein wütender Orkan über die Erde dahinbrauste. Die menschliche Natur, in ihrer tiefsten Tiefe erschüttert, gebar das Ungeheure, wie das sturmbewegte Meer die entsetzlichen Wunder des Abgrunds emporschleudert auf den

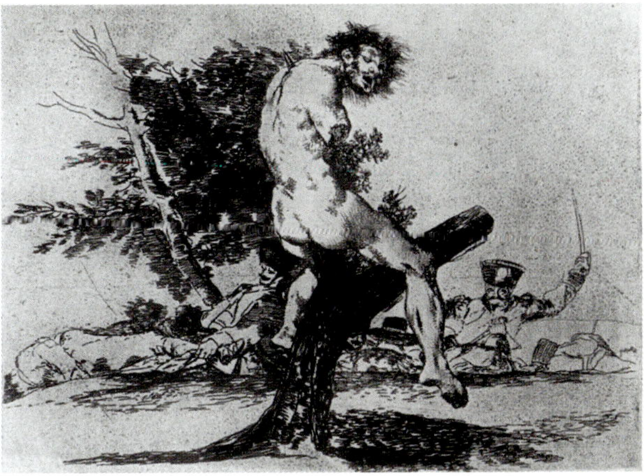

Francisco Goya (1746–1828), *Das ist schlimmer, Desastres, Nr. 37 (Schrecken des Krieges)*, 1812–15, Radierung, 157 x 207 cm, Hamburg, Privatsammlung
Bei dem Aufgespießten handelt es sich vermutlich um eines der Opfer von Repressalien, mit denen die Franzosen ihre durch Partisanen getöteten Soldaten rächten.

eines aufgeklärten Zeitalters ad absurdum führen mußten. Der grauenhaften Verkehrung des klassizistischen Menschenbildes durch die Auswüchse der Kriegshandlungen entsprach zugleich die Unfähigkeit, den realen Ereignissen einen philosophisch überzeugenden Sinn zu geben. Unter diesen Gesichtspunkten erscheint Goyas alptraumhafte Szenerie als Vision einer entfesselten Menschheit, die ohne geschichtliche Orientierung ihrer Selbstzerstörung anheimfällt, und zugleich als ein verzweifelter Selbstbehauptungsversuch, der – seinerseits ein gigantischer Kraftakt – auch angesichts der grauenhaften Brutalität im Herzen der Zivilisation noch adäquate Formen künstlerischer Darstellung zu finden hofft.

Deutlicher werden diese Zusammenhänge, sobald man die Romantik nicht nur als ein Ensemble stilistischer Merkmale betrachtet, die sich mit modischem Gefühlskult verbinden, sondern als Ausdruck einer tiefgreifenden Veränderung, welche die gesamte europäische Kultur revolutionieren wird. Dabei ist es von nebensächlicher Bedeutung, ob die Protagonisten dieser Bewegung eher konservativ oder fortschrittlich dachten; entscheidend ist vielmehr, wie sie als sensible Seismographen die Erschütterungen ihrer Zeit in literarische und bildkünstlerische Kompositionen umgesetzt haben und welche Vorstellungen, Theorien, Perspektiven sie daraus entwickeln konnten.

Unter diesem Gesichtspunkt erweist sich das Zeitalter der Romantik tatsächlich als das einer Kulturrevolution. Im industriell fortgeschrittenen England, das bei-

tosenden Wellen. Alles was Löwenmut, unbezwingbare Tapferkeit, Haß, Rache, Wut, Verzweiflung im mörderischen Todeskampf vollbringen können, geschah im spanischen Freiheitskriege. (E. T. A. Hoffmann, *Der Zusammenhang der Dinge*, 1819)

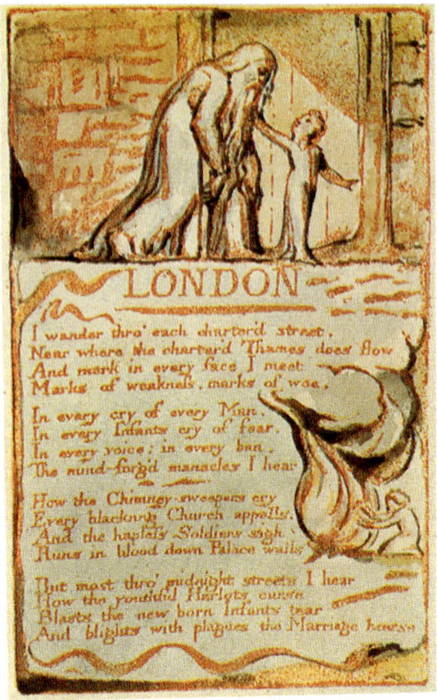

William Blake (1757–1827), *Lieder der Unschuld und Erfahrung, Illuminated Books*, 1789. Der Künstler entwickelte für seine *Illuminated Books* eine vollkommen neue Technik: Gedicht und Zeichnung wurden auf eine Kupferplatte übertragen, das einzelne Blatt farbig gedruckt und dann handkoloriert.

Ich gehe durch verkaufte Straßen / Wo die verkaufte Themse fließt. / Und finde dort in den Gesichtern / Zeichen von Schwäche und von Schmerz. / Und höre in dem Schrein der Men-schen, / In jedem Kinderschrei der Angst, / In jeder Stimme, jedem Fluch/ Den Geist mit seinen Ketten rasseln. (William Blake)

nahe »die Ehre gehabt hätte« – wie der rationalistische Philosoph und konservative Politiker Edmund Burke (1729–1797) bemerkte – »den Totentanz demokratischer Revolutionen anzuführen«, ist dieser Zusammenhang besonders deutlich. Revolutionär gesinnt waren zunächst praktisch alle Repräsentanten der englischen Romantik. William Blake (1757–1827), ein künstlerischer Außenseiter, der durch seine unmittelbare Verbindung von Bild und Text eine neuartige Form der Grafik entwickelte, verkehrte in einem Kreis politisch engagierter Intellektueller, deren Ideen sowohl die deutsche Romantik als auch die Literatur des Vormärz inspirierten. Dazu gehörten die Frauenrechtlerin Mary Wollstonecraft, der Philosoph und Naturforscher Joseph Priestley (1733–1804) und der Schweizer Künstler Johann Heinrich Füssli (1741–1825), ebenso der radikale Publizist Thomas Paine (1737–1809), der 1791 in seinen »Rights of Men« die Französische Revolution verteidigte und dafür in Haft genommen wurde, und der junge Dichter William Wordsworth (1770–1850), der die Entwicklung Frankreichs von der Revolution zur Diktatur als existentielle Krise erlebte (ähnlich wie sein Freund Samuel T. Coleridge (1772–1834), der 1791 eine Ode auf den Abriß der Bastille schrieb).

Vom größten Einfluß auf die gesamte europäische Literatur und Kunst war auch das in England und Schottland um 1750 einsetzende Interesse für die vermeintlich archaische Volkspoesie. Das berühmteste Produkt dieser Mischung aus volkskundlicher Sammlertätigkeit und eigenmächtiger Phantasie war die vorgeblich altgälische Ossian-Dichtung, die 1765 der schottische Dichter James MacPherson (1736–1796) herausgegeben hatte und die von der Romantik als antiklassisches Gegenstück zur antiken Epik rezipiert wurde. Auch Robert Burns (1759–1796), der Balladen in schottischer Mundart und mit aufrührerischen Untertönen dichtete, steht in dieser Tradition. Auf ihn geht das von Ferdinand Freiligrath (1810–1876) übersetzte Lied *Trotz alledem und alledem* zurück, das noch von politisch romantisierenden Liedermachern des 20. Jahrhunderts gesungen wurde.

Ob Armut euer Los auch sei, / Hebt hoch die Stirn, trotz alledem! / Geht kühn den feigen Knecht vorbei; / Wagt's arm zu sein trotz alledem! / Trotz alledem und alledem, / Trotz niederm Plack und alledem, / Der Rang ist das Gepräge nur, / Der Mann das Gold trotz alledem! (Ferdinand Freiligrath 1810–76, *Trotz alledem!* Nachdichtung des Revolutionsliedes *A man's a man for that* von Robert Burns)

Ebenfalls vorbildlich für die europäische Romantik ist die sich in England frühzeitig verbreitende Naturbegeisterung, die etwa zeitgleich mit der industriell bedingten Umweltzerstörung einsetzt. Die englische Landschaftsmalerei, die gegen Ende des 18. Jahrhunderts künstlerisch zunehmend an Bedeutung gewinnt, sucht bewußt den Kontrast zur Häßlichkeit der neuen Städte und ihrer Elendsquartiere, zielt aber auf eine durchaus realistische Detailwiedergabe der Natur und weist damit voraus auf die nachfolgende kontinentale Entwicklung, vor allem in Skandinavien und Frankreich. Im Gegensatz zur herrschenden Auffassung der Royal Academy ist bereits bei Malern wie Alexander Cozens (um 1717–1786) und Richard Wilson (1714–1782) nicht die äußere Natur, sondern das innere Naturerlebnis des Betrachters resp. des Künstlers das eigentliche Bildthema.

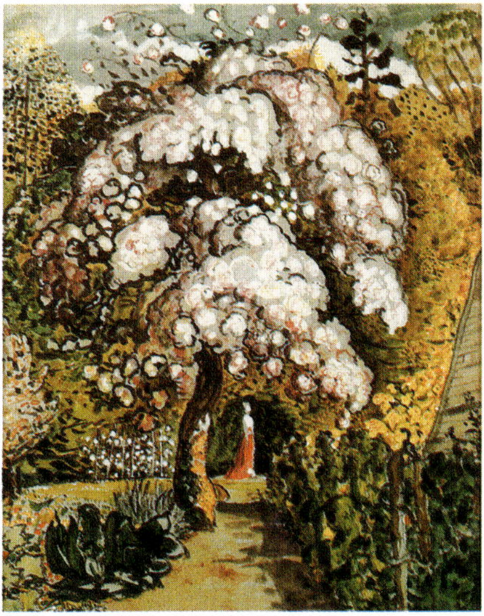

Samuel Palmer (1805–1881), *In einem Garten in Shoreham*, um 1829, Wasserfarbe und Gouache auf Papier, 28 x 22 cm, London, Victoria und Albert Museum

Protagonist einer radikal neuen Malerei ist hingegen William M. Turner (1775–1851), in dessen Bildern die Körper und Gegenstände häufig bis zur Abstraktion aufgelöst werden, um damit einen Blick auf die unergründliche Rätselhaftigkeit der göttlichen Natur zu eröffnen. Das Bild *Der Schneesturm. Hannibal und seine Armee überqueren die Alpen* ist zugleich ein Versuch, zwei Gattungen, das Historien- und das Landschaftsbild, zusammenzubringen und dabei die klassische Hierarchie, der zufolge die Historie den höchsten Rang

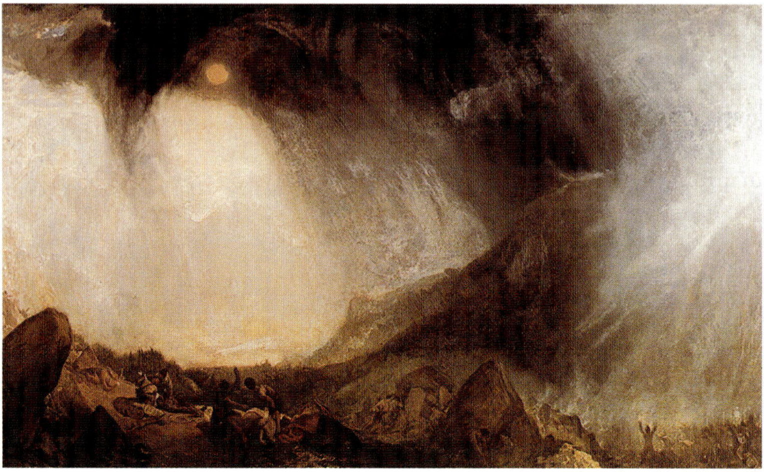

William Turner (1775–1851), *Der Schneesturm. Hannibal und seine Armee überqueren die Alpen*, ausgestellt in der Royal Academy 1812, Öl auf Leinwand, 145 x 236,5 cm, London, Tate Gallery

einnimmt, buchstäblich umzukehren. Denn das historische Geschehen ist hier auf den unteren Bildrand reduziert: Mord, Plünderung, Vergewaltigung auf der linken Seite, rechts das nachrückende Heer der Karthager. Das Naturereignis hingegen beherrscht das Bild: chaotische Wirbel aus Licht und Farbe, dunkle Wolken und aufgepeitschte Schneemassen, die zum Hintergrund hin aufreißen, so daß unter der bleichen Sonne das Ziel des Heerzugs wie eine Vision des Gelobten Landes hervortritt. Und in der Tat hat dieses Ziel imaginären Charakter: Hannibal wird jenes Land nicht erobern, sondern darin seinen Untergang finden. Man darf vermuten, daß sich dahinter eine Anspielung auf Napoleon verbirgt, der zum Auftakt seiner Kriegszüge erst vor wenigen Jahren die Alpen überschritten hatte. Zugleich aber ist das Bild, wie Turner durch einige Verse verdeutlicht, die in dem Ausstellungskatalog von 1812 abgedruckt waren, auch als eine Warnung vor politischer Hybris und somit vor der militärischen Selbstüberschätzung der englischen Regierung gedacht.

Das Historienbild ist das eigentliche Medium der französischen Romantik, die – von einigen Vorläufern abgesehen – erst mit dem endgültigen Fall Napoleons beginnt und sich zunächst nur zögerlich gegen den dominierenden Klassizismus durchzusetzen vermag, gegen Ende der zwanziger Jahre jedoch in allen Bereichen der Kunst das Feld behauptet, so daß im zeitgenössischen Sprachgebrauch die Kultur der Gegenwart generell als Romantik bezeichnet wird.

Von Beginn an steht diese Auseinandersetzung, die in mehrfacher Hinsicht an die »Querelle des anciens et modernes« des 17. Jahrhunderts anknüpft, explizit unter politischen Vorzeichen. Die unmittelbar vorausgehende Revolutionskunst weiterführend, hatte Napoleon den unterkühlten Neoklassizismus zur offiziellen Kunstdoktrin erklärt und jede oppositionelle Regung rigoros unterdrückt. So hatte sein Polizeiminister Rovigo beispielsweise die Einstampfung des Buches *Über Deutschland* (1810) von Mme de Staël mit dem lapidaren Hinweis begründet, Frankreich habe es nicht nötig, sich bei anderen Völkern seine Vorbilder zu suchen. Tatsächlich empfiehlt die Autorin ihren französischen Lesern, sich vom traditionellen Klassizismus zu lösen und der »natürlichen Poesie« der Deutschen zuzuwenden. Gemeint sind damit allerdings nicht die Texte der Romantiker, sondern Werke des Sturm und Drang und des Weimarer Klassizismus, vor allem Goethes *Werther* und *Faust*, deren Rezeption eine entscheidende Rolle in der Entwicklung der französischen Romantik spielen sollte.

Théodore Géricault (1791–1824), *Der verwundete Kürassier*, 1814, Öl auf Leinwand, 46,5 x 38 cm, Paris, Musée du Louvre

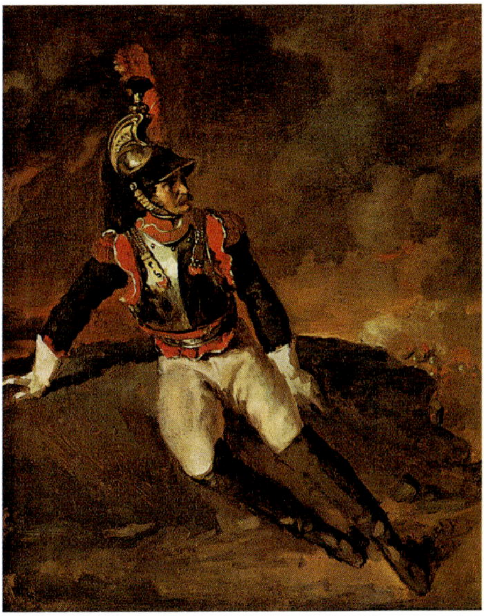

Das Erscheinen von *De l'Allemagne* (1810) markiert gemeinsam mit der 1813 publizierten Übersetzung von August Wilhelm Schlegels *Vorlesungen zur Kunst und Literatur* den Auftakt dieses artistischen Bürgerkriegs, in dem die Traditionalisten die Vertreter der Romantik als Gegner der französischen Kultur schlechthin ver-

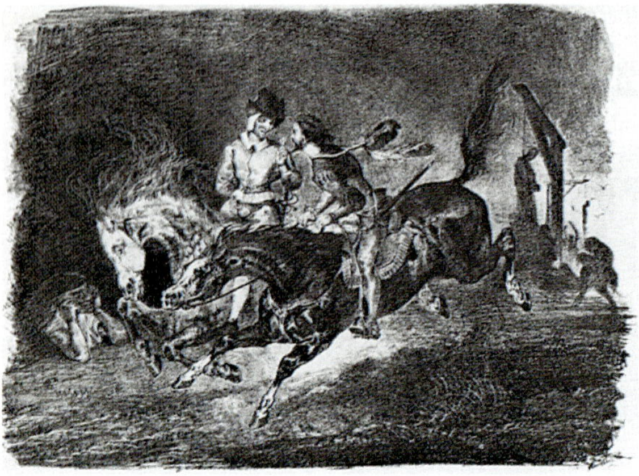

Eugène Delacroix (1798–1863), *Faust und Mephisto am Hochgericht*, 1828, Lithographie, 20,5 x 28 cm, Kunsthalle Bremen

femen und sie der Kollaboration mit den barbarischen Feinden Frankreichs beschuldigen. Nur wenige Autoren haben zunächst den Mut, sich zu dieser verwerflichen Fraternisierung zu bekennen. Der junge Henri Beyle (1783–1842), der sich provokativ nach dem Geburtsort Johann Joachim Winckelmanns Stendhal nannte, sah in der romantischen Bewegung eine »Revolution der Kunst«, die mit derselben geschichtlichen Notwendigkeit wie die voraufgegangene politische Revolution das noch bestehende Ancien Régime des Klassizismus zu Fall bringen müsse.

Den entsprechenden Sturm auf die literarische Bastille wird dann Victor Hugo (1802–1885) anführen, wenn er in dem Vorwort zu seinem 1827 erschienenen historischen Drama *Cromwell* die klassizistische Poetik als unzeitgemäß verwirft und die Vertreter des Neoklassizismus zu hoffnungslosen Epigonen erklärt. Mit derselben rhetorischen Klarheit, die (im Unterschied zu den ästhetischen Diskussionen in Deutschland) auch die klassizistische Poetik auszeichnet, werden deren Positionen umgekehrt: ein »Protestantismus in Literatur und Kunst« soll das kulturelle »Gottesgnadentum« ersetzen, die Freiheit der Kunst von normativen Bindungen und ihre Emanzipation von kanonischen Vorbildern werden gefordert, das Genie wird über den Geschmack, »Herz« und »Seele« über die »Vernunft« gestellt, nicht Nachahmung, sondern Originalität wird vom Dichter verlangt.

Diese von Hugo genannten Merkmale der romantischen Tragödie kennzeichnen auch das französische

Gegenüberliegende Seite unten: Eugène Delacroix (1798–1863), *Das Massaker von Chios*, 1823/24, Öl auf Leinwand, 417 x 354 cm, Paris, Musée du Louvre

Historienbild. Seine betonte Dramatik hat insbesondere auf die osteuropäische Malerei eingewirkt. Bevorzugt werden revolutionäre Themen, wobei auch zeitgenössische Ereignisse Berücksichtigung finden, wie etwa jene Episoden aus dem griechischen Unabhängigkeitskampf, die Eugène Delacroix (1798–1863) in großem Format festgehalten hat. Revolutionär aber sind die Historien auch in stilistischer Hinsicht: melodramatische Situationen werden mit schockierendem Realismus geschildert, gefühlsbetonte Handlungsmomente durch starke Farb- und Helligkeitskontraste hervorgehoben, seelische Konflikte in heftig bewegten Gesten oder suggestiven Posen festgehalten. Dergleichen effektvolle Inszenierungen haben ganz offensichtlich ein opernhaftes Gepräge, und tatsächlich ist die romantische Historienmalerei vielfach der zeitgenössischen Opernästhetik verpflichtet.

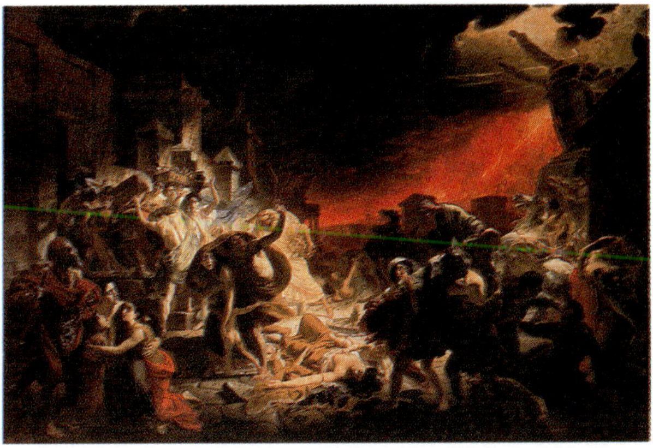

Karl Pawlowitsch Brüllow (1799–1852), *Der letzte Tag von Pompeji*, 1833, Öl auf Leinwand, 456,5 x 651 cm, St. Petersburg, Staatliches Russisches Museum

Das gilt insbesondere für Italien, wo die Oper als besonders populäres Medium auch politische Inhalte, die sich häufig hinter den konventionellen Staatsaktionen, Liebesintrigen und Familienkonflikten tarnen, einer breiten Öffentlichkeit zu vermitteln suchte. Die geknechteten

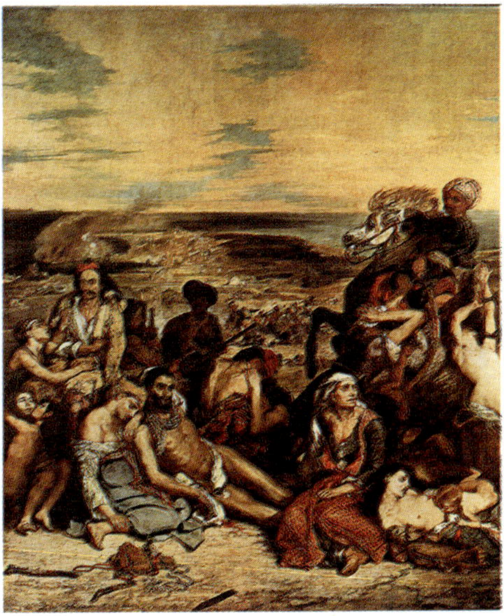

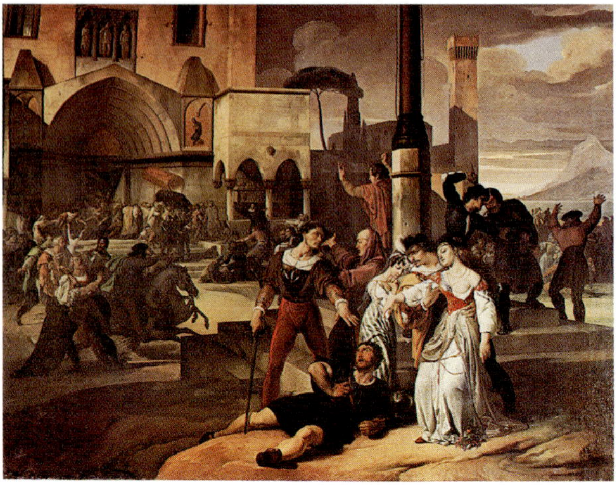

Francesco Hayez (1791–1882), *Sizilianische Vesper*, 1821–22, Öl auf Leinwand, 150 x 200 cm, Mailand, Privatbesitz Das Gemälde entstand während seines Studiums an der Brera in Mailand; Auftraggeberin war die Marchesa Visconti D'Aragona, die ihre Freunde darin porträtieren ließ. (2. Fassung in Rom, Galleria d'Arte Moderna)

Israeliten in Verdis *Nabucco* (1842) und die freiheitsliebenden Schweizer in Rossinis *Wilhelm Tell* (1829) sind unbeschadet des historischen Kostüms sogleich als unterdrückte Italiener zu erkennen, und die *Sizilianische Vesper* (1855), die ein historisches Massaker an den französischen Besatzungsgruppen zum Vorwurf hat, konnte auch als Warnung an die österreichische Obrigkeit verstanden werden. Allerdings gab diese etwas simple patriotische Erwartungshaltung auch Anlaß zu kuriosen Fehlinterpretationen. Die Worte »amore e patria« (Liebe und Vaterland) sorgten wie in Bellinis *Puritani* (1835) regelmäßig für Beifallsstürme, auch wenn die Bühnenhandlung nicht im mindesten mit den politischen Verhältnissen in Italien zu tun hatte.

Die italienische Romantik ist eine kulturelle Widerstandsbewegung zunächst gegen die napoleonische, dann gegen die österreichische Fremdherrschaft. Auch hier wird die polemische Debatte durch einen Aufsatz der Mme de Staël sowie durch die Übersetzung von Schlegels *Vorlesungen zur Kunst und Literatur* ausgelöst. Die Positionen erscheinen allerdings etwas verwirrend. »Das Feuer, das wir entzündet«, schreibt Goethe 1820 in seinem Aufsatz über *Klassiker und Romantiker in Italien, sich heftig bekämpfend*, »fängt nun über den Alpen zu lodern an«, und noch bemerkenswerter als diese für Goethe ungewöhnliche Revolutionsmetaphorik ist seine kritische Haltung gegenüber einem Klassizismus, der nunmehr Gefahr laufe, »das Entschlafene, für uns Mumienhafte, vertrocknet an sein Herz zu schließen«.

Wortführer der italienischen Klassizisten ist Trussardo Caleppio, ein Polizeikommissar in österreichischem Dienst, der die Aufnahme ausländischen Kulturgutes mit einem Verrat des Vaterlandes gleichsetzt und zur Verteidigung der nationalen Identität aufruft – eine Parole freilich, die eher zur Rhetorik des *risorgimento*, der italienischen Befreiungsbewegung gegen die österreichische Fremdherrschaft, passen würde. Umgekehrt verstehen sich die Anhänger des romantischen Kreises, zu denen neben Ludovico di Breme (1788–1825), Pietro Borsieri (1788–1852), Giovanni Berchet (1783–1851) und Alessandro Manzoni (1785–1873) auch Stendhal gehört, als wahre Patrioten, da sie Italien aus seiner Lethargie wecken und aus dem Zustand politischer und kultureller Bevormundung auf das Niveau einer europäischen Kulturnation zurückführen wollen. Kurioserweise war der Abdruck jener beiden Texte, auf die sich die revolutionären Romantiker beriefen, von den österreichischen Behörden lanciert worden, um gerade jene Vermittlung deutschsprachiger Literatur zu fördern, gegen die sich ihr Polizeifunktionär so erbittert sträubte.

Das Feuer, das Goethe gewahrte, war aus deutscher Perspektive eher ein Alpenglühen, vom Süden aus betrachtet nur ein Strohfeuer. Denn das klassische Erbe war durch Ugo Foscolo (1778–1873) und Giacomo Leopardi (1798–1837) bereits romantisch eingefärbt, und die Romantiker hatten keineswegs wie in England, Deutschland oder Frankreich die Absicht, radikal neue Stilformen zu etablieren. Ihr Ziel bestand vielmehr in der Weiterentwicklung und Aktualisierung der traditionellen literarischen Formen. Das gilt ebenso für die italienische Malerei, die über lange Zeit die Wiederentdeckung des Quattrocento – der italienischen Malerei des 15. Jahrhunderts – durch deutsche und englische Künstler ebenso ignorierte wie die zeitgenössischen Tendenzen der französischen Landschaftsmalerei. Vereinzelt zeigen sich jedoch überraschende Analogien wie etwa in dem fiktiven Grabmonument, das Giovanni de Gubernatis (1774–1837) dem Dichter Edoardo Calvo, einem dezidierten Gegner Napoleons, in seinem Bild errichtet hat.

Auch in Spanien entsteht die Romantik aus einer kulturellen *résistance* gegen Napoleon, und auch hier spielen die 1814–19 erschienenen *Vorlesungen* Schlegels nunmehr in spanischer Übersetzung eine entscheidende Rolle. Nach dem Sturz Napoleons steht die Abrechnung mit dem aus Frankreich importierten Klassizismus ganz im Zeichen einer Rückbesinnung auf das eigene Goldene Zeitalter, namentlich auf Calderón de la Barca (1600–1681), der als Verkörperung von Frömmigkeit, Ehrgefühl und Vaterlandsliebe angesehen wurde. Diese durchweg reaktionäre »historische Romantik«, die im Klima der Restauration und des absolutistischen Regimes Ferdinands VII. (1784–1833) gediehen war, sah sich jedoch nach dessen Tod mit einer »zeitgenössischen Romantik« konfrontiert und ließ es daraufhin nicht fehlen, die zurückkehrenden Emigranten wie Francisco Martinez de la Rosa (1787–1862), Garcia Gutiérrez (1813–1884), Duque de Rivas (1791–1865), die von Byron und Hugo beeinflußt waren, als Vertreter der Unmoral, der Dekadenz, des Atheismus zu denunzieren. Übrigens verfiel auch der Autor des *Werther* und des *Faust* diesem Verdikt.

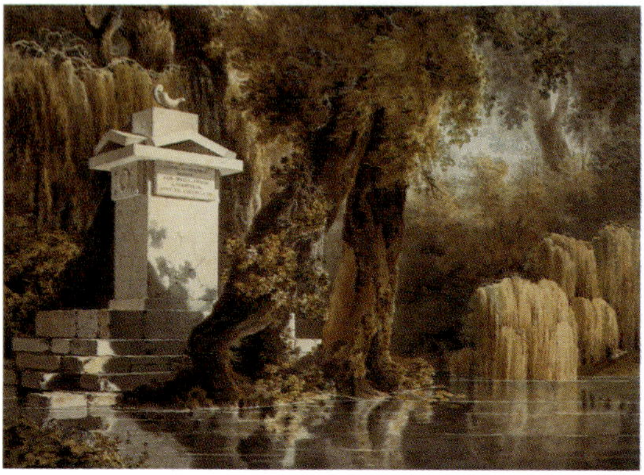

Giovanni Battista de Gubernatis (1774–1837), *Landschaft mit dem Grabmal des Dichters Edoardo Calvo*, 1804, Aquarell auf Papier, 59 x 43 cm, Turin, Galleria Civica d'Arte Moderna

Die Ironie der Kulturgeschichte wollte es, daß von der romantischen Generation in Deutschland eigentlich nur ein Autor, und überdies noch ein Außenseiter, europäische und sogar weltweite Geltung erlangt hat. E.T.A. Hoffmann (1776–1822) hat zunächst in Frankreich begeisterte Aufnahme gefunden, er konnte in Spanien gelesen werden und gelangte von dort nach Südamerika, dessen Literatur er bis weit ins 20. Jahrhundert hinein beeinflußte; durch Thomas Carlyles Übersetzung wurde er in England und vor allem in Nordamerika bekannt, wo er Autoren wie Edgar Allen Poe und Nathanael Hawthorne inspirierte. Vor allem aber in Rußland fungierte Hoffmann als romantische Leitfigur gegen die Romantik der Reaktion, die – wie schon in Deutschland und Österreich – die ursprünglich revolutionären Impulse in sentimentalem Gefühlskult erstickt hatte.

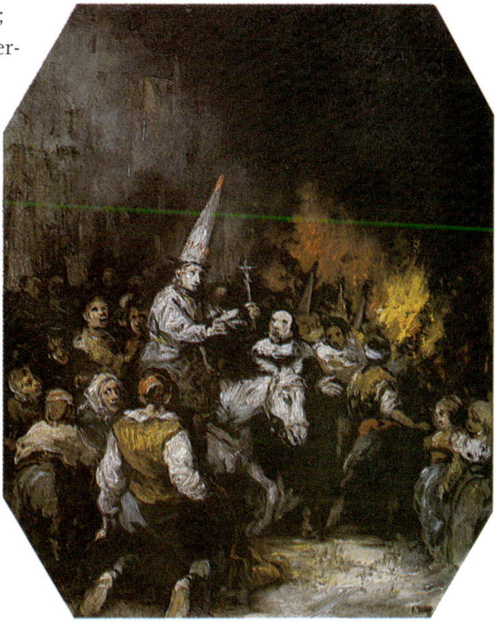

Eugenio Lucas (1817–1870), *Von der Inquisition verurteilt*, um 1850, Öl auf Leinwand, 77,5 x 91,5 cm, Madrid, Museo del Prado, Casón del Buen Retiro

Seine Rezeption durch Alexander S. Puschkin (1799–1837), Nikolai W. Gogol (1809–1852) und Fedor M. Dostojewski (1821–1881) zeigt, daß man die Bedeutung dieses Autors in Rußland – wie auch in Frankreich – sehr viel besser verstanden hat als in seinem Heimatland. Denn was Hoffmann von dem literarischen Gespensterwesen seiner Zeit unterscheidet, ist sein analytischer Blick in die Welt der Phantasmen und Delirien. Die romantische Einsicht, daß die Empfindungen des Grauens keiner subjektiven Befindlichkeit entspringen, sondern Reflexe einer ungleich grauenvolleren Realität sind, haben sich viele Autoren des 19. und 20. Jahrhunderts zunutze machen können. Sie eröffnete auch die Möglichkeit, durch Beschreibung pathologischer Charaktere oder seelischer Grenzsituationen über gesellschaftliche Konflikte zu sprechen, ohne von der Zensur behelligt zu werden.

Neben einer grundsätzlichen Tendenz zur psychologischen Beschreibung, die sich in den realistischen Gesellschaftsromanen fortsetzen wird, zeigt die russische Romantik ein ausgeprägtes Interesse an den eige-

Die Phantasie, die Dichtung also wollt ihr verklagen? Aber eure Wirklichkeit! Tut doch nur die Augen auf, angenehme Gegner und Widersacher, und seht, daß es dort, vor euren Augen, hinter eurem Rücken, wenn ihr euch nur erkundigt, weit schlimmer hergeht. Schlimmer und herber, und also auch viel gräßlicher, weil das Schrekken hier durch nichts Poetisches gemildert wird. (...) Und wer lebt denn wohl, der nicht (...) zu erzählen wüßte, von der Grausamkeit der Menschen, der Bestechlichkeit der Ämter, der Unterdrückung des Armen? Von dem Elend, welches große und kleine Tyrannen erschaffen? Hier könnt ihr euch nirgend trösten und euch sagen: es ist nur ersonnen! die Kunstform beruhigt euer Gemüt nicht mit der Notwendigkeit, ja ihr könnt oft in diesem Jammer nicht einmal ein Schicksal sehn, sondern nur das Blinde, Schreckliche, das was sagt: so ist es nun einmal! In dergleichen märchenhaften Erfindungen aber kann ja dieses Elend der Welt nur wie von vielen muntern Farben gebrochen hineinspielen, und ich dächte, auch ein nicht starkes Auge müßte es auf diese Weise ertragen können. (Ludwig Tieck, *Phantasus*, 1812)

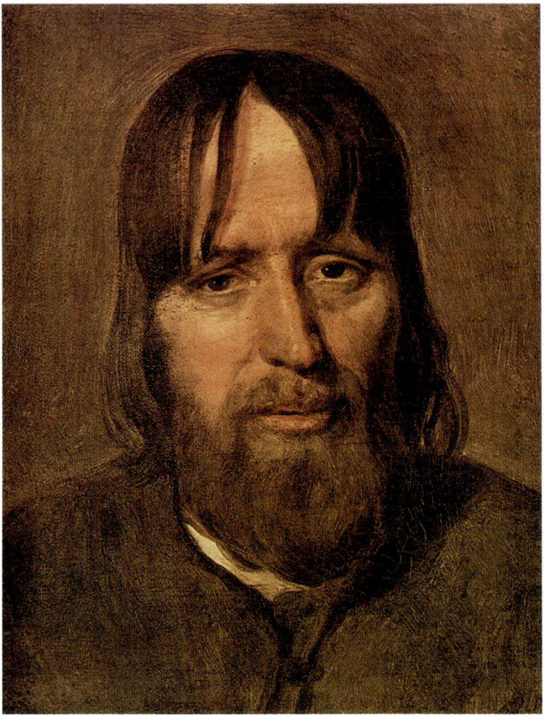

nen Volkstraditionen, nicht zuletzt auch zur Abgrenzung gegenüber der mittel- und westeuropäischen Kultur, deren Einflüsse häufig als Überfremdung empfunden werden. Auf diese Weise geraten auch die realen Lebensbedingungen des Volks – der Bauern, Tagelöhner, Leibeigenen – zunehmend ins Bewußtsein. Der verunsicherte Blick des alten Bauern, den Alexej G. Wenezianow (1780–1847) ohne jede Idealisierung porträtiert, scheint grundsätzliche Zweifel daran zu äußern, ob sein Gesicht ein geeigneter Gegenstand der Kunst sei. Er ist zugleich Ausdruck einer generellen Verunsicherung des Künstlers, der nunmehr selbst Aufgaben und Ziele seiner Kunst individuell bestimmen und dabei eigene Wege finden muß, um sie zu verwirklichen.

Die romantische Kulturrevolution hat nicht nur die Kunst, sondern auch den gesellschaftlichen Status des

Künstlers radikal verändert. Erwartet wird von ihm ein höheres kulturelles Bewußtsein, das ihn weitgehend unabhängig von den Anliegen und Interessen seiner Auftraggeber oder potentiellen Käufer arbeiten läßt. Seine Werke stehen im Dienst der Kunst, sie erfüllen einen kulturellen Auftrag, dem sich der Künstler persönlich verpflichtet fühlt und der ihm wichtiger erscheint als öffentliche Anerkennung oder finanzieller Erfolg. Maler wie Giovanni Battista Tiepolo (1696–1770), Maurice Quentin de la Tour (1704–1788) oder Anton Raphael Mengs (1728–1779) hätten das Problem wahrscheinlich gar nicht begriffen. Caspar David Friedrich oder Carl Blechen sind indessen bereit, sich künstlerischer Überzeugungen wegen ins gesellschaftliche Abseits zu begeben; Goya, der seit 1799 das Amt des ersten Hofmalers bekleidet, verläßt unter dem reaktionären Regime Ferdinand VII. freiwillig Spanien und stirbt im Exil.

Gegenüberliegende Seite:
Alexej G. Wenezianow (1780–1847), *Kopf eines alten Bauern*, 1825, Öl auf Holz, 41 x 31,6 cm, Moskau, Tretjakow-Galerie

Delacroix porträtiert sich selbst demonstrativ als Barrikadenkünstler. Und das ist keineswegs nur eine Frage stilistischer Ausrichtung, sondern gilt auch für einen klassizistischen Künstler wie Asmus Jacob Carstens (1754–1798). Dieser war wenige Jahre vor seinem Tod von dem preußischen Staatsminister Friedrich Anton von Heinitz aufgefordert worden, entweder aus Rom zurückzukommen und seinen akademischen Lehrverpflichtungen nachzugehen oder aber auf das bislang weitergezahlte Gehalt zu verzichten. Die Antwort des Künstlers hätte fünfzig Jahre zuvor keinen Sinn gemacht. Im Zuge der romantischen Kulturrevolution gewinnt sie geradezu exemplarischen Charakter: »Übrigens muß ich Euer Exzellenz sagen, daß ich nicht der Berliner Akademie, sondern der Menschheit angehöre«.

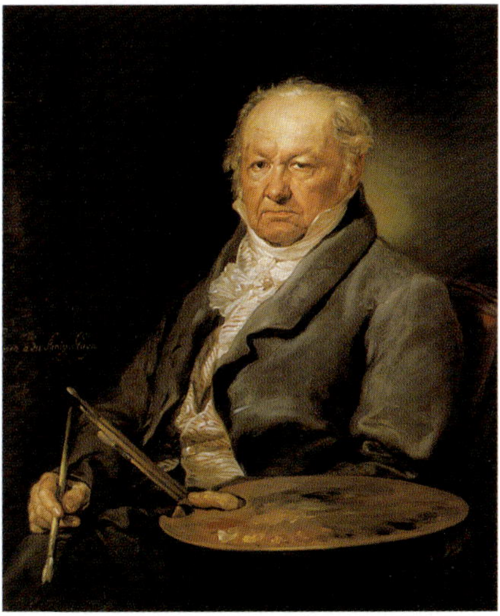

Vicente López Portaña (1772–1850), *Francesco Goya*, 1826, Öl auf Leinwand, 93 x 75 cm, Madrid, Museo del Prado

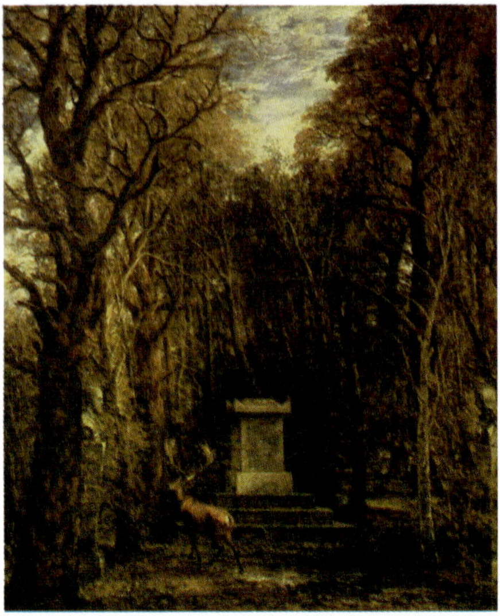

John Constable (1776–1837), *Der Kenotaph*, 1836, Öl auf Leinwand, 132 x 108,5 cm, London, The National Gallery

Der Mythos des Künstlers

Unverkennbar blickt man in einen heiligen Hain. Das unscheinbare Denkmal, auf dem die Buchstaben REYNOLDS zu erkennen sind, wird durch die leichte Untersicht des Betrachters betont; doch sind es die über den Bildrand hinausragenden Bäume, die das Bild dominieren: eine quasi unberührte, üppige Vegetation, die in respektvollem Abstand den Gedenkstein wie eine natürliche Hecke einfriedet. Flankiert wird das Monument von den Büsten Michelangelos und Raffaels als Vorbilder und Stützpfeiler jener klassizistischen Tradition, die Joshua Reynolds (1723–1792) wie kein anderer Maler repräsentierte. Daß Reynolds als erster Direktor der Royal Accademy sowohl künstlerisch als auch kunsttheoretisch Edmund Burkes (1729–1797) *Theorie des Erhabenen* und die sich formierenden frühromantischen Tendenzen energisch bekämpfte, war offenbar kein Hinderungsgrund für den romantischen Dichter William Wordsworth, das in Coleorton Hall in Leicester errichtete Grabmal mit seinen Versen zu versehen. Ebensowenig hat es John Constable (1776–1837), dessen Landschaften als Inbegriff der englischen Romantik gelten, davon abgehalten, die Gedenkstätte für den verehrten Künstler zum Gegenstand eines Bildes zu wählen, das er, wiewohl nach längerem Zögern, auf der Londoner Akademieausstellung 1836 präsentierte.

Für Constable, der in seiner Heimat wenig erfolgreich war, dafür aber bedeutenden Einfluß auf Delacroix und Gericault sowie auf die französische Landschaftsmalerei ausgeübt hat, war Naturdarstellung Ausdruck subjektiver Stimmung, die sich jedoch mit exakter Detailbeobachtung verband. Auch hier wird die präzise Wiedergabe der antikisierenden Grabstele und des sie umgebenden Landschaftsgartens romantisch kommentiert und umgedeutet. Das Rotkehlchen auf dem Denkmal und der Hirsch, der womöglich aus deutscher Waldeinsamkeit herübergewechselt ist, mindern nicht nur die monumentale Strenge des Ortes, sondern verwandeln ihn in eine Naturidylle. An der feierlichen Kultstätte für den größten Maler Englands gerät der Betrachter in einen unvermittelten Dialog nicht mit dessen Kunst, sondern mit der Natur.

Nur der Glaube an die allmähliche Annäherung zu diesem Ideale [der veredelten Menschheit] vermag den Beobachter zu einer Zeit aufrecht zu erhalten, wo alle Leidenschaften von ihren Ketten entbunden umhertoben; wo von allen Seiten absprechende Willkür herrscht und in der allgemeinen Verderbnis ihre Entschuldigung findet (...) Ich glaube an ein immerwährendes Fortschreiten der Menschheit zum Ideale der Kultur und Humanität. (Joseph Görres, *Mein Glaubensbekenntnis*, 1798)

In der kultischen Aura, die durch Constables naturreligiöse Umdeutung keineswegs beeinträchtigt, sondern eher noch erhöht wird, manifestiert sich einer jener neuen Mythen, die aus dem Kunst- und Kulturerbe des Abendlandes und dem Menschenbild der Aufklärung einen zeitgemäßen Sinnzusammenhang konzipieren sollen. Im späten 18. Jahrhundert wird die Kultrealität der überkommenen christlichen Religion immer weiter in Zweifel gezogen. Die optimistische Vorstellung einer Menschheit, die sich selbst immer weiter vervollkommnet, konnte die christliche Erlösungshoffnung philosophisch ergänzen und teilweise sogar verdrängen. Auf radikale Weise manifestieren sich diese Bestrebungen während der Französischen Revolution, die den »Kult des Höchsten Wesens« einführt und die christlichen Heiligen durch monumentalisierte Vordenker und -kämpfer des neuen Staatswesens ersetzt, denen nun entsprechende Gedenkstätten errichtet werden. Dabei ist bemerkenswert, daß nach und neben den Monarchen, Feldherren, Revolutionären nun auch Dichter und Denker und sogar bildende Künstler auf das steinerne Podest gehoben und als Kulturheroen in das

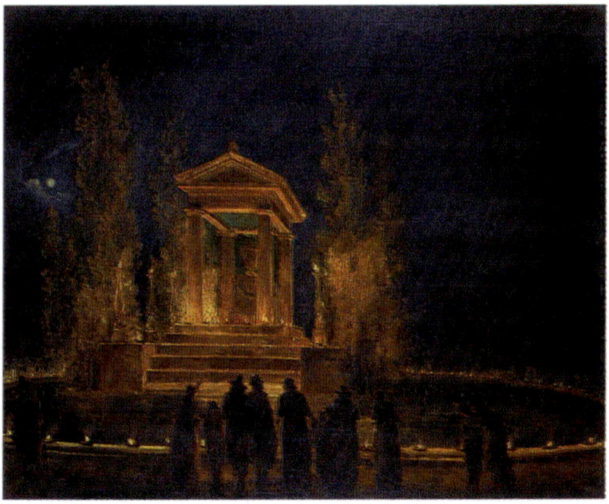

Hubert Robert (1773–1808), *Rousseau-Denkmal bei Nacht*, um 1800, Öl auf Leinwand, 65 x 80,5 cm, Paris, Musée Carnavalet

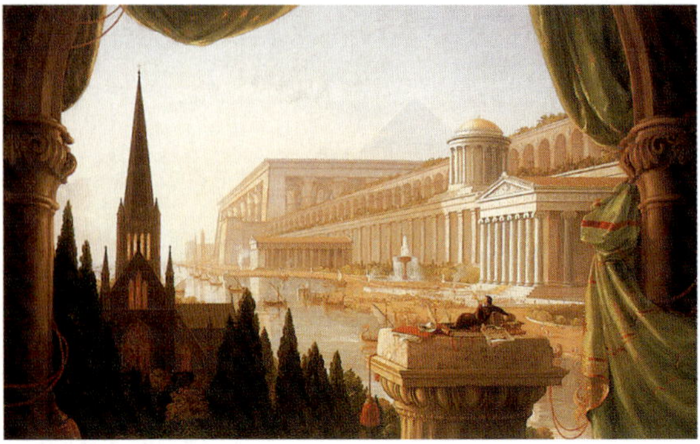

Thomas Cole (1801–1848), *Der Traum des Architekten*, 1840, Öl auf Leinwand, 134,7 x 213,6 cm Toledo, OH, The Toledo Museum of Art

Drum! und spotten des Spotts mag gern frohlockender Wahnsinn, / Wenn er in heiliger Nacht plötzlich die Sänger ergreift. / Drum an den Isthmos komm! dorthin, wo das offene Meer rauscht / Am Parnaß und der Schnee delphische Felsen umglänzt, (...) / Dorther kommt und zurück deutet der kommende Gott. (Friedrich Hölderlin, *Brot und Wein*, vermutlich 1796)

Dichter und Priester waren im Anfang Eins, und nur spätere Zeiten haben sie getrennt. Der echte Dichter ist aber immer Priester, so wie der echte Priester immer Dichter geblieben. Und sollte nicht die Zukunft den alten Zustand der Dinge wieder herbeiführen? (Novalis, *Blütenstaub*, 1798)

Pantheon der Gattungsgeschichte aufgenommen werden.

Im 19. Jahrhundert wird der Künstler zum Repräsentanten des kulturellen Fortschritts, er erscheint als Vermittler zwischen göttlichem Ideal und menschlicher Realität, als Prophet künftigen gesellschaftlichen Glücks oder sogar als Heilsbringer wie jener »kommende Gott«, der in Hölderlins Elegie *Brot und Wein* Antike und Christentum und damit jene kulturellen Widersprüche versöhnen wird, die im Verständnis des Dichters bislang eine freie Entfaltung des Menschen verhindert haben. Das »himmlische Fest«, das sich in den feierlich-elegischen Versen ästhetisch realisiert, erweist sich dabei jedoch als utopisch, es existiert nirgendwo, und der »Dichter in dürftiger Zeit« muß in seinen Zeilen, die den Gott an- und herbeirufen wollen, um in seinem Namen zu sprechen, zugleich dessen Abwesenheit beklagen. Aufschlußreich ist die Verschmelzung von Christus und Dionysos zu einer einzigen künstlerischen Identifikationsfigur noch in anderer Hinsicht: beide Gottheiten werden gerade von jenen, denen sie Segen und Erleuchtung bringen, gekreuzigt oder zerrissen, beide feiern ihre Auferstehung im Kult, erscheinen real und präsent in der christlichen Liturgie respektive in der dionysischen Tragödie. Unter den inspirierten Worten des »Sängers« verwandeln sich beide in das, was Religion, Wissenschaft, Kultur, Humanität in ihrer Tendenz vereinigt: in Kunst.

Indem an die Stelle der göttlichen Vorsehung eine von der menschlichen Vernunft geplante und realisierte Geschichte getreten ist, gewinnt die Kunst geradezu existentielle Bedeutung: durch ästhetische Erziehung jedes einzelnen Individuums soll sie den kulturellen Fortschritt der Gesellschaft befördern und zugleich den utopischen Zielen der Menschheit in Worten und Bildern Gestalt geben. Die mythische Identität von Sänger und Seher, die man in der Gestalt des gälischen Barden Ossian verwirklicht sah, konnte als uraltes Vorbild für Gegenwart und Zukunft verstanden werden; sie entsprach der Erwartung an einen Künstler, der nicht mehr als *maître de plaisir* des Adels, sondern innerhalb der neuen Kunstreligion als Priester dienen sollte. Tatsächlich wird die deutsche Romantik dieses aufklärerische Säkularisierungskonzept aufnehmen, aber zu einer entschieden antirationalen Sakralisierung der Kunst umdeuten und damit schon den nachfolgenden Schritt – den Versuch einer Wiedereinbindung der Künste in die christliche Religion – vorbereiten. Bezeichnend in dieser Hinsicht ist der Titel jener frühromantischen Programmschrift, die der früh verstorbene Wilhelm Heinrich Wackenroder zusammen mit Ludwig Tieck im Jahr 1796 veröffentlichte. In den *Herzensergießungen eines kunstliebenden Klosterbruders* werden Kunst und Religion, religiöses Empfinden und Kunsterfahrung konsequent als analoge und eigentlich gleichwertige Phänomene beschrieben. Auf die Frage »wie und auf welche Weise man die Werke der großen Künstler der Erde eigentlich betrachten und zum Wohl seiner Seele gebrauchen müsse«, wird eine deutliche Antwort gegeben: »Bildersäle« sollten wie Kirchenräume betreten werden, der »Genuß der edleren Kunst-

Nicolai Abraham Abilgaard (1743–1809), *Ossian singt seinen Schwanengesang*, um 1785, Öl auf Leinwand, 42 x 35,5 cm, Kopenhagen, Statens Museums for Kunst

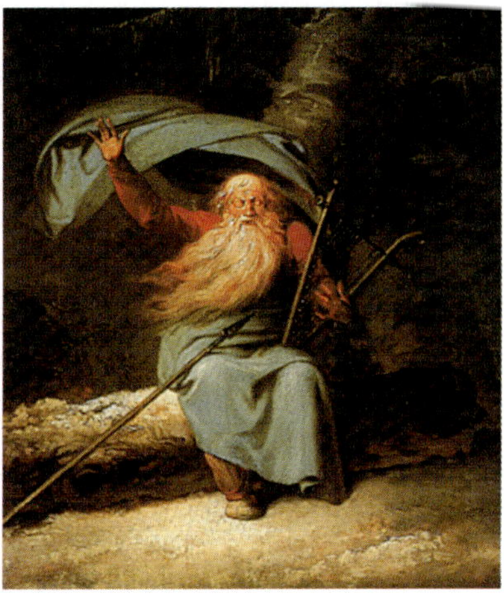

Der Philosoph muß eben so viel ästhetische Kraft besitzen, als der Dichter. Die Menschen ohne ästhetischen Sinn sind unsre Buchstaben-Philosophen. Die Philosophie des Geistes ist eine ästhetische Philosophie. Man kann in nichts geistreich sein, selbst über Geschichte kann man nicht geistreich räsonnieren – ohne ästhetischen Sinn. Hier soll offenbar werden, woran es eigentlich den Menschen fehlt, die keine Ideen verstehen, – und treuherzig genug gestehen, daß ihnen alles dunkel ist, sobald es über Tabellen und Register hinausgeht. Die Poesie bekommt dadurch eine höhere Würde, sie wird am Ende wieder, was sie im Anfang war – Lehrerin der Menschheit; denn es gibt keine Philosophie, keine Geschichte mehr, die Dichtkunst allein wird alle übrigen Wissenschaften und Künste überleben. (Georg Wilhelm Hegel, Friedrich Wilhelm Joseph Schelling, Friedrich Hölderlin, *Ältestes Systemprogramm des deutschen Idealismus*, 1795/1796)

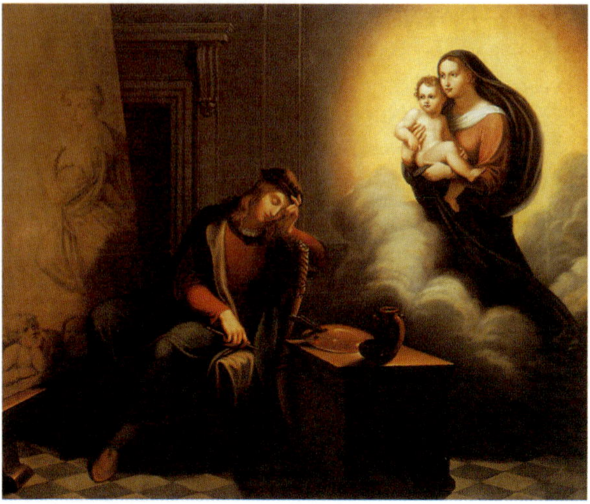

Johannes Riepenhausen (1788–1860), *Der Traum Raffaels*, 1821, Öl auf Leinwand, 99,5 x 119,5 cm, Nationalmuseum Poznań

werke« wird dem frommen Gebet verglichen und zielt auf eine der mystischen Verzückung ähnliche »höhere Offenbarung«, bei der sich die »Seele« mit den Werken der Künstler zu einem Ganzen vereinigen wird.

Wenngleich damit der grundsätzlich religiöse Charakter der Kunst beschrieben werden sollte, zielten diese Ausführungen indirekt auch auf eine Wiederbelebung der christlichen Sakralkunst im engeren Sinn. Zumindest haben Wackenroders teils mystisch inspirierte und mit schwärmerischem Elan ausgeführten Phantasien über die Kunst eine ganze Malergeneration begeistert und zu religiösen Sujets angeregt. Unzufrieden über ihre Ausbildung an den klassizistisch orientierten Akademien hatten sich einige Wiener Kunststudenten 1809 zu einer oppositionellen Gruppe zusammengeschlossen, die sich in Anlehnung an das mittelalterliche Zunftwesen und nach dem Schutzheiligen der Maler »Lukas-Bund« nannte. Die kaum zwanzigjährigen Maler – Johann Konrad Hottinger, Franz Pforr (1788–1812), Friedrich Overbeck (1789–1869), Ludwig Vogel – verfolgten kein geringeres Ziel, als die gegenwärtige Kunst aus ihrer allgemeinen Dekadenz zu befreien und eine neue, nicht nur religiöse, sondern auch spezifisch deutsche Kunst hervorzubringen. Als Leitbild diente ihnen der »einfache«, »ehrliche« Albrecht Dürer, den schon Wackenroder als deutsches Pendant dem »göttlichen« Raffael gleichberechtigt zur Seite gestellt hatte. Die lange, gescheitelte Haartracht, die auf Dürers (die

Gegenüberliegende Seite:
Carl Philipp Fohr (1795–1818), *Selbstbildnis*, 1816, Pinsel- und Federzeichnung, 23,5 x 18,5 cm, Kurpfälzisches Museum Heidelberg

Imago Christi zitierendes) *Selbstbildnis* zu sehen ist, wurde von den jungen Künstlern gleichsam als Zeichen ihres neugegründeten Ordens übernommen, als sie sich in einem verlassenen Kloster in der Nähe Roms niederließen, um ihre künstlerischen Zielvorstellungen mit einer adäquaten Lebenspraxis zu verbinden. Die »Nazarener« – wie die einheimische Bevölkerung sie zunächst genannt haben soll – waren alles andere als eine leichtlebige Künstlerbohème: asketische Lebensführung, Andachtsübungen und fortdauernde Gespräche über Kunst und Leben, reine Gesinnung, Freundschaft und Brüderlichkeit waren in ihren Augen Voraussetzungen für die angestrebte Erneuerung der Kunst.

In den Folgejahren erhielt der Kreis der Nazarener in Rom immer wieder Zuwachs: Philipp Veit (1793–1877), Peter Cornelius (1783–1867), Joseph Sutter, Julius Schnorr v. Carolsfeld (1794–1872), Joseph Wintergerst

Der junge Maler also wache vor allen Dingen über seine Empfindungen, er lasse nie so wenig ein unreines Wort über seine Lippen, wie einen unreinen Gedanken in seine Seele kommen. Wodurch kann er sich aber davor bewahren? – Durch Religion, durch Studium der Bibel, die einzig und allein den Raffael zum Raffael gemacht hat. Und fühlt er sich rein und hat er sein Herz gefüllt mit heiligen Gefühlen und er hört dann eine Stimme in seinem Inneren, die ihm zuruft: Jetzt kannst du was hervorbringen! dann mache er sich getrost an eigene Unternehmungen; keine ist dann zu groß für ihn. Selbst male er alsdann Bilder: Wenn das Herz, das volle Herz sein Wegweiser ist, so wird er sie gewiß vollbringen. (Friedrich Overbeck, *Brief an den Vater*, 1808)

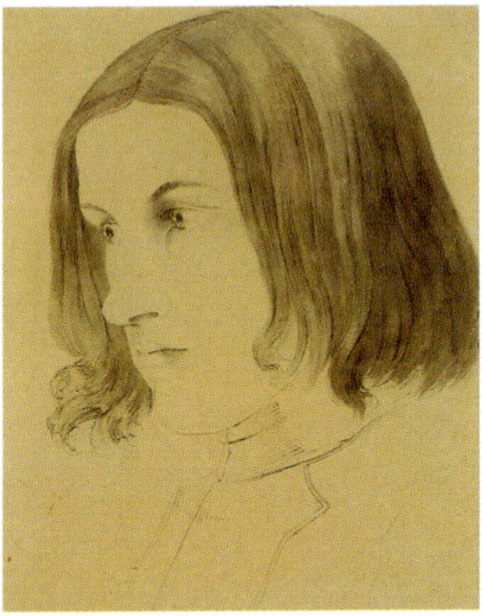

Mein lieber Sohn, Du schreibst mir, daß du eine Madonna malst, und daß dein Gefühl dir, für die Vollendung dieses Werks, so unrein und körperlich dünkt, daß du jedesmal, bevor du zum Pinsel greifst, das Abendmahl nehmen mögest, um es zu heiligen. Laß dir von deinem alten Vater sagen, daß dies eine falsche, dir von der Schule, aus der du herstammst, anklebende Begeisterung ist (…). Die Welt ist eine wunderliche Einrichtung; und die göttlichsten Wirkungen, mein lieber Sohn, gehen aus den niedrigsten und unscheinbarsten Ursachen hervor. Der Mensch, um dir ein Beispiel zu geben, das in die Augen springt, gewiß, er ist ein erhabenes Geschöpf; und gleichwohl, in dem Augenblick, da man ihn macht, ist es nicht nötig, daß man dies, mit vieler Heiligkeit, bedenke. Ja derjenige, der das Abendmahl darauf nähme, und mit dem bloßen Vorsatz ans Werk ginge, seinen Begriff davon in der Sinnenwelt zu konstruieren, würde unfehlbar ein ärmliches und gebrechliches Wesen hervorbringen; dagegen derjenige, der in einer heiteren Sommernacht, ein Mädchen, ohne weiteren Gedanken küßt, zweifelsohne einen Jungen zur Welt bringt, der nachher, auf rüstige Weise, zwischen Erde und Himmel herumklettert und den Philosophen zu schaffen gibt. Und hiermit Gott befohlen. (Heinrich von Kleist, *Brief eines Malers an seinen Sohn*, 1810)

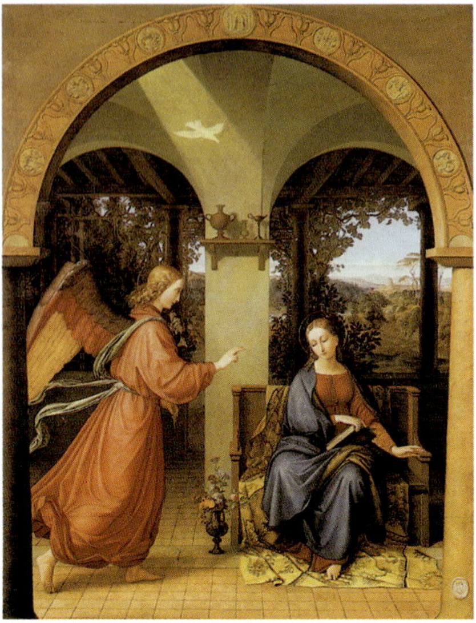

Julius Schnorr von Carolsfeld (1794–1872), *Verkündigung*, 1820, Öl auf Leinwand, 120 x 92 cm, Berlin, Nationalgalerie

(1783–1867), Wilhelm von Schadow (1788–1862) gehörten mehrere Jahre lang der Künstlergemeinschaft an. Was die jungen Künstler miteinander verband, war die grundsätzliche Abneigung gegenüber dem herrschenden Klassizismus und der Mangel an künstlerischen Alternativen, zugleich eine generelle weltanschauliche Desorientierung, die man durch eine Rückbesinnung auf die Ursprünge der christlichen Lehre zu kompensieren suchte. Stilistisch orientierten sich die Nazarener, die fast ausschließlich religiöse Themen behandelten, weniger an der von ihnen propagierten altdeutschen Malerei als vielmehr an der Kunst der italienischen Frührenaissance, namentlich an Fra Angelico und Perugino; besonders betont wurde die Linie als abgrenzende Kontur, was zugleich eine Vereinfachung der Komposition bedeutete, Statuarik und verhaltene Bewegung der Figuren wurden durch gefühlsbetonte Mimik und Gestik angereichert. Allerdings können die Resultate dieses kunst- und lebensreformatorischen Experiments nicht überzeugen. Im Vergleich sowohl

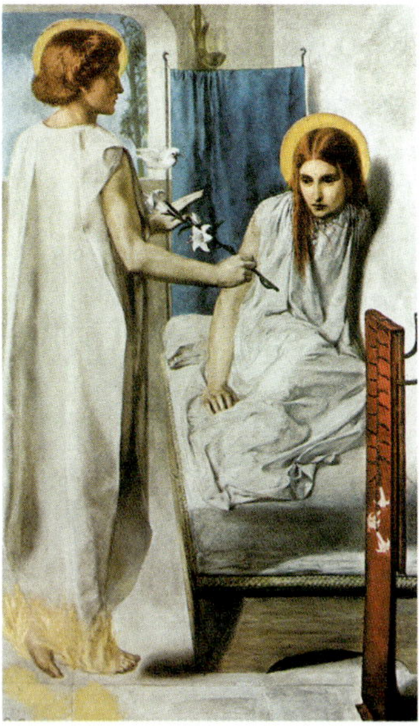

Dante Gabriel Rossetti (1828–82), *Ecce Ancilla Domini!*, 1850, Öl auf Leinwand, 72,7 x 50 cm, London, Tate Gallery

zur zeitgenössischen Malerei als auch zu späteren Bestrebungen (insbesondere in England und in Rußland), religiöse Inhalte in eine aktuelle Bildsprache zu übersetzen, wirken die Nazarener überwiegend formelhaft und einfallslos.

Unbeschadet ihrer offenkundigen Schwächen hat Friedrich Schlegel, dessen Stiefsohn Philipp Veit zeitweise zum Kreis der Nazarener gehörte, deren Kunst vehement verteidigt und damit nicht wenig zu ihrer Anerkennung beigetragen. Schlegels Bemühungen galten einer Kunsttheorie, die in schroffer Ablehnung klassizistischer Traditionen und insbesondere der zeitgenössischen französischen Tendenzen ein – freilich nur sehr vage erkennbares – deutsches Kulturerbe zum Modell erheben sollte. In dieser Hinsicht konnten die Nazarener als Vorhut der erhofften, von Goethe spöttisch so genannten und heftig bekämpften »neu-deutsch-religiös-patriotischen Kunst« angesehen werden, die, wie Schlegel 1825 schrieb, be-

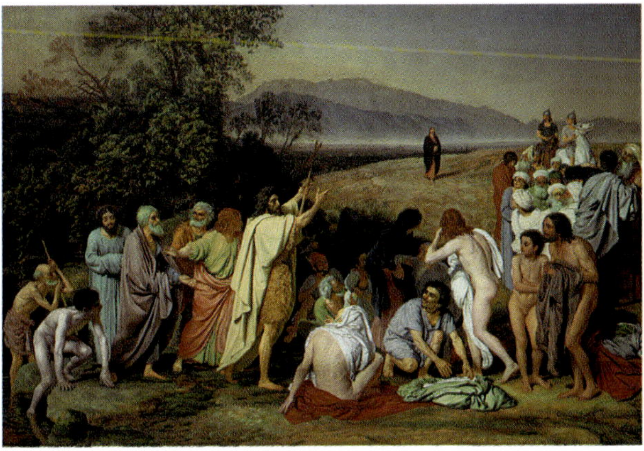

Alexander Iwanow (1806–1858), *Christus erscheint dem Volk*, 1837–57, Öl auf Leinwand, 540 x 750 cm, Moskau, Tretjakow-Galerie

Eine Hieroglyphe, ein göttliches Sinnbild soll jedes wahrhaft so zu nennende Gemälde sein; die Frage ist aber nur, ob der Maler seine Allegorie sich selbst schaffen, oder aber sich an die alten Sinnbilder anschließen soll, die durch Tradition gegeben und geheiligt sind, und die, recht verstanden, wohl tief und zureichend genug sein möchten? (...) Wählte man dabei besonders mehr den Stil der altdeutschen Schule zum Vorbilde, so würde beides gewissermaßen vereinigt sein, der sichre Weg der alten Wahrheit und das Hieroglyphische, worauf, als auf das Wesen der Kunst, selbst da, wo die Kenntnis derselben verloren war, wahre Poesie und Mystik zuerst wieder führen muß, und selbst unabhängig von aller Anschauung, als auf die bloße erste Idee der Kunst und Malerei führen kann. Denn die altdeutsche Malerei ist nicht nur im Mechanischen der Ausführung genauer und gründlicher, als es die italienische meistens ist, sondern auch den ältesten, seltsamern und tiefsinnigern christlich katholischen Sinnbildern länger treu geblieben. (Friedrich Schlegel, *Dritter Nachtrag alter Gemälde*, 1805)

Gegenüberliegende Seite oben:
Theodor Rehbenitz (1791–1861), *Porträtbüsten Veit, Cornelius, Koch*, unbez., Bleistift, 245 x 195 cm, Lübeck, Museum für Kunst und Kulturgeschichte

reits die »siegreichsten Fortschritte« gemacht habe. Tatsächlich gelangen den Rebellen von 1810, als der napoleonische Empire-Klassizismus den Geschmack bestimmte, in den darauffolgenden Jahrzehnten der Restauration bemerkenswerte Karrieren: Peter Cornelius wurde in den Diensten des bayrischen Königs geadelt, Philipp Veit war Direktor des Städelschen Kunstinstituts in Frankfurt und der Städtischen Galerie in Mainz, Wilhelm von Schadow wurde als Professor an die Berliner Akademie und wenige Jahre später als Nachfolger von Cornelius als Direktor an die Düsseldorfer Akademie berufen; Schnorr von Carolsfeld war in München Akademieprofessor und Direktor der Galerie.

Wesentlich beigetragen zu ihrem späteren Erfolg in Deutschland hat die Wiederbelebung der kaum noch praktizierten Fresko-Technik während ihrer römischen Zeit. 1815 erteilte ihnen der preußische Generalkonsul Salomon Bartholdy den Auftrag, seine Residenz mit Wandbildern auszustatten, wenige Jahre später folgte das Angebot des Marchese Carlo Massimo, das Gartenhaus seines Palastes mit Szenen aus Dante, Ariost und Tasso zu freskieren. Diese Arbeiten bildeten den Auftakt zu zahllosen großflächigen Historienmalereien, die sich schon bald darauf – nicht zuletzt dank der einflußreichen Positionen, welche ehemalige Nazarener inzwischen bekleideten – in den Residenzen und öffentlichen Gebäuden der deutschen Staaten und des späteren Deutschen Reiches (nicht immer zu dessen ästhetischem Vorteil) ausbreiten sollten.

Peter Cornelius (1783–1867), *Joseph deutet den Traum des Pharao*, 1816, Wandgemälde aus der Casa Bartholdy (Palazzo Zuccari) in Rom, 246 x 331 cm, Berlin, Nationalgalerie

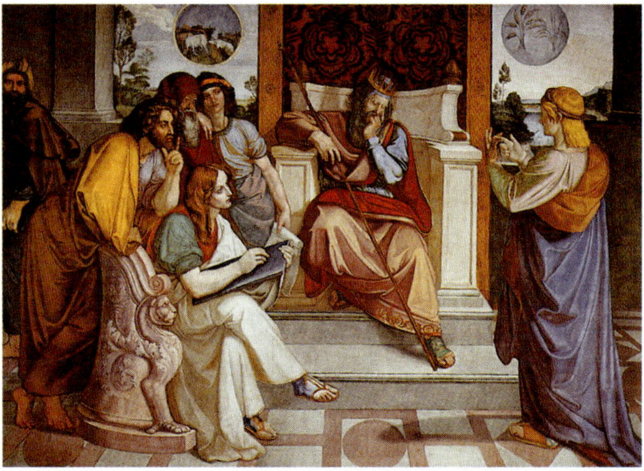

Gegenüberliegende Seite unten:
Caspar David Friedrich (1774–1840), *Das Kreuz im Gebirge* (*Tetschener Altar*) 1807/08, Öl auf Leinwand, 115 x 110,5 cm, Dresden, Staatliche Kunstsammlungen, Gemäldegalerie Neue Meister

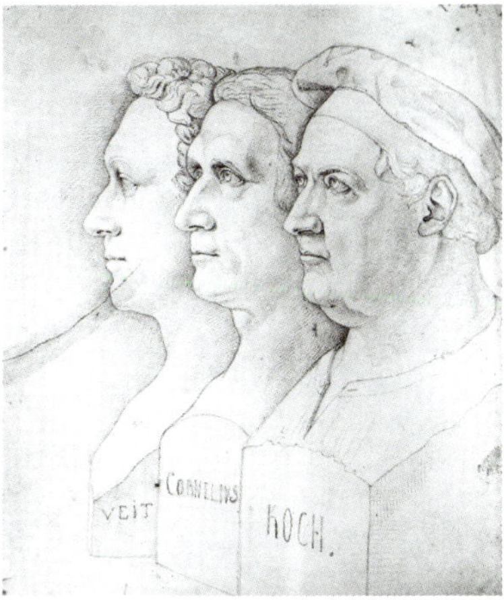

Es ist bezeichnend, daß Friedrich Schlegel von einer ganz anders gearteten religiösen Malerei, zudem von ungleich höherer Qualität, keine Notiz genommen hat. Man wird heute kaum noch nachvollziehen können, welchen Schock die ersten Bilder Caspar David Friedrichs (1774–1840) ausgelöst haben, vielleicht auch deswegen, weil eine Flut von Reproduktionen auf Postkarten und Kalenderbildern den Blick für die zweideutige, bisweilen unheimliche Atmosphäre seiner Malerei verstellt hat. Mit unglaublicher Radikalität und Kompromißlosigkeit hat der Maler, der wie Asmus Jacop Carstens, Philipp Otto Runge und Christian Clausen Dahl (1788–1857) in Kopenhagen studiert hatte, bevor er in Dresden ein weitgehend zurückgezogenes, völlig unspektakuläres Leben führte, mit den damaligen Bildkonventionen gebrochen.

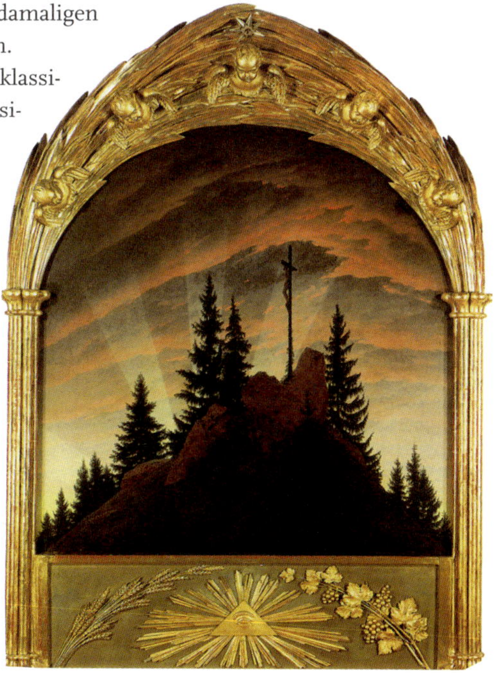

Die nervöse Reaktion des klassizistischen Kunstkritikers Basilius von Ramdohr auf diese neuartige revolutionäre Malerei ist von seinem Standpunkt aus völlig berechtigt, da er einen solchen vor dem Bild gar nicht einnehmen kann. Tatsächlich liefert das Bild keinerlei räumliche Anhaltspunkte, die es dem Betrachter gestatten würden, gegenüber dem dargestellten Naturausschnitt eine eindeutige Position zu finden. Das Bild versetzt seine Betrachter in eine Art Schwebezustand, es ist eigentlich kein

Das Bild des Hrn. Friedrich weicht von der gewöhnlichen Bahn ab: Es eröffnet eine neue, mir wenigstens bisher unbekannt gebliebene Ansicht der Landschaftsmalerei; es zeugt von einem phantasiereichen, gefühlvollen Künstler; es teilt die Meinung des Publikums; es macht Effekt auf den großen Haufen. Und wenn ich nun sehe, daß die Tendenz, die hier das Talent nimmt, dem guten Geschmack gefährlich wird; daß sie dem Wesen der Malerei, besonders der Landschaftsmalerei, ihre eigentümlichsten Vorzüge raubt: daß sie mit einem Geiste in Verbindung steht, der die unglückliche Brut der gegenwärtigen Zeit und das schauderhafte Vorgesicht der schnell heraneilenden Barbarei ist. (Basilius von Ramdohr, *Über ein zum Altarblatte bestimmtes Landschaftsgemälde*, 1809)

Landschaftsbild, sondern eine Vision: Dargestellt ist – in Friedrichs eigenen Worten – nicht das, was der äußere, sondern was der innere Blick wahrnimmt. Auch diese Malerei konnte sich auf Wackenroder, zugleich aber auch auf Johann Gottlieb Fichtes *Wissenschaftslehre* berufen.

Bereits August Wilhelm Schlegel hatte die stumme, meditative Naturbetrachtung, auf der die Bildkonzeption Friedrichs beruht, mit der heiligen Kommunion verglichen. Die Natur wird bei Caspar David Friedrich in der Tat als göttliche Bilderschrift, als eine umfassende Hieroglyphe verstanden, deren unaussprechlichen Sinn allein die Kunst anzudeuten vermag. In der Natur selbst enthüllen sich dem wahren Künstler die tiefsten Geheimnisse der Schöpfung, die er in ahnungsvollen Bildern wiedergibt, ohne sie allegorisch zu verschlüsseln oder naturalistisch auflösen zu wollen: Das monumentale *Kreuz an der Ostsee*, auf dem Höhepunkt der napoleonischen Kriege entstanden, ist, wie der Maler lapidar schreibt, »denen, so es sehen, ein Trost, denen, so es nicht sehen, ein Kreuz«.

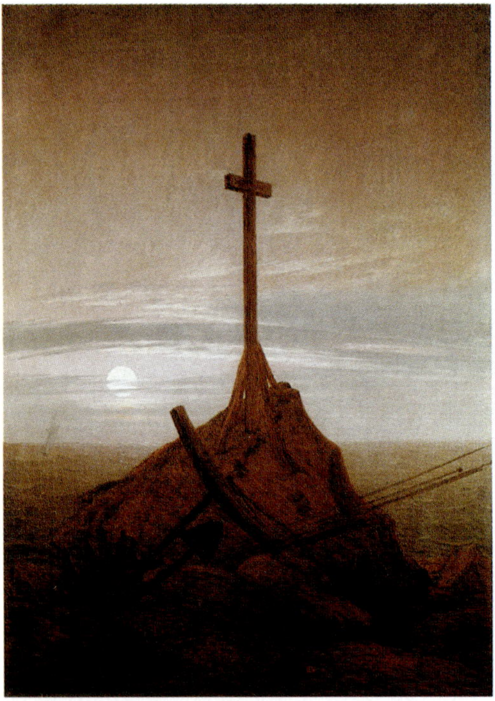

Caspar David Friedrich (1774–1840), *Das Kreuz an der Ostsee*, 1815, Öl auf Leinwand, 44,7 x 32 cm, Berlin, Nationalgalerie

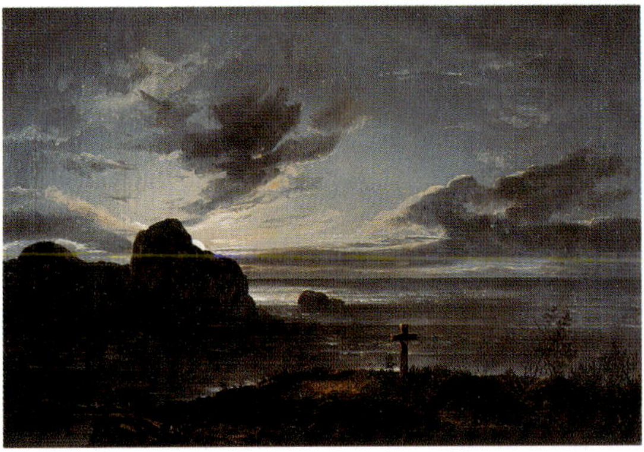

Johan Christian Claussen Dahl (1788–1857), *Das Grab am Meer*, 1820, Öl auf Leinwand, 38,2 x 54,4 cm, Bergen, Billedgalleri

Die Zeitgenossen sahen in Friedrich vor allem einen Maler »symbolischer Landschaften«, der den »Hieroglyphen der Natur« eine christlich-religiöse Deutung unterlegte und somit einen Künstler, der eine wichtige Forderung der frühromantischen Kunsttheorie eingelöst hatte, sich aber nunmehr zu wiederholen begann. Die Kunstöffentlichkeit verlor zunehmend das Interesse an Caspar David Friedrich. Die vormaligen Außenseiter waren in die Akademien zurückgekehrt, gegen die sie einst rebelliert hatten; ihre gefällige Historienmalerei mit betont frommem, wo nicht frömmelndem Appeal und ihrem politisch neutralisierten Altdeutschtum entsprach den kulturpolitischen Bedürfnissen der Restauration mehr als jene »Erdlebenbildkunst«, mit der Carl Gustav Carus (1789–1869) die Kunstrichtung seines Freundes und Lehrers bezeichnete.

Auch politisch hatte sich Caspar David Friedrich durch seine demokratische Gesinnung und seinen öffentlich geäußerten Ekel über das restaurative Klima unwiderruflich ins Abseits begeben. Der preußische Kronprinz und spätere König Wilhelm IV. unterband weitere Ankäufe und beeinträchtigte mit seinem Beispiel auch das Interesse bürgerlicher Kunstsammler. Ironischerweise war es ein anderer Romantiker auf dem Thron, der russische Zar Nikolaus I., der weiterhin regelmäßig Bilder von Caspar David Friedrich erwarb und damit dem künstlerisch und nunmehr auch

Ich kenne aber zwei wunderbare Sprachen, durch welche der Schöpfer den Menschen vergönnt hat, die himmlischen Dinge in ganzer Macht, so viel es nämlich (um nicht verwegen zu sprechen) sterblichen Geschöpfen möglich ist, zu fassen und zu begreifen. Sie kommen durch ganz andere Wege zu unserem Inneren, als durch die Hülfe der Worte; sie bewegen auf einmal, auf eine wundersame Weise, unser ganzes Wesen, und drängen sich in jede Nerve und jeden Blutstropfen, der uns angehört. Die eine dieser wundervollen Sprachen redet nur Gott; die andere reden nur wenige Auserwählte unter den Menschen, die er zu seinen Lieblingen gesalbt hat. Ich meine: die Natur und die Kunst. (Wilhelm Heinrich Wackenroder, *Phantasien über die Kunst*, 1796)

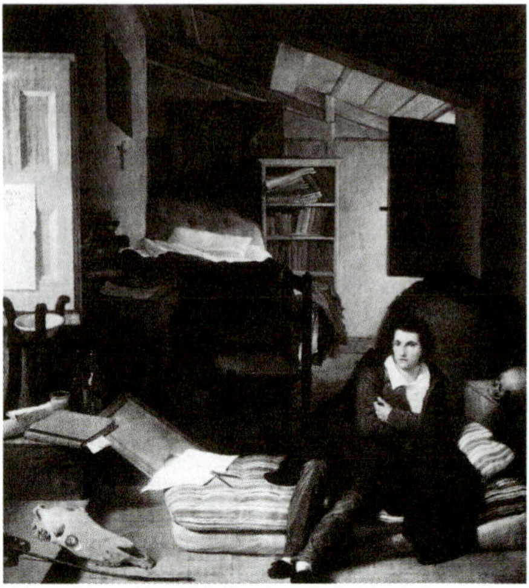

Tommaso Minardi (1787–1871), *Selbstbildnis*, 1807, 37 x 33 cm, Florenz, Uffizien

gesellschaftlich isolierten Maler die Lebensgrundlage sicherte.

Der Gegensatz zwischen dem Künstler-Individuum und der Gesellschaft ist ein zentrales Motiv zunächst der deutschen, dann auch der französischen Romantik; gegen Ende des 19. Jahrhunderts wird es in ganz Europa zum beherrschenden Thema der Kunst überhaupt. Literarischer Ausgangspunkt dieser auch späterhin nicht gelösten Problematik ist ein Roman, den der junge Schlegel als »eine der großen Tendenzen des Zeitalters« bezeichnet hatte. In drei verschiedenen Ansätzen – von den fragmentarischen Versuchen einer *theatralischen Sendung* über die desillusionierenden *Lehrjahre* (1795/96) bis zu der sozialpolitischen Mission des Protagonisten in den *Wanderjahren* (1821) – wird in Goethes *Wilhelm Meister* der Zusammenhang von gesellschaftlichem Fortschritt und ästhetischer Bildung diskutiert. Die Titelgestalt ist ein junger Mann ohne sonderliche Eigenschaften oder hervorragende Begabungen; sein Reifeprozeß kulminiert gerade darin, daß er sein prätendiertes Künstlerdasein aufgibt, aber an dem kulturellen Bewußtsein, das ihn zu einer künstlerischen Laufbahn motiviert hatte, durchaus festhält und nunmehr nach einer gemeinnützigen Tätigkeit Umschau hält. Inwieweit freilich seine nach-

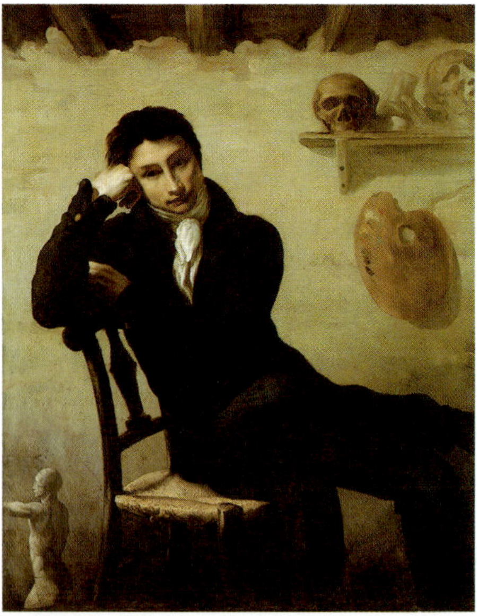

folgende »Wanderschaft« nach Amerika ihm oder der Gesellschaft Nutzen gebracht haben wird, bleibt am Ende in der Schwebe.

Diesen Verzicht auf ein stilvolles Künstlerdasein haben viele zeitgenössische – und wohl auch spätere – Leser dem Autor gründlich verübelt. Die nachfolgenden Künstlerromane sind durchweg Versuche, das Ende des *Wilhelm Meister* zu revidieren. Bereits zwei Jahre später erschien Ludwig Tiecks Romanfragment *Franz Sternbalds Wanderungen* (1798). Seine »altdeutsche Geschichte« – wie der Untertitel lautet – erzählt von einem jungen Maler, einem Schüler Albrecht Dürers, der den Meister verläßt, um seine Berufung zum Künstler auf einer langen Wanderschaft zu erproben.

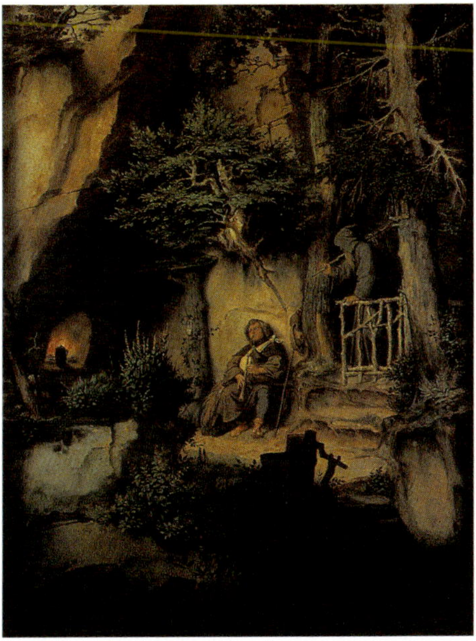

Moritz von Schwind, (1804–71), *Ein Spielmann bei einem Einsiedel*, um 1846, Öl auf Pappe, 60,9 x 45,7 cm, München, Bayrische Staatsgemäldesammlungen

Den unterschiedlichen Ländern und Regionen entsprechen nicht nur verschiedene künstlerische Schulen und Stile, sondern auch verschiedenartige Lebenshaltungen, die den jungen Künstler zu einer fortgesetzten Reflexion nötigen und damit den Prozeß seiner Selbstfindung entscheidend beeinflussen. So führt ihn seine Erfahrungsreise, nachdem er die heimatliche Werkstatt des ernsten, nachdenklichen Albrecht Dürer verlassen hat, zunächst in das diesseitsbezogene, realistisch sehende und denkende Ambiente niederländischer Künstler, sodann in die sinnenfrohe, lebenszugewandte, leichtsinnige Künstlerbohème Italiens, um schließlich – nach einer religiös-künstlerischen Bekehrung vor Michelangelos *Jüngstem Gericht* – wieder zur »frommen«, »reinen«, »tugendhaften« deutschen Kunst zurückzukehren.

Gegenüberliegende Seite unten:
Théodore Géricault (1791–1824),
Bildnis eines Künstlers,
Öl auf Leinwand,
146,5 x 101,5 cm,
Paris, Musée du Louvre

Tatsächlich ist der romantische Künstlerroman nur als Fragment denkbar. Die Suche nach dem Unendlichen, die er thematisiert, kann natürlicherweise nicht enden, es sei denn durch Verzicht und Entsagung wie bei Goethe; oder aber auf tragische Weise, indem der Künstler in Wahnsinn verfällt – das geschieht beispielsweise in Eduard Mörikes Roman *Maler Nolten* (1832) und in Honoré Balzacs (1799–1850) Erzählung *Das unbekannte Meisterwerk* (1831) – oder auch Selbstmord begeht wie in Alfred de Vignys (1797–1863) Drama *Chatterton* (1835). Allerdings stellt sich das Problem in Tiecks frühem Roman, der für die romantische Generation in Deutschland zu einem Kultbuch wurde, noch keineswegs in dieser Radikalität. Vielmehr enthält die Erzählung eine durchaus optimistische Botschaft. Denn *Franz Sternbalds Wanderung* durch die Kunstgeschichte, die immer wieder durch Gedichte, Lieder, Novellen, Streitgespräche unterbrochen wird, ist zugleich ein fortschreitender Akt kultureller Erinnerung, der Lesern, Kritikern und vor allem jungen Künstlern deren eigene, nahezu vergessene Tradition deutscher Art und Kunst vergegenwärtigen soll.

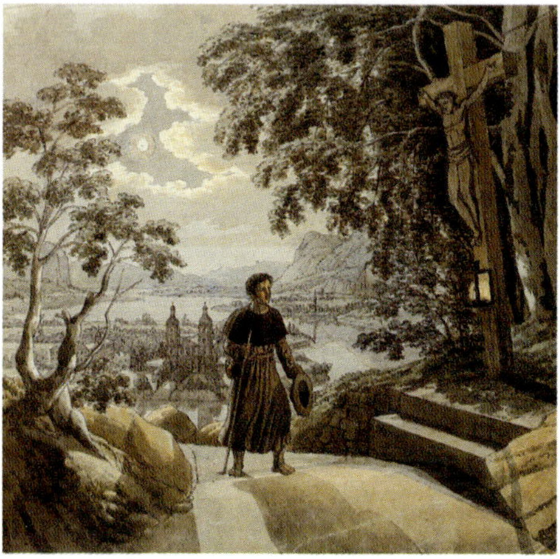

Johann Erdmann Hummel (1769–1852), *Pilger in Mondscheinnacht*, um 1815, Feder mit schwarzer Tusche, Aquarell, Bleistift, 41,5 x 41,7 cm, Berlin, Kupferstichkabinett

Auch der Titelheld von Dorothea Veits *Florentin* (1801), der unmittelbar an *Wilhelm Meister* und *Franz Sternbald* anknüpft, befindet sich auf der Suche nach sich selbst (der Roman beginnt mit einer signifikanten Desorientierung, indem der Protagonist, dessen Reiseziel Amerika ist, im deutschen Wald »den rechten Weg verfehlt« hat) und zugleich nach einer Lebensgeschichte, die aus dem historischen Dilemma herausführen könnte – den gelebten Widersprüchen zwischen einer alten, aber noch nicht vergangenen, und einer neuen, aber noch nicht gegenwärtigen Zeit. Florentins teils

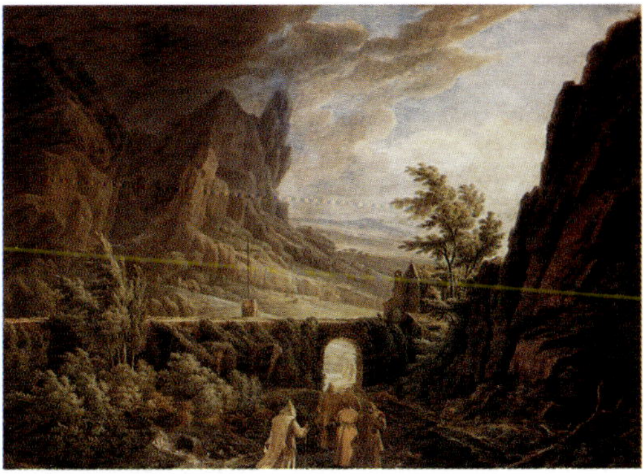

Jean-Antoine Constantin (1755–1844), *Das Kloster*, ca. 1810, Öl auf Leinwand, 82 x 107 cm, Marseille, Musée des Beaux Arts

quälende persönliche Erinnerungen, die paradigmatisch in die Lebenswelt des Ancien Régime zurückreichen, werden indessen in einer zeitlosen Naturidylle erzählt.

Eichendorffs zeitgeschichtlicher Künstlerroman *Ahnung und Gegenwart* (1815), der das spannungsreiche Verhältnis von Utopie und Realität bereits im Titel anklingen läßt, bezeichnet am Ende drei verschiedene Auswege, von denen allerdings keiner zu überzeugen vermag. Die Entwicklung des Protagonisten Friedrich – seine Kunst ist weniger Profession als vielmehr Ausdruck einer bestimmten Lebenshaltung – wird als eine geradezu unaufhaltsame Abfolge von Enttäuschungen in der Liebe, im Staatsdienst, im Befreiungskrieg dargestellt; es ist die Gesellschaft, die den moralischen Anforderungen des Protagonisten, seinem Verlangen nach Wahrheit, Selbstlosigkeit, Pietät nicht genügen kann. Friedrich beschließt daraufhin, in ein Kloster einzutreten; sein Bruder will sich hingegen »Ägypten, dem Lande der alten Wunder« zuwenden, um die Ursprünge der menschlichen Kultur zu erforschen, während sein Freund Leontin die Alte Welt verlassen wird, um jenseits der Meere eine Neue zu suchen. Aufschlußreich ist die Tendenz der kurzen Abschiedsrede, die Friedrich seinen Freunden hält: nur der Künstler scheint in der Lage, die geschichtlichen Abläufe in ihren apokalyptischen Dimensionen zu erkennen.

Mir scheint unsre Zeit dieser weiten, ungewissen Dämmerung zu gleichen! Licht und Schatten ringen noch ungeschieden in wunderbaren Massen gewaltig miteinander, dunkle Wolken ziehen verhängnisschwer dazwischen, ungewiß, ob sie Tod oder Segen führen, die Welt liegt unten in weiter, dumpf stiller Erwartung (…). Denn aus dem Zauberrauche unserer Bildung wird sich ein Kriegsgespenst gestalten, geharnischt, mit bleichem Totengesicht und blutigen Haaren; wessen Auge in der Einsamkeit geübt, der sieht schon jetzt in den wunderbaren Verschlingungen des Dampfes die Lineamente dazu aufringen und sich leise formieren (…). Wunder werden zuletzt geschehen, um der Gerechten willen, bis endlich die neue und doch ewig alte Sonne durch die Greuel bricht, die Donner rollen nur noch fernab an den Bergen, die weiße Taube kommt durch die blaue Luft geflogen, und die Erde hebt sich verweint, wie eine befreite Schöne, in neuer Glorie empor. (Joseph von Eichendorff, *Ahnung und Gegenwart*, 1815)

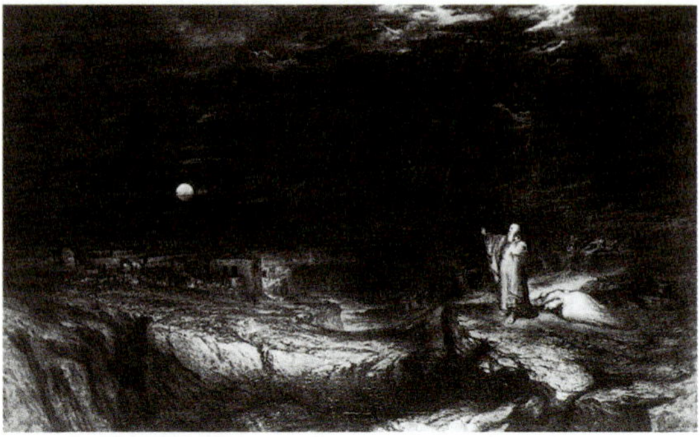

John Martin (1789–1854), *Der letzte Mensch*, 1849, Öl auf Leinwand, 350 x 545 cm, Liverpool, The Walker Art Gallery

Vorrede des Autors: Schüchtern – mit bebender Brust, übergebe ich der Welt einige Blätter des Lebens, des Leidens, der Hoffnung, der Sehnsucht, die in süßen Stunden der Muße, der dichterischen Begeisterung, meinem innersten Wesen entströmten. Werde, kann ich bestehen vor dem strengen Richterstuhl der Kritik? Doch ihr seid es, ihr fühlenden Seelen, ihr rein kindlichen Gemüter, ihr mir verwandten treuen Herzen, ja ihr seid es, für die ich schrieb, und eine einzige schöne Träne in eurem Auge wird mich trösten, wird die Wunde heilen, die der kalte Tadel unempfindlicher Rezensenten mir schlug. Berlin, im Mai (18–) Murr (Étudiant en belles lettres)

Es versteht sich, daß diese Selbststilisierung des Künstlers und das Pathos seiner gesellschaftlichen Rolle gerade in der Romantik auch selbstironische und satirische Kommentare provozieren mußte. In E. T. A. Hoffmanns Roman *Kater Murr* (1819–21) werden zwei Künstlergestalten einander gegenübergestellt: ein Kater (!), der zufällig schreiben gelernt hat, sogleich zu dichten beginnt, sich daher über die ordinäre Katzenwelt erhaben glaubt und in eitler Selbstüberschätzung seine Autobiographie schreibt; und der Kapellmeister Kreisler, ein genialer Komponist, dessen Hingabe an die Kunst durch das Unverständnis der Gesellschaft vollkommen absurd erscheint. Durch eine ausgesprochen moderne Erzähltechnik werden beide scheinbar zusammenhanglose Texte ineinandergeschoben, so daß sie sich gegenseitig spiegeln und ergänzen: die anmaßende Selbstdarstellung des Katers, der seine vornehme Pose nicht aufrecht zu erhalten vermag, wenn es einen Fisch oder eine Bratwurst zu verspeisen gilt, wird immer wieder von Fragmenten aus dem Leben jenes Musikers durchbrochen, der vergeblich versucht, seine gesellschaftliche Isolation zu überwinden.

Die Künstlerromane der frühen Romantik weisen eine signifikante Gemeinsamkeit auf, die aus heutiger Sicht vielleicht allzu selbstverständlich erscheint, um überhaupt erwähnt zu werden. Die Kindheit des Protagonisten, die meist in Form einer eingeschobenen Erzählung oder durch eine Reihe von Anekdoten beschrieben wird, ist der entscheidende Orientierungspunkt der Romanhandlung. Kater Murrs erwachendes Bewußtsein manifestiert sich (in Unterschied zu gewöhnlichen Katzen) nach einem durch und durch poetischen ersten »Miau«; Franz Sternbalds früheste Kindheitserinnerung ist die Begegnung mit jenem »lieblichen blonden Mädchen«, dessen Züge sich ihm unauslöschlich eingeprägt haben, so daß er diese als erwachsener Künstler immer wieder darzustellen versucht. Wilhelm Meister begründet seine unwiderstehliche Neigung zum Theater mit dem tiefen Eindruck, den ein Puppenspiel auf sein Kindergemüt hinterlassen habe, über dessen Nacherzählung indessen seine Geliebte ebenso einschläft wie die von Friedrich verehrte Rosa, als der junge Dichter ihr von seinen ersten Lektüreerfahrungen berichten will.

Allerdings dient die Vergegenwärtigung der Kindheit weniger zur psychologischen Erklärung, sie ist vielmehr ein entscheidendes Handlungsmoment bei der Identitätsbildung des Protagonisten. Dieser muß, damit er seinen humanitären und künstlerischen Bildungsprozeß erfolgreich fortsetzen kann, zu einem ursprünglichen Stadium seiner Entwicklung zurückkehren, um dort etwas wiederzufinden, was er damals verloren und seither vergessen hatte. Und stets wird er auf diesem Wege feststellen, daß ihm seine eigene Kindheit und damit auch sein gegenwärtiges Leben zutiefst fremd geworden sind.

Unterdrücktes Vorwort des Autors:
Mit der Sicherheit und Ruhe, die dem wahren Genie angeboren, übergebe ich der Welt meine Biographie, damit sie lerne, wie man sich zum großen Kater bildet, meine Vortrefflichkeit im ganzen Umfange erkenne, mich liebe, schätze, ehre, bewundere und ein wenig anbete.
Sollte jemand verwegen genug sein, gegen den gediegenen Wert des außerordentlichen Buchs einige Zweifel erheben zu wollen, so mag er bedenken, daß er es mit einem Kater zu tun hat, der Geist, Verstand besitzt und scharfe Krallen.
Berlin, im Mai (18–)
Murr (Homme de lettres très renommé)
(E. T. A. Hoffmann, *Lebensansichten des Katers Murr*, 1820)

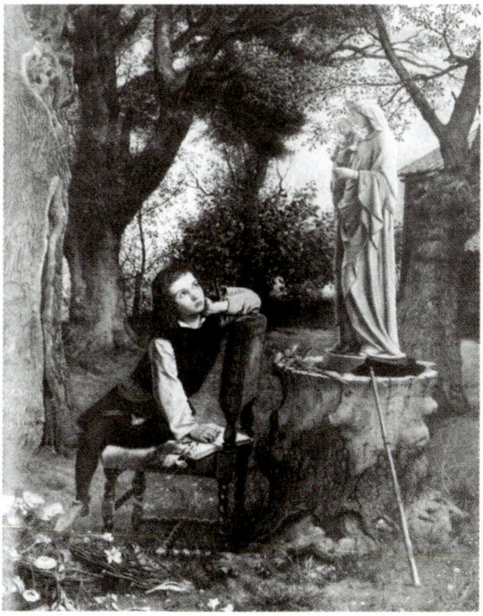

William Dyce (1806–1864), *Tizians erster Versuch in Farbe*, um 1856, Öl auf Leinwand, 91 x 67 cm, Aberdeen Art Gallery

Die ferne Kindheit

»Kinder müssen wir werden«, schreibt 1802 der junge Maler Philipp Otto Runge (1777–1810), als er in einem Brief an seinen Vater über die Notwendigkeit eines radikalen Neuanfangs in der Malerei meditiert. Mit deutlichem Bewußtsein für die Unwiderruflichkeit historischer Entwicklung erkennt Runge – im Gegensatz zu den Nazarenern – die Unmöglichkeit einer Restauration früherer Epochen und Stile. Das Ende einer institutionellen, in Staat und Gesellschaft verankerten christlichen Religion bedeutet für ihn zugleich das Ende der traditionellen Historienmalerei sowie den Beginn einer neuen Landschaftskunst, in der die Darstellung der Natur auch deren tiefste Geheimnisse auszudrücken vermöchte.

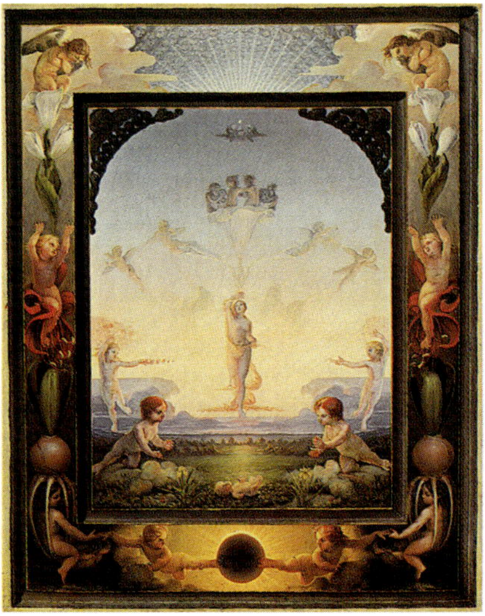
Philipp Otto Runge (1777–1810), *Der kleine Morgen*, 1808, Öl auf Leinwand, 109 x 85,5 cm, Hamburger Kunsthalle

In zahlreichen Skizzen, Zeichnungen, Entwürfen hat der Maler, der mit seinem geplanten Zyklus der Tageszeiten diese Idee einer neuen Landschaftsmalerei exemplarisch zur Darstellung bringen wollte, das erste der vier Bilder vorbereitet, und auch der heute sogenannte *Kleine Morgen* sollte nur eine Vorstufe bilden. Auffällig ist sogleich die Verbindung von Naturrealismus und Ornamentik. Der Rahmendekor, der das Bild nicht begrenzt, sondern auf einer höheren Bedeutungsebene fortsetzt, und der Engelreigen, der durch den unermeßlichen Äther tanzt, die weite Landschaft mit dem tiefliegenden Horizont, über dem die Sonne aufzugehen beginnt, und dazu die präzise Wiedergabe der Pflanzen im Vordergrund – dies alles ruft eine eigentümlich suggestive, gleichsam schlafwandlerische Atmosphäre hervor.

Die Natur ist beseelt und belebt von mythischen Gestalten, die auf das Mysterium des Werdens und Vergehens hindeuten: die Lichtträgerin Aurora ist zugleich

Rabe, seine Gattin, Wilhelm, ein Knabe

Rabe: O welche väterliche Gesinnungen, welche liebevolle Empfindungen bei mir erregt werden, wenn ich so die Fortschritte meiner verehrungswürdigen Kinder gewahr werde.

Gattin: Mit Recht nennst du sie verehrungswürdig, denn ich verehre sie auch, ja ich bete sie an. (…)

Rabe: Könnte man die guten Kinder nur ganz vom übrigen Menschengeschlecht absondern, so würde ihre Heiligkeit um so weniger gestört; denk, – am vorigen Sonntag betreff ich unsern Wilhelm in der Rosenlaube, indem er für sich: „Ach du mein lieber Augustin!" singt.

Gattin: Schaudervoll, o schaudervoll, höchst schaudervoll!

Rabe: Da er Trieb zur Kunst hat, so habe ich den herrlichen Chorgesang aus dem Sophokles über das Schicksal zu der Melodie: „Blühe liebes Veilchen" bearbeitet, und das soll er einstudieren; kann er den lieben Augustin aber gar nicht vergessen, so akkommodiere ich ein Matthissonsches Mondscheingedicht zu dieser Weise, damit ihm die Gemeinheit des Liedes nur verschwinde.

Gattin: Die Kinderschriften haben doch eine vorteilhafte Revolution zuwege gebracht.

Rabe: O was werden unsre Kinder auch für göttliche Menschen werden!

Gattin: Man wird sie ohne Zweifel in Kupfer stechen.

(Ludwig Tieck, *Die Verkehrte Welt*, 1799)

Himmelskönigin und Gottesmutter, himmlische und irdische Venus, und in dem Neugeborenen am unteren Bildrand, das in diesem Moment buchstäblich das Licht der Welt erblickt, sind Eros und Christus zu neuem Leben erwacht, beides Sinnbilder einer kulturellen Versöhnung von Antike und Christentum und ästhetische Vorboten eines neuen, hoffnungsvoll erwarteten Zeitalters.

Die Lichtmetaphorik der Aufklärung wird damit auf bezeichnende Weise umgedeutet. Es sind in Runges romantischer Ikone die Kinderengel, die kreisförmig ausstrahlend auf der Erde Licht verbreiten und damit die Verbindung zwischen kosmischem Raum und irdischer Landschaft herstellen. Die Kinder erweisen sich als künstlerische Vermittlungsfiguren zwischen Natur und Zivilisation, zwischen göttlicher und menschlicher Ordnung, zwischen einer dämmernden Gegenwart und einer helleren Zukunft.

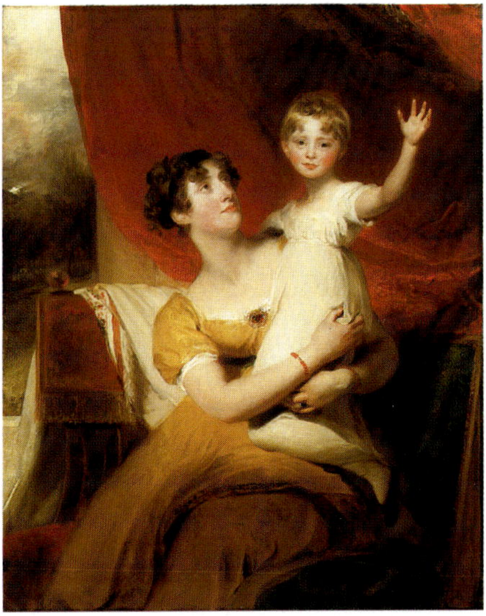

Thomas Lawrence (1769–1830), *Lady Orde mit ihrer Tochter Anna Maria*, um 1810, Öl auf Leinwand, 141,5 x 111,6 cm, München, Neue Pinakothek

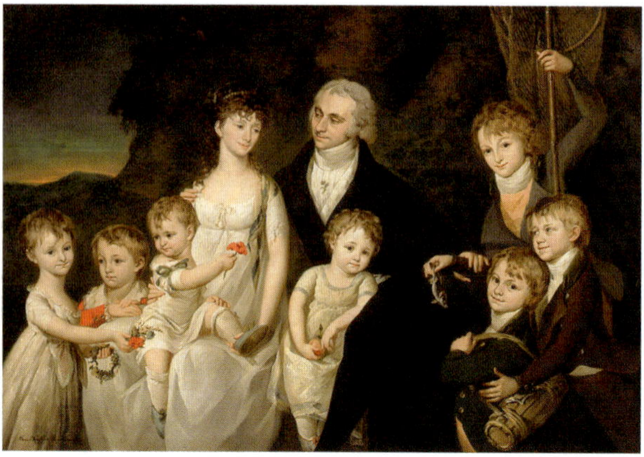

Barbara Krafft (1764–1825), *Anton Marx und Familie*, 1803, Öl auf Leinwand, 149 x 208 cm, Wien, Österreichische Galerie Belvedere

Friedrich Wilhelm von Schadow (1788–1862), *Großherzogin Alexandrine von Mecklenburg-Schwerin mit ihren Kindern*, 1825, Öl auf Leinwand, 115 x 91 cm, Schwerin, Staatliches Museum

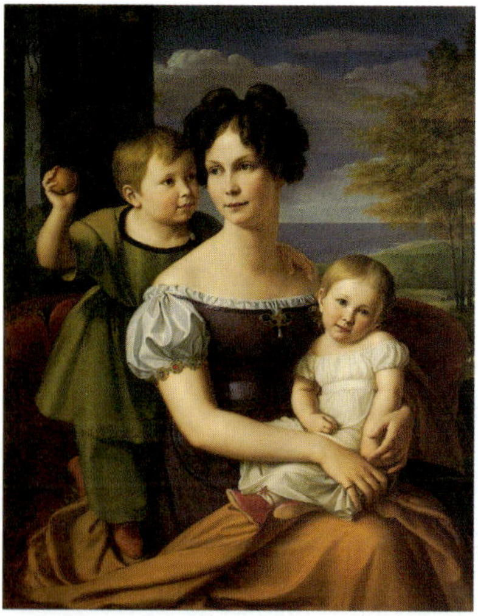

Die Utopie einer »vollkommenen bürgerlichen Vereinigung in der Menschengattung«, deren Erreichung Kant als »schwerstes« Problem« bezeichnet hatte, das in der Geschichte der Menschheit deswegen auch »am spätesten aufgelöst« werde, gründete auf der Annahme einer naturbedingten Erziehbarkeit des Menschen. Durch Bildung zunächst des einzelnen Individuums, dann der ganzen Gesellschaft sollte sich schließlich das Menschengeschlecht insgesamt vervollkommnen; noch die zahllosen Schulreformen und -gegenreformen unserer Tage gehören – wenn auch eher als traurige Karikaturen – in die Tradition dieser aufklärerischen Bildungsidee. Unter diesen Voraussetzungen war es nur konsequent, dem Kind besondere Aufmerksamkeit zu widmen. In den Augen der Aufklärung zeichnete sich das Kind vor allem durch einen Mangel an Vernunft aus; es galt als Verkörperung der Unvollkommenheit, aber gerade darum auch als Ausdruck der unbegrenzten Möglichkeiten des Menschen.

Zu Recht bezeichnet man das 18. Jahrhundert als Zeitalter der Pädagogik. Zahlreiche neue Erziehungskonzepte und Lernmethoden werden erarbeitet, die auf eine schnellere Wissensaneignung und eine frühzeitige Anpassung an die Erwachsenenwelt zielen. Die Erziehung und Ausbildung der Kinder wird als wichtigste gesellschaftliche Aufgabe angesehen, welche die bürgerlichen Eltern selbst in die Hand nehmen sollten, auch um die Kinder von schädlichen Einflüssen zu bewahren. Gemeint ist damit der Umgang mit Personen niederen Standes oder unmoralischer Gesinnung, bei denen Kinder vulgäre Ausdrücke lernen, womöglich sexuelle Handlungen beobachten und unsinnige Geschichten (die sogenannten »Ammenmärchen«) hören könnten, was insgesamt ihren Verstand verwirren und ihre Entwicklung beeinträchtigen würde. Die Bildungseitelkeit der Eltern, die Rolle der Kinder als frühreife Prestigeobjekte und ihre nachgeplapperten Vernünfteleien haben den Romantikern nicht selten zu satirischem Spott gedient.

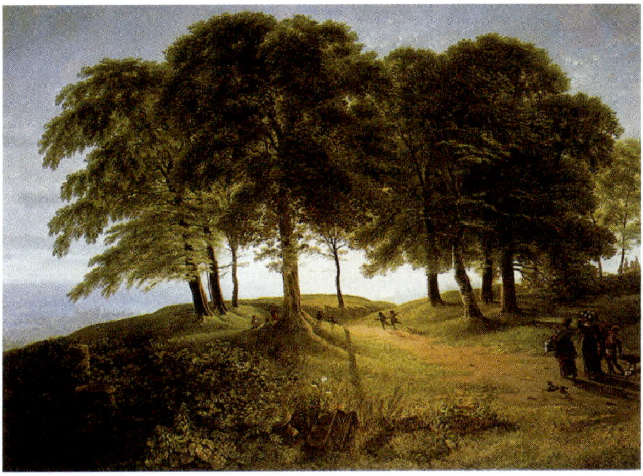

Karl Friedrich Schinkel (1781–1841), *Der Morgen*, 1813, Öl auf Leinwand, 76 x 102 cm, Berlin, Nationalgalerie

Tatsächlich ist das romantische Konzept der Kindheit dem der Aufklärung genau entgegengesetzt. Das Kind wird zum Idealbild des Menschen, zu einem höheren, religiösen Wesen stilisiert: es lebt in einem harmonischen Verhältnis mit sich und der Welt, in einem Zustand moralischer Unschuld, in ursprünglicher Natur- und Gottesnähe. »Wo Kinder sind, da ist Goldenes Zeitalter«, schreibt Novalis, und er folgert daraus, daß der Mensch einer zweiten, höheren Kindheit entgegenstreben müsse. Kinder werden als Sinnbild einer konkreten Utopie aufgefaßt. Schinkels Festzug verweist auf eine Menschheit, die – angeführt von den vorauseilenden Kindern – einer besseren, wenn auch von der Morgendämmerung noch halb verborgenen Zukunft entgegen-

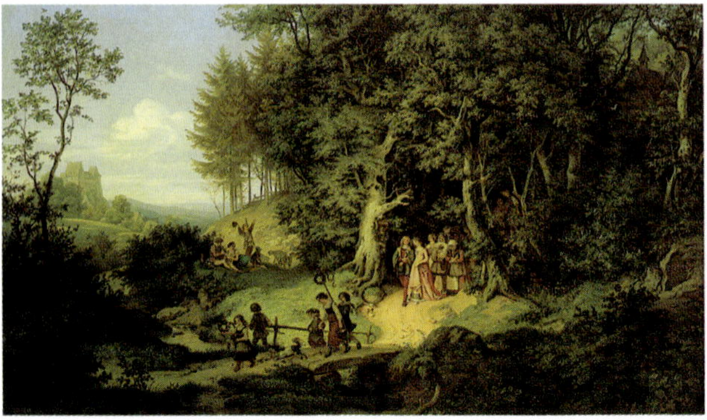

Adrian Ludwig Richter (1803–1804), *Brautzug im Frühling*, 1847, Öl auf Leinwand, 93 x 150 cm, Dresden, Staatliche Kunstsammlungen

geht. Bezeichnenderweise ist davon dreißig Jahre später nur noch eine vordergründige Biedermeier-Idylle zurückgeblieben, die allenfalls Aussicht auf eine altdeutsche Burg vor einer beliebigen Landschaftskulisse gewährt.

Alternativ zu dem Fortschrittsoptimismus der Aufklärung entwickelt sich in der Romantik eine Geschichtskonzeption, die durch eine erneute zivilisatorische Hinwendung zum ursprünglichen Naturzustand eine höhere Entwicklungsstufe zu erreichen hofft. Diese Vorstellung macht durchaus Ernst mit der Forderung Jean-Jacques Rousseaus (1712–78), wieder zur Natur zurückzukehren, geht aber zugleich darüber hinaus. In seinen *Ansichten von der Nachtseite der Naturwissenschaft* (1808) unterzieht der Arzt und Naturphilosoph Gotthilf Heinrich Schubert (1780–1860) den aufklärerischen Gedanken, daß sich die Menschheit aus einem bewußtlosen Zustand der Unwissenheit zielstrebig zu dem gegenwärtigen Zeitalter der Wissenschaft und Humanität fortentwickelt habe, einer geschichtlichen Revision. In seinem kurzen Abriß entwirft der Autor einen typisch romantischen Ursprungsmythos, der zugleich auf Johann Jakob Bachofens *Mutterrecht* (1861) und Sigmund Freuds *Totem und Tabu* (1912/13) vorausweist.

Tatsächlich erzählt Schubert die Geschichte der Kultur als ödipale Familiengeschichte. Die erste Phase des Menschen ist eine problemlose Symbiose mit der Mutter Natur, die das (eindeutig männlich gedachte) Kind in ihrem Schoß und an ihrem Busen physisch wie psychisch umhegt, ihm alle geistige und körperliche Nahrung zukommen läßt und es an ihren tiefsten Geheimnissen teilhaben läßt. Ein anthropologisch unvermeidlicher Sündenfall beendet diese erste und höchste Kulturepoche einer »reinen Anschauung«, indem der infantile Mensch mit seiner »Frage nach dem Vater« in die Phase des begrifflichen Denkens übertritt. Da aber der Knabe Triebsublimierung und Affektkontrolle erst noch lernen muß, entartet diese Epoche der Unmündigkeit zu einem Zeitalter blinder Zerstörungswut, der schließlich alle ursprüngliche Kultur zum Opfer fällt.

Erst nach und nach erkennt die nunmehr reifende Menschheit jenen ungeheuren Verlust und versucht, sich zu erinnern; indem die nunmehr zusammenhanglosen Bruchstücke des vormaligen Wissens von weisen Priesterkönigen zusammengetragen werden, bilden sich die ersten Formen religiösen Lebens aus. Insofern sind die Mythen und Gesänge der Völker, die bereits Herder als archaisches Weltkulturerbe begriffen hatte, nicht nur die ältesten Zeugnisse menschlicher Kultur, sondern damit auch die einzigen authentischen Relikte jenes geheimen Wissens von der Natur. So vermutet Schubert beispielsweise in den Schriften der alten Inder und Ägypter astronomische Kenntnisse, welche die seiner Gegenwart überträfen. Bekanntlich genießen Vorstellungen dieser Art noch heute große Popularität.

Aus diesem kulturgeschichtlichen Befund zieht nun der Autor weitreichende Konsequenzen. Statt der von der Spätaufklärung geforderten weltbürgerlichen Vereinigung ist das Ziel der menschlichen Entwicklung nunmehr die Wiederherstellung jenes gattungsgeschichtlichen Zustands, in dem die geschlechtlichen Spannungen durch den göttlichen Vater und die mütterliche Natur wieder versöhnt werden. Dieser Prozeß ist allerdings nicht durch Regression denkbar,

Constance Mayer La Martinière (1775–1821), *Die glückliche Mutter*, vor 1810, Öl auf Leinwand, 192 x 145 cm, Paris, Musée du Louvre

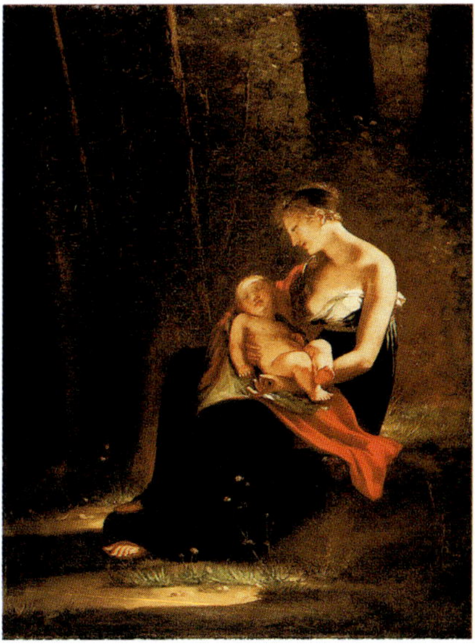

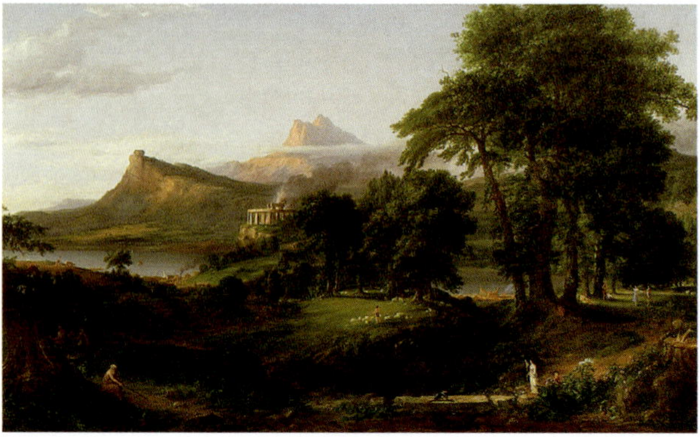

Thomas Cole (1801–1848), *Die Entwicklung des Reiches: Die arkadische Phase*, 1836, Öl auf Leinwand, 100 x 161 cm, Collection of the New York Historical Society

vielmehr muß die Wissenschaft mit Hilfe ihres begrifflichen Instrumentariums in mühsamer Kleinarbeit zu dem umfänglichen Wissen zurückfinden, das der ersten Menschheit ohne weitere Anstrengung gewährt worden war. Fortschritt bedeutet daher zunächst und vor allem, die eigene gattungsgeschichtliche Vergangenheit aufzuklären: in einem Prozeß kultureller Erinnerung, der zu jenem unbewußten Zustand vollkommener Harmonie wieder zurückzufinden vermag.

Die Poesie wird als geeignetes Medium verstanden, mit dessen Hilfe jenes einst besessene, dann aber wieder verlorene Wissen zumindest fragmentarisch wiedererlangt werden könne. Folgerichtig sind es überwiegend Kinder und Künstler, die zu diesen halb vergessenen Regionen Zugang finden. In Tiecks *Elfen* (1811) gibt es innerhalb einer weithin fruchtbaren und heiteren Landschaft buchstäblich einen schwarzen Fleck, einen finsteren »Tannengrund«, in dessen Nähe es nicht geheuer scheint. Doch der Eindruck trügt; es handelt sich um gezielte Schutzmaßnahmen, um den Ort der archaischen Naturwesen vor den unverständigen Menschen und ihrer hab- und neugierigen Zudringlichkeit zu schützen. Nur die unbefangene, im besten Sinne naive Protagonistin, ein neunjähriges Mädchen, darf diese Idylle betreten und ihren poetischen Zauber genießen. Als Erwachsene jedoch wird sie gegen das strikte Gebot ihrer jenseitigen Gespielinnen die Existenz der Elfen verraten und somit deren Naturpoesie in die entfremdete Alltagssprache der Menschen übersetzen. Damit wird der Sündenfall wiederholt, der einst zur Entfremdung zwischen Mensch und Natur geführt hat, und die Elfen ziehen sich für immer aus jener idyllischen Gegend zurück, die nach und nach verödet.

Ernst Theodor Amadeus Hoffmann hat dieses Thema in seiner Erzählung *Das fremde Kind* (1817) aufgenommen, mit weiteren Motiven angereichert und satirisch variiert. Die Geschichte handelt von einer pseudoadligen, in Wirklichkeit vollkommen bürgerlichen Familie, die zurückgezogen in ländlicher Einsamkeit lebt; insbesondere die Kinder Christlieb und Felix figurieren als Ausdruck der Natürlichkeit und Freiheit von gesellschaftlichen Zwängen. Der Besuch reicher Verwandter – die alles Negative der Gesellschaft verkörpern: ständische Vorurteile, Anmaßung, Ignoranz, modisches Gebaren – zerstört diese Idylle: die teuren Spielsachen, die den Kindern geschenkt werden, korrumpieren deren phantasievolle Spiele und verbreiten Langeweile. Die zuvor harmonische Beziehung zur Natur ist unwiderruflich zerbrochen – da erscheint das »fremde Kind«. Felix und Christlieb glauben es bereits zu kennen, ohne sich jedoch genau erinnern zu können: in seiner Fremdheit spiegelt sich ihre eigene Entfremdung von der Natur. Mit Hilfe des »fremden Kindes« gelingt noch einmal eine unmittelbare Kommunikation mit den Vögeln, den Blumen, dem Bach und dem Wind; die von Schubert beschriebene Ursprungssituation des Menschen ist durch Poesie wiederhergestellt. Damit aber ist die Geschichte noch nicht zu Ende. Das fremde Kind erzählt von seiner Heimat – einem wahren Kinderparadies – und von deren Bedrohung durch ein scheußliches Wesen, dessen gefährlichste Waffe die Druckerschwärze ist.

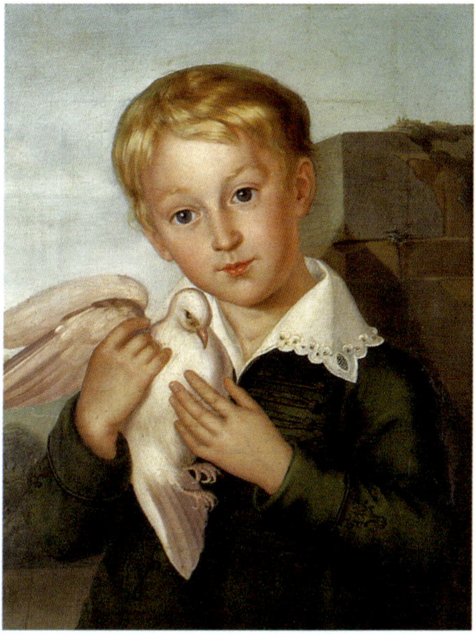

Louise Seidler (1786–1866), *Knabe mit Taube*, 1826, Öl auf Leinwand, 49 x 37,8 cm, Angermuseum Erfurt

Dieses Monster tritt nun ins wirkliche Leben, und zwar in Gestalt eines Erziehers namens »Magister Tinte«. Dieser erweist sich als Karikatur eines aufklärerischen Pädagogen, der die Kinder mit totem Buchstabenwissen drangsaliert und alle natürlichen Impulse unterdrückt, die Natur überhaupt zutiefst verabscheut, die daraufhin auch den Kindern feindlich erscheint. Die einzelnen Kulturstufen, die G. H. Schubert in seinen Ansichten skizziert hat, werden somit in Hoffmanns Erzählung als individuelle Kindheitserfahrungen beschrieben; das »fremde Kind«, das vielleicht nicht der infantile, aber wohl der erwachsene Leser als eine Allegorie der Poesie erkennen wird, rettet die Kinder auch dieses Mal und verspricht ihnen – sofern sie nur ihren kindlich-poetischen Charakter bewahren – auch künftig seine Wiederkehr in glückseligen Träumen.

Orginaltitelblatt der Erstausgabe von Clemens Brentanos *Gockel, Hinkel und Gakeleia,* 1838

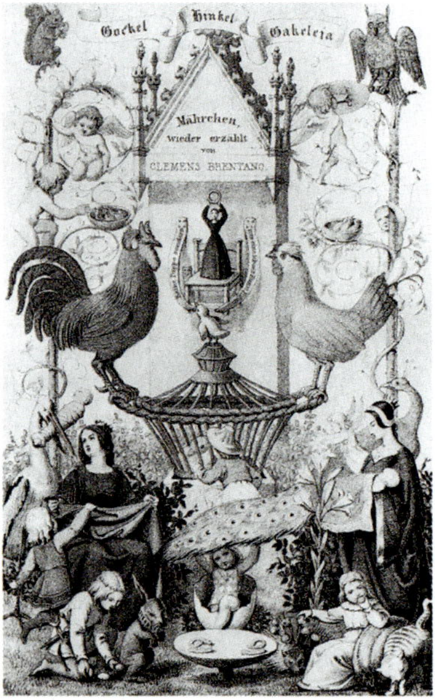

Auch Clemens Brentanos Märchen von *Gockel, Hinkel und Gackeleia* (1838), das wie Hoffmanns Kindermärchen von satirischen Anspielungen durchsetzt ist, erzählt die Geschichte einer verarmten Adelsfamilie von durchaus kleinbürgerlichem Charakter, die aber, nachdem sie vom Hofe und aus der Stadt verbannt wurde, sich zunächst gar nicht in die aufgezwungene Naturidylle schicken mag. Wie die Namen andeuten, beschäftigen sie sich mit Hühnerzucht, was zu verschiedensten witzigen Szenen und Wortspielen Anlaß gibt. Nach vielerlei Wechselfällen von Armut in Reichtum und wieder in Armut gelingt es der Tochter Gackeleia, den verlorenen Zauberring, der alle Wünsche erfüllt, wiederzubeschaffen. Bemerkenswert in diesem Zusammenhang ist das Ende des Märchens, dessen Form im Verlauf der Erzählung immer wieder ironisch reflektiert wird: die Protagonistin wünscht sich, nachdem sie alle ihre Abenteuer erzählt hat, »daß wir alle

Kinder wären und die ganze Geschichte ein Märchen (...) und wir wären ganz glücklich und patschten in die Hände vor Freude«. Auch dieser Wunsch erfüllt sich, der Zustand der Kindheit wird wiederhergestellt, und der Erzähler, der plötzlich hervortritt und dem des ›Patschens‹ wegen die »Hände noch ganz brennen«, erweist sich dadurch selbst als Kind.

Adam Weise (1776–1835), Titelvignette zu *Des Knaben Wunderhorn*, Heidelberg 1808

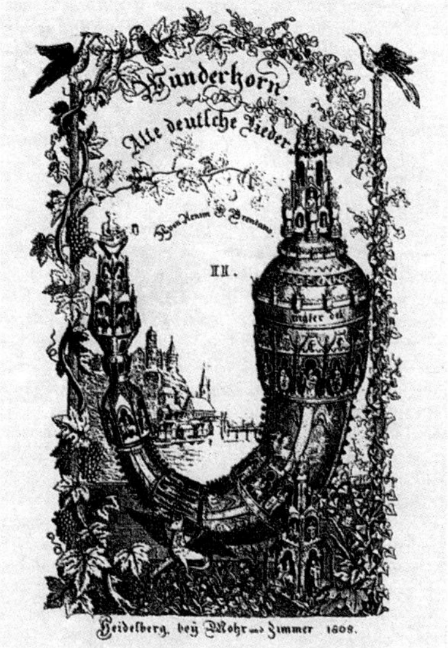

Aus dem romantischen Mythos der Kindheit entwickelt sich eine Kinderliteratur im spezifischen Wortsinn: keine für den Kinderverstand zurechtgeschnittenen Bearbeitungen der klassischen Literatur, keine Erbauungs- oder Unterrichtsbücher, sondern Lieder und Erzählungen zur poetischen Unterhaltung. Dabei greift man zunächst auf die von der Aufklärungspädagogik verfemte Volksliteratur zurück, die man schon deswegen für kindgerecht hält, da sie sich nach romantischer Anschauung einer kindlich ursprünglichen Naturnähe verdankt. Auch die 1806–08 unter dem Titel *Des Knaben Wunderhorn* erschienene Liedersammlung von Achim v. Arnim und Clemens Brentano enthält eine ganze Reihe von Kinderliedern.

Allerdings waren diese Lieder keineswegs Produkte einer lebendigen, sich selbst hervorbringenden Volkspoesie, sondern vor allem Gelegenheitsgedichte zur geselligen Unterhaltung, bisweilen auch satirischen Inhalts oder politische Spottverse zumeist von dilettierenden Literaten. Diese Gedichte – »denn wer weiß nicht, was ein Lied auszustehen hat, wenn es durch den Mund des Volkes durchgeht« (Goethe) – waren von den Sammlern Arnim und Brentano sorgfältig redigiert und auf jenen typisch romantischen Ton eingestimmt worden, den man seit dieser Zeit mit dem deutschen Volkslied verbindet. Auch gewisse »Kinderlieder«, die im Originaltext durchaus keine waren, haben zu die-

Zu Bett, zu Bett,
Die ein Kindle hätt,
Die keinen hätt,
Muß auch zu Bett.
(Kinderlied aus *Des Knaben Wunderhorn*)

Zu Bett, zu Bett,
Die ein Liebsten hätt,
Die keinen hätt,
Muß auch zu Bett.
(Vorlage zum „Kinderlied“)

Was die Weise betrifft, in der wir gesammelt haben, so ist es uns zuerst auf Treue und Wahrheit angekommen. Wir haben nämlich aus eigenen Mitteln nichts hinzugesetzt, keinen Umstand und Zug der Sage selbst verschönert, sondern ihren Inhalt wiedergegeben, wie wir ihn empfangen hatten; daß der Ausdruck und Ausführung des einzelnen großenteils von uns herrührt, versteht sich von selbst. (…) Dabei haben wir jeden für das Kindesalter nicht passenden Ausdruck (…) sorgfältig gelöscht. (Jacob und Wilhelm Grimm, *Vorrede* zu den *Kinder- und Hausmärchen*, 1819)

sem Zweck entscheidende Modifikationen erfahren. So erzählt beispielsweise ein Reigengedicht (das in größerer Gesellschaft gesungen wird, indem jeder Gast einen Vers oder eine Strophe ergänzen muß) von einem Mädchen, das nach Amsterdam zum Schaufeln (anschaffen, huren) geht und sich in immer neuen Versen ausmalt, was es sich mit dem erworbenen Geld kaufen wird. Um dieses reizvolle Spielgedicht seinen Kinderliedern einverleiben zu können, hat Brentano, freilich auf Kosten der Logik, das anstößige Wort »Schaufeln« kurzerhand durch »Faulenzen« ersetzt.

Auch die philologisch korrekteren Brüder Jacob und Wilhelm Grimm haben es gewissermaßen für selbstverständlich gehalten, die sprachliche Form der von ihnen gesammelten *Kinder- und Hausmärchen* (erschienen in zwei Teilen 1812 und 1815) nach eigenen Vorstellungen zu gestalten, die sich wiederum aus dem romantischen Konzept einer genuinen, natürlich-unschuldigen – und eben nicht durch Vulgarität entstellten – Volkspoesie ableiteten. Die Konfrontation mit dem realen Volk konnte und sollte diese Vorstellungen nicht korrigieren, sondern allenfalls bestätigen. Der wohl bekannteste Autor von Kindermärchen, Hans Christian Andersen (1805–1875), hat in seinen Geschichten diese Widersprüche immer wieder thematisiert, dabei aber die sozialen Konflikte und die aggressiven, bisweilen sadistischen Impulse der Kinderstube mit einer dichten biedermeierlichen Patina überzogen.

Die romantische Literatur kennt neben dem reinen, unschuldigen, holdseligen Kind (das notwendigerweise schon frühzeitig dem Kitsch anheimfallen mußte) auch die moralische Ambivalenz des Kindes, das in seiner ganzen Natürlichkeit grausam und böse sein kann. In der Novelle *Der blonde Eckbert* (1797) erzählt Ludwig Tieck von einem kleinen Mädchen, das seinen bösartigen Pflegeeltern davonläuft und in tiefer »Waldeinsamkeit« (eine Wortprägung des Autors) von einer alten Frau aufgenommen und gut versorgt wird. Das Mädchen, das in seinem neuen Heim seiner Haushaltspflichten und der Langeweile überdrüssig wird, verläßt

Das Meckern einer Ziege führte mich in ein Gewölbe. In der Mitte stand ein Bette, eine rüstige alte Frau stand schnell auf und sprach wunderlich geschwind und leise, es war, als sei sie eine Hexe: »Hier in diesem Bett hat mein verstorbener Mann vier Jahre krank gelegen. Fünfzehn Jahr bin ich hier oben, mein Mann war ein Schuhflicker, aber ich habe nie seit der Zeit ein Paar Schuhe angehabt.« Ich fragte sie, ob sie keine Lieder wisse? Sie sagte: »Ich habe acht Kinder gehabt, fünf tot geboren, zwei sind gestorben, und das ich noch habe, ist ein Stumm«. Ich fragte sie abermals, da sagte sie schnell:
Ich hab ein Hirsch geschossen,
Davon hab ich ein Hösen,
und wann ich die zerreiß,
Schieß ich sie dutzendweis – –
Da ich sie fragte, was die vielen Kreuze hinterm Stubenofen bedeuteten, klagte sie, daß alle Nacht ein schwarzes Gespenst sich dort sehen lasse. Wir verließen sie, und ich dachte Deiner, denn dicht neben dem Schloß steht einsam und allein in der ganzen Gegend eine ungeheure Kiefer. Dieser Dein herrlicher, vaterländischer Baum wird Dir zu sehn viel Freude machen. (Clemens Brentano, Brief an Achim von Arnim, 1806)

schließlich, während die Alte für längere Zeit abwesend ist, das Haus, wobei sie den ihr anvertrauten Hund dem Hungertod preisgibt. Sein verzweifeltes Bellen, das ihr nachklingt, als sie davonwandert, wird sie ihr Leben lang begleiten. Ihre Schuldgefühle provozieren eine ganze Reihe anderer Verfehlungen, und der Versuch, sich davon durch eine Generalbeichte – eben jene Erzählung – zu befreien, führt in der Rahmenhandlung schließlich zur Katastrophe.

Eine psychologisch ebenso subtile Novelle von Heinrich v. Kleist – *Der Findling* (1811) – berichtet von einem wohlhabenden Kaufmann, der, da sein eigenes Kind gerade zuvor während einer Epidemie gestorben ist, ein verwahrlostes Kind zu sich nimmt und an Sohnes statt bei sich aufzieht. Dieses Kind aus dem Volk, das in romantischer Logik eine Potenzierung des Natürlichen sein müßte, entwickelt jedoch durchaus zweifelhafte Charakterzüge, es wird in seinen Jünglingsjahren

Wilhelm Tischbein, (1751–1829), *Bildnis der Cornelia Wilhelmine Amsinck*, 1805, Öl auf Leinwand, 53,9 x 46,5 cm, Hamburger Kunsthalle

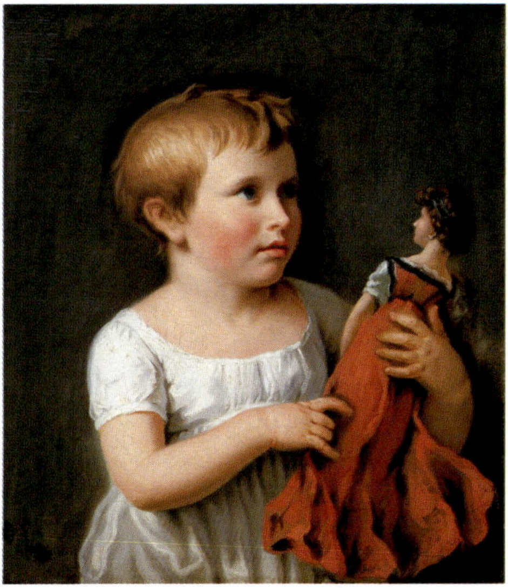

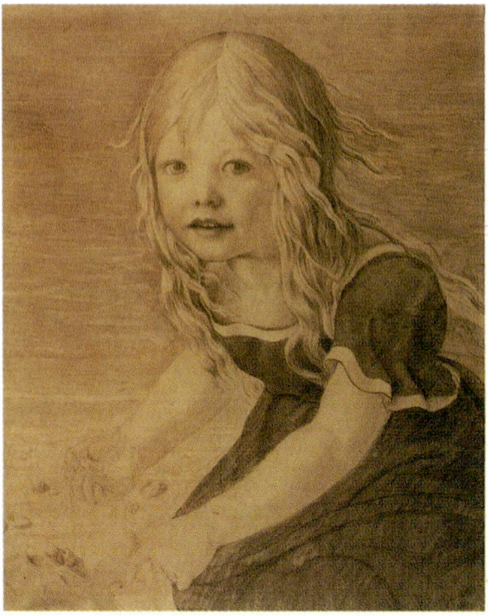

Karl Friedrich Schinkel (1781–1841), *Bildnis der Tochter Marie*, 1816, Schwarze Kreide auf rötlichem Tonpapier, 53,2 x 42,2 cm, Berlin, Kupferstichkabinett

falsch, berechnend und habgierig und ruiniert schließlich – ungeachtet der empfangenen Wohltaten – das Haus seiner Adoptiveltern.

Mit ähnlicher Insistenz, wenngleich keineswegs bösartig, weigert sich die kleine Marie in E. T. A. Hoffmanns *Nußknacker und Mausekönig* (1816), den Erwartungen und moralischen Anforderungen der Erwachsenenwelt zu entsprechen, und man sieht es ihr freilich nach, eben weil sie noch so klein ist. Indessen bildet sich in ihrem kindlichen – aber vielleicht auch gar nicht mehr so kindlichen – Bewußtsein eine für die Erwachsenen undurchdringliche Realität, die schließlich wider alle Vernunft und gegen jedes Realitätsprinzip triumphiert: Wie sich am Ende zeigt, ist ihre poetische Liebesgeschichte mit einem verzauberten Nußknacker keineswegs ein Fiebertraum, sondern von Anfang an Wirklichkeit gewesen.

Das romantische Bild des Kindes hat sich dabei merklich verschoben. Das Kind hat seine utopische Funktion verloren, es ist nicht mehr Ziel, sondern nur noch Ursprung kultureller Entwicklung. Seine Stilisierung zu einem überirdischen, quasi göttlichen Wesen ist der Erfahrung einer radikalen Fremdheit gewichen.

Das Kind besitzt eine eigene, der erwachsenen Vernunft unzugängliche Sphäre, die sich, indem es selbst erwachsen wird, unweigerlich auflöst

Philipp Otto Runge, *Die Hülsenbeckschen Kinder*, 1805/06, Öl auf Leinwand, 131,5 x 143,5 cm, Hamburger Kunsthalle

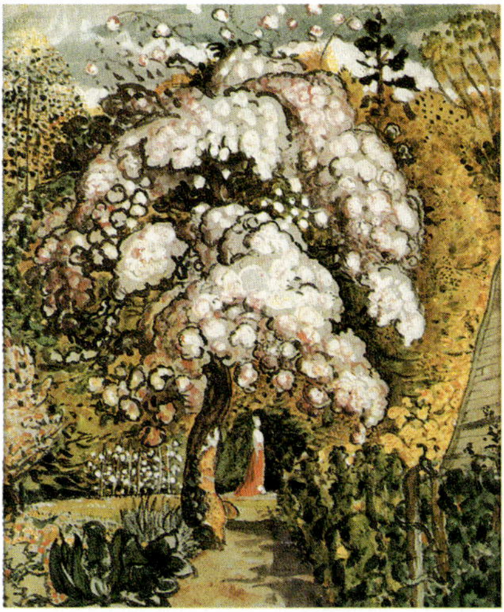

und womöglich der Vergessenheit anheimfällt. Diese neue Sichtweise auf die Kinderwelt wird in einem der ersten Romane von Charles Dickens (1811–1870), der zu dieser Zeit noch ganz im Bannkreis der europäischen Romantik steht, mit bemerkenswerter Konsequenz entfaltet. In *Oliver Twist* (1838) werden die Irrwege des kleinen Jungen durch die Londoner Gesellschaft (einschließlich ihrer Unterwelt) weitgehend aus der Perspektive des Protagonisten beschrieben, so daß auch typische Kinderängste – zu ersticken, zu fallen, ein- oder ausgeschlossen zu sein – oder die Konfrontation zwischen der kindlichen Psyche und der gefühllosen Erwachsenenwelt in epischer Breite geschildert werden. Auch Bettine von Arnim – die Schwester Clemens Brentanos – hat in allen ihren Werken nach literarischen Ausdrucksformen gesucht, die spezifische Kindheitserfahrungen wiedergeben und dabei die Eigenarten kindlicher Wahrnehmung bewahren sollten.

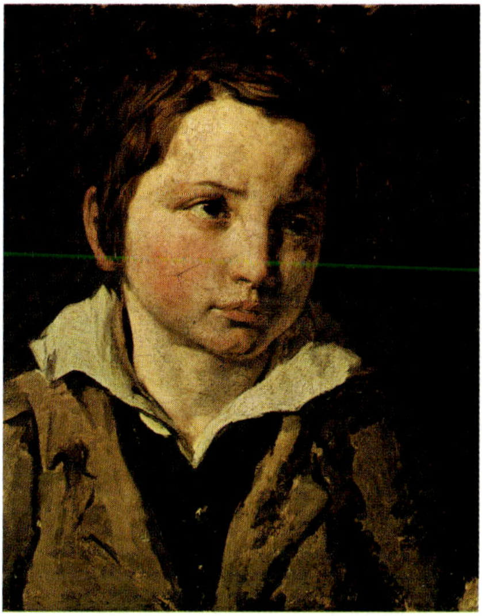

Théodore Géricault, (1791–1824), *Porträt eines Jungen*, um 1820, Öl auf Leinwand, 48,5 x 39 cm, Le Mans, Musée de Tessé

Ähnliche Tendenzen zeichnen sich in der Malerei ab. Neben einer offenkundigen Neigung zur Trivia-

Es war einmal ein Kind, das hatte viele Geschwister. Eine Lulu und eine Meline, die waren jünger, die andern waren alle viel älter. (…) Der Bruder Peter ist gestorben wie das Kind drei Jahre alt war, von dem weiß es aber noch sehr viel. Er hatte schwarze Augen die ein blenden Feuer von sich strahlten, in die hat das Kind oft sich ganz verloren vor tiefem Hineinschauen.
Der Bruder Peter trug das Kind oft auf einen kleinen Turm auf dem Haus, da fütterte der Peter allerlei Gefieder, Tauben und eine Glucke mit jungen Hühnern, da saß das Kind mit ihm, da dichtete er ihm Märchen vor. Das waren Stunden, die glitzern wunderschön aus der frühsten Kindheit herüber. (…) Da wars einmal schon spät, eben wollte die Sonne untergehen, er stand an der Wendeltreppe mit dem Kind; die letzten Sonnenstrahlen leuchteten ihm ins Gesicht, er ward so totenblaß, das Kind klammerte sich fest ihm an, laß los, sagte er kaum hörbar und fiel die Treppe hinunter, das Kind hatte aber sein Kleid festgehalten und war mit heruntergefallen. Da trug man den Peter ins Bett, das Kind sah den liebenden Bruder nicht wieder. Auf seine Fragen war die Antwort, der Peter sei begraben; es verstand nicht, was das sei. (Bettine von Arnim, *Clemens Brentanos Frühlingskranz*, 1844)

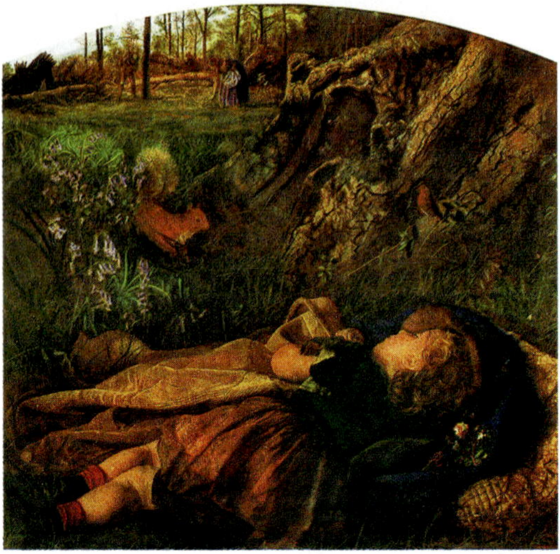

Arthur Hughes (1832–1915), *Die Tochter des Holzfällers*, 1860, Öl auf Leinwand, 61 x 64 cm, London, Tate Gallery

lisierung des Kindes, das in seiner niedlichen Unschuld keine Gefahren oder Anfechtungen kennt gibt es allenthalben Versuche, die Eigenarten kindlichen Verhaltens, das Seelenleben des Kindes sowie seine soziale Prägung zu erfassen. Eduard Gärtner (1801–1877), der von der Kunstgeschichte dem Biedermeier zugerechnet wird, hat zweifellos eine der abgründigsten Darstellungen kindlicher Raumerfahrung entworfen. Die bekannte Innenarchitektur des Berliner Schlosses wird dabei in ein undurchschaubares, geradezu bedrohlich anmutendes Gewirr von Treppen, Gewölben und Tiefenfluchten verfremdet. Die militärische Wache im Hintergrund hat sich in eine Formation glänzender Zinnsoldaten verwandelt; lebendig erscheinen hingegen die Skulpturen, die jeden Moment von den Wänden und Podesten herabsteigen könnten. Eine junge

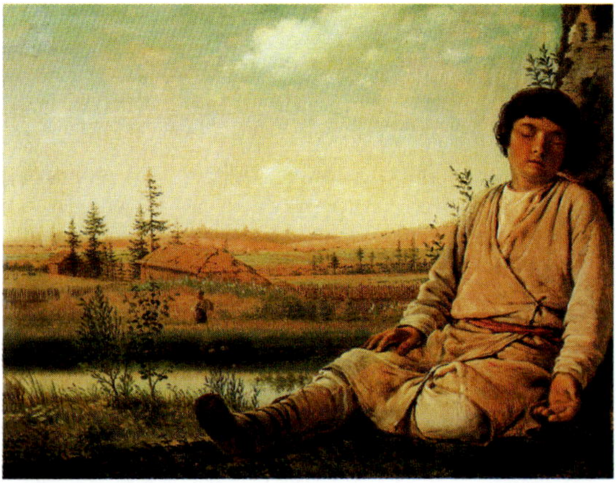

Alexej Wenezianow (1780–1847), *Schlafender Hirtenjunge,* 1824/25, Öl auf Leinwand, St. Petersburg, Staatliches Russisches Museum
Im Unterschied zu der sentimentalen Eleganz des englischen Salonmalers versucht der russische Romantiker und Realist, die Eigenheiten und die menschliche Würde des einfachen Volkes darzustellen.

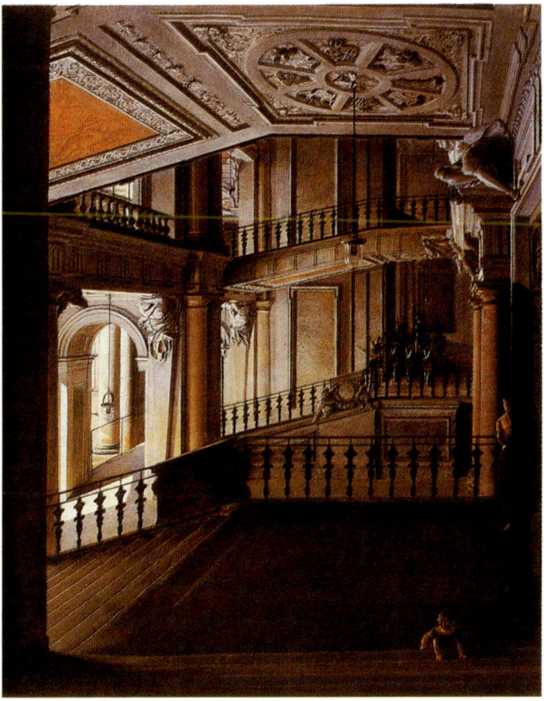

Eduard Gärtner (1801–1877), *Das Treppenhaus im Berliner Schloß*, 1828, Öl auf Leinwand, 59 x 48 cm, Berlin, Staatliche Schlösser und Gärten

Frau, kaum erkennbar, verharrt reglos an der Tür am rechten Bildrand; auch sie ist von der magischen Atmosphäre dieses Raumes gebannt.

Wie aus der Unterwelt kommt das kleine Mädchen die Stufen im Vordergrund heraufgekrabbelt, es blickt den Betrachter fragend an, aber es verbleibt in einer irrealen, perspektivisch entrückten Distanz. Das Bild vermittelt das beunruhigende Gefühl einer Traumsequenz, in der sich verschiedene Wirklichkeitsebenen überblenden. Damit greift der Künstler auf jene frühromantische Forderung zurück, die Wirklichkeit im Medium kindlicher Unschuld zu poetisieren, und gibt ihr zugleich eine ganz andere Richtung. Denn das Kind ist weit entfernt von jenem ursprünglichen Naturzustand, den es repräsentieren sollte; es sieht sich vielmehr unheimlichen Mächten ausgeliefert, denen es in dem unendlichen Labyrinth des Schlosses nicht entkommen kann.

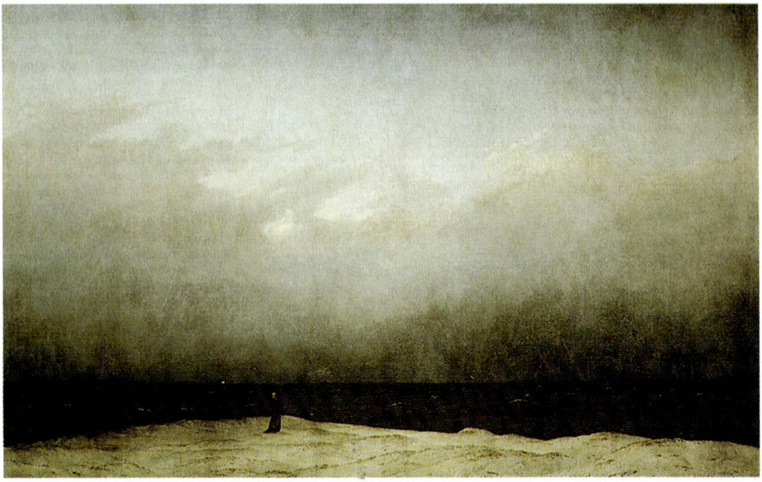

Caspar David Friedrich (1774–1840), *Der Mönch am Meer*, 1808–10, Öl auf Leinwand, 110 x 171,5 cm, Berlin, Nationalgalerie

Universalpoesie

Im Gegensatz zu Frankreich und England hat die romantische Malerei in Deutschland nur wenig spektakuläre Ereignisse zu verzeichnen. Die Nazarener mit ihrer ostentativen Frömmigkeit und ihrem moralischen Rigorismus waren zunächst eher Anlaß zum Spott, später Auslöser eines ernsthaften polemischen Schlagabtauschs, bei dem es allerdings weniger um sie selbst als um eine generelle Richtungsbestimmung der bildenden Kunst ging. Im Unterschied dazu haben die ersten Gemälde von Caspar David Friedrich beträchtliches Aufsehen erregt. Den schon erwähnten *Tetschener Altar* hatte Friedrich in seinem Atelier gewissermaßen in einer privaten Veranstaltung vorgestellt, und das Bild hatte eine erregte Debatte provoziert. Die ein Jahr später (1810) auf der Berliner Kunstausstellung präsentierten Bilder *Der Mönch am Meer* und die *Abtei im Eichwald* bedeuteten für das Publikum eine Sensation. Der innovative Charakter dieser Malerei wurde sogleich wahrgenommen: Leere, Mangel an Gegenständen, die Auflösung der Perspektive, der visionäre Charakter waren dazu angetan, die unterschiedlichsten Reaktionen hervorzurufen.

Merke auf dich selbst: kehre deinen Blick von allem, was dich umgibt, ab, und in dein Inneres; ist die erste Forderung, welche die Philosophie an ihren Lehrling tut. Es ist von nichts, was außer dir ist, die Rede, sondern lediglich von dir selbst. (Johann Gottlieb Fichte, *Wissenschaftslehre*, 1797)

Insbesondere der *Mönch am Meer* ist das Bild einer ästhetischen Grenzerfahrung. Beunruhigend wirkt auf den ersten Blick die vollkommene Leere des Bildes: vier Fünftel der bemalten Fläche nimmt der zum Horizont hin dunkle, nach oben etwas aufhellende Himmel ein. Den Vordergrund bildet eine kahle, nur spärlich bewachsene, weiß-gelbliche Düne, dahinter erstreckt sich düster und trostlos das grünlich schwarze Meer. Am Ufer steht eine überlängte Gestalt in Mönchskleidung, offenbar in Betrachtung versunken, der entblößte Kopf tritt wie ein einsamer Lichtpunkt vor dem düsteren Hintergrund hervor.

Ausdrücklich hatte der Maler verlangt, daß die *Abtei im Eichwald* nicht neben, sondern unter den nachdenklichen Mönch gehängt werden sollte. Tatsächlich gewinnen die Meditationen des Mönchs durch diesen Zusammenhang konkretere Gestalt: das zweite Bild zeigt eine winterlich verschneite Landschaft, eine von kahlen Eichen umgebene und in nächtliches Dunkel gehüllte Klosterruine. Einige schwärzliche Flecken lassen sich als Grabsteine erkennen, und kaum bemerkt man, daß einige davon in Wirklichkeit Mönche sind, die einen ihrer Mitbrüder zu Grabe tragen. Auch hier nimmt der aufgehellte Himmel einen Großteil des Bildes ein, und auch hier läßt der matte Lichtschein die darunterliegenden Partien nur um so düsterer erscheinen.

Der Maler soll nicht bloß malen, was er vor sich sieht, sondern auch, was er in sich sieht. Sieht er aber nichts in sich, so unterlasse er auch zu malen, was er vor sich sieht. (Caspar David Friedrich)

Caspar David Friedrich (1774–1840), *Abtei im Eichwald*, 1809–10, Öl auf Leinwand, 110,4 x 171 cm, Berlin, Nationalgalerie

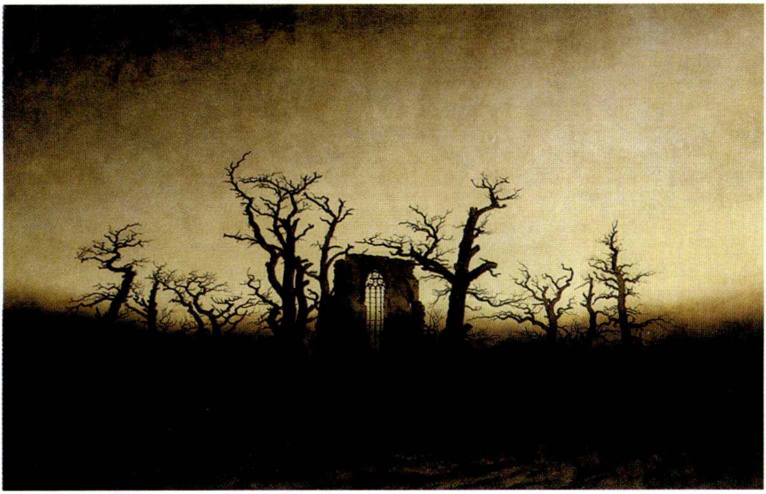

Zusammen mit dem verschneiten Klosterfriedhof und der geisterhaften Prozession dieses zweiten Bildes erscheint der *Mönch am Meer* zunächst wie eine malerische Reflexion über die *vanitas mundi*, die Vergänglichkeit des Irdischen, und die vage Hoffnung auf jenseitige Erlösung – allerdings nicht mit den vertrauten Symbolen der ikonographischen Tradition (wie etwa Totenschädel, Sanduhr oder Spiegel), sondern aufgrund von Motiven, die der Landschafts- und Genremalerei entnommen sind und durch suggestive Stimmungsmomente mit Bedeutung aufgeladen werden: die Einsamkeit des gedankenvollen Spaziergängers, der als Mönch Innerlichkeit und kontemplatives Leben repräsentiert, die erschreckende Unendlichkeit des Meeres, das wie ein düsterer Abgrund erscheint, während der Lichtstreifen über dem Horizont oder die am oberen Bildrand aufreißenden Wolken als vage Hoffnungsträger empfunden werden können. Im Unterschied jedoch zur allegorischen Malerei, die sich zumeist in einen Satz, in ein sprachlich faßbares Konzept übersetzen läßt, entzieht sich der Sinn dieser Malerei einer begrifflichen Festlegung; sie entfaltet eine geradezu unendliche Bedeutungsfülle, die in der Alltagssprache nicht ausgedrückt werden kann und sich allenfalls poetisch umschreiben läßt.

Heinrich von Kleists (1777–1811) kurze literarische Bildbeschreibung gehört zu den eindringlichsten und

> Herrlich ist es, in einer unendlichen Einsamkeit am Meeresufer, unter trübem Himmel, auf eine unbegrenzte Wasserwüste hinauszuschauen. Dazu gehört gleichwohl, daß man dahin gegangen sei, daß man zurück muß, daß man hinüber möchte, daß man es nicht kann, daß man Alles zum Leben vermißt, und die Stimme des Lebens dennoch im Rauschen der Flut, im Wehen der Luft, im Ziehen der Wolken, dem einsamen Geschrei der Vögel, vernimmt. Dazu gehört ein Anspruch, den das Herz macht, und ein Abbruch, um mich so auszudrücken, den Einem die Natur tut. Dies aber ist vor dem Bilde unmöglich, und das, was ich in dem Bilde selbst finden sollte, fand ich erste zwischen mir und Bilde, nämlich einen Anspruch, den mein Herz an das Bild machte, und einen Abbruch, den mir das Bild tat; und so war ich selbst der Kapuziner, das Bild war die Düne, das aber, wo hinaus ich mit Sehnsucht blicken sollte, die See, fehlte ganz. Nichts kann trauriger und unbehaglicher sein, als diese Stellung in der Welt: der einzige Lebensfunke im weiten Reich des Todes, der einsame Mittelpunkt im einsamen Kreis. Das Bild liegt, mit seinen zwei oder drei geheimnisvollen Gegenständen, wie die Apokalypse da, als ob es Joungs Nachtgedanken hätte, und da es, in seiner Einförmigkeit und Uferlosigkeit, nichts als den Rahm zum Vordergrund hat, so ist es, wenn man es betrachtet, als ob Einem die Augenlieder weggeschnitten wären. (Heinrich von Kleist, *Empfindungen vor Friedrichs Seelandschaft*, 1810)

beunruhigendsten Beispielen ihres Genres. Exemplarisch wird darin eine Forderung romantischer Kunstkritik eingelöst: daß aus der Betrachtung eines Kunstwerks wiederum Kunst, daß aus der Malerei Poesie entstehe.

Kleist geht es dabei um mehr und anderes als um die Wiedergabe eines Bildeindrucks bzw. dessen Übersetzung in Sprache; er beschreibt die subjektive Befindlichkeit des Betrachters, dessen Isolation sich in dem Gemälde zu spiegeln scheint. Der Bildkommentar gerät dabei zu einer Ortsbeschreibung des modernen Individuums, das – den Existentialismus des 20. Jahrhunderts vorwegnehmend – in die unermeßliche Einöde seiner Subjektivität verbannt worden ist: ohne Aussicht, den »einsamen Mittelpunkt im einsamen Kreis« jemals wieder verlassen zu können. Kleist verwandelt die Verunsicherung, die von Friedrichs Bild ausgeht – den spannungsreichen Reflexionsprozeß, der sich zwischen dem betrachtenden Mönch und dem realen Betrachter abspielt – in einen hoffnungslosen Zustand: als wären einem die Augenlider abgeschnitten. Der starre Blick, der sich nicht mehr abwendet, läßt selbst keinen Lebensfunken mehr erkennen. Es ist nicht nur eine postmortale Landschaft, die im Bild erscheint, es sind auch die Augen eines Toten, die sie erblicken.

Diese erschreckende Vision resultiert – und auch das entspricht dem Prinzip romantischer Kunstkritik – aus der Umarbeitung und Umdeutung eines anderen, ganz anders gearteten Bildkommentars, den Clemens Brentano (vielleicht gemeinsam mit Achim von Arnim) verfaßt und zum Abdruck in Kleists *Berliner Abendblättern* bestimmt hatte. Brentanos *Empfindungen* (siehe S. 84) – seinerseits ein kleines Meisterwerk – sind ein anschauliches Beispiel für romantische Ironie. Als »durchaus zu dem Bild gehörig« kolportiert Brentano in kurzen Dialogen die Ansichten, Bemerkungen, Mißverständnisse des am Gemälde defilierenden Publikums – eine Persiflage, die, von Äußerlichkeiten abgesehen, bis heute nichts an Aktualität verloren hat.

Eine Dame und ein Herr, welcher vielleicht sehr geistreich war, traten auf; die Dame sah in ihr Verzeichnis und sprach:
Dame: Nummer zwei: Landschaft in Öl. Wie gefällt sie Ihnen?
Herr: Unendlich tief und erhaben.
Dame: Sie meinen die See, ja, die muß erstaunlich tief sein, und der Kapuziner ist auch sehr erhaben.
Herr: Nein, Frau Kriegsrat, ich meine die Empfindung des einzigen Friedrichs bei diesem Bilde.
Dame: Ist es schon so alt, daß er es auch gesehen?
Herr: Ach, Sie mißverstehen mich, ich rede von dem Maler Friedrich; Ossian schlägt vor diesem Bilde in die Harfe. (Ab)
Zwei junge Damen
Erste Dame: Hast du gehört, Louise? das ist Ossian.
Zweite Dame: Ach nein, du mißverstehst ihn, es ist der Ozean.
Erste Dame: Er sagte aber, er schlüge in die Harfe.
Zweite Dame: Ich sehe aber keine Harfe. Es ist doch recht graulich anzusehen. (Ab).
Zwei Kunstverständige
Erster: Ja wohl, graulich, es ist alles ganz grau; wie der nur solche trockene Dinge malen will!
Zweiter: Sie wollen lieber sagen, wie er so nasse Dinge so trocken malen will.
Erster: Er wird es wohl so gut malen, als er kann. (Ab)
Herr: Ach, wenn wir da miteinander ständen, wie der Kapuziner steht.
Dame: Ich ließe Sie und ging zum Kapuziner.
Herr: Und bäten ihn, mich mit Ihnen zu kopulieren.
Dame: Nein, Sie ins Wasser zu werfen.
Herr: Und blieben mit dem Pater allein und verführten ihn, und verdürben das ganze Bild und seine Nachtgedanken; seht, so seid ihr Weiber, ihr vernichtet am Ende doch, was ihr empfindet, ihr saget vor lauter Lügen die Wahrheit. O, ich wollte, ich wäre der Kapuziner, der so ewig einsam hinüberschaut in das dunkle verheißende Meer, das wie die Apokalypse vor ihm liegt, so wollte ich mich ewig sehnen nach Ihnen, liebe Julie, und Sie ewig vermissen, denn diese Sehnsucht ist doch die einzige herrliche Empfindung in der Liebe.
Dame: Nein, nein, mein Lieber, auch in diesem Bilde; wenn Sie so reden, springe ich Ihnen nach ins Wasser und lasse den Kapuziner stehen. (Ab)
(Clemens Brentano, *Verschiedene Empfindungen vor einer Seelandschaft von Friedrich, worauf ein Kapuziner*, 1810)

Brentanos Text verwandelt die Ausstellung in eine regelrechte Theateraufführung, bei der das Bild zur Kulisse reduziert wird und die Betrachter, ohne es zu wissen, als Schauspieler auftreten, indem sie ihre »Empfindungen« vortragen. Dieses Theater setzt sich jedoch auch über die Szenerie hinaus fort. Sowohl der Leser, der sich über die Komödie der Eitelkeiten, das kunstbeflissene Geschwätz, die zwischen Tiefsinn und Kitsch changierenden Empfindungen amüsieren mag, als auch der reale Bildbetrachter gehören, ob sie nun wollen oder nicht, zu diesem Ausstellungspublikum. Auch ihre ganz persönlichen Empfindungen, Eindrücke und Reflexionen erweisen sich dabei als Bestandteil des Kunstwerks.

Mit diesem eigentümlichen Ausstellungsbericht hat Brentano eine dialogische Kurzfassung der romantischen Kunstheorie geschrieben. Einige der wichtigsten Gedanken, die zunächst Wackenroder in seinen *Herzensergießungen*, sodann Novalis und die Brüder Schlegel analog zu Fichtes *Wissenschaftslehre* (1797) und Schellings *Philosophie der Kunst* (1800) entwickelt hatten, werden hier anschaulich in Szene gesetzt. Bemerkenswert ist zunächst die – in dieser Zeit noch keineswegs selbstverständliche – Gleichberechtigung der verschiedenen Künste, vor allem aber von bildender Kunst und Literatur, die sich gegenseitig inspirieren, sich komplementär ergänzen und eigentlich einander unverzichtbar sind.

So sollte man die Künste einander nähern und Übergänge aus einer in die andere suchen. Bildsäulen belebten sich vielleicht zu Gemälden (...), Gemälde würden zu Gedichten, Gedichte zu Musiken; und wer weiß? so eine feierliche Kirchenmusik stiege auf einmal wieder als ein Tempel in die Luft. (Friedrich Schlegel, *Die Gemälde*, 1799)

Traditionell wurde die Literatur stets als die höchste, da intellektuellste Kunst eingestuft, und eine Reminiszenz dieses hierarchischen Denkens findet sich noch in einer typischen Künstleranekdote dieser Zeit: In Schinkels Berliner Domizil traf man abends oft eine ausgelassene Gesellschaft. Zu dem Freundeskreis gehörten neben vielen anderen Clemens Brentano, Bettine v. Arnim und der Landschaftsmaler Samuel Rösel. Eines Abends kommt die Rede darauf, wie schwer es für die bildende Kunst sei, all das auszudrücken, was die Literatur durch Sprache zur Darstellung bringe. Schinkel widerspricht dieser Ansicht, Brentano hingegen behauptet, daß er aus dem Stehgreif eine Geschichte erfinden könne, die so kompliziert sei, daß Schinkel sie nicht zeichnerisch veranschaulichen könne. Enthusiastisch wird eine Probe aufs Exempel beschlossen. Brentano beginnt sogleich mit seiner Erzählung. In ihrem Mittelpunkt steht ein altes Jagdschloß, das nach dem Tod des Fürsten verlassen und später einer Oberförsterfamilie zur Wohnung und Instandhaltung überwiesen wird. Gleichzeitig zeichnet Schinkel dieses Schloß mit allen Details, die in Brentanos Geschichte eine Rolle spielen. Nach einer Woche ist die Erzählung beendet, aber auch die Zeichnung ist fertig. Da der Oberförster in der Geschichte stirbt, das geschilderte Terrain aber aus lauter Felsen besteht, so daß man den Toten nirgends begraben

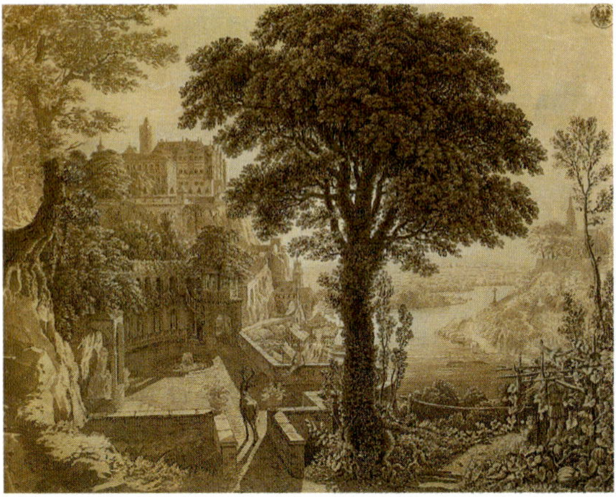

Karl Friedrich Schinkel (1781–1841), *Schloß am Strom*, um 1816, Feder und Pinsel mit schwarzer, grauer und blauer Tusche, laviert, weiß gehöht, 52,6 x 64,4 cm, Berlin, Kupferstichkabinett

kann, muß der Sarg vom Felsen herab auf einer Gondel über den Fluß gefahren und jenseits des Schlosses beigesetzt werden. Ein Hirsch, der keinen Grund mehr hat, sich vor dem Oberförster zu fürchten, ist aus dem Wald hervorgetreten, und ein kleines Kind bläst – als Zeichen der Vergänglichkeit – sogenannte Pusteblumen ab.

Leider hat sich Brentanos Steggreiferzählung nicht erhalten; Schinkels Zeichnung hingegen ist sogar zu einem Ölgemälde ausgeführt worden, das – im Sinne einer Verschwisterung aller Künste – als eine Symphonie romantischer Motive bezeichnet werden könnte. Der geheimnisvolle Zauber verlassener Schlösser, unvermutete Begegnungen, menschenleere Gärten und einsame Wälder, unbestimmtes Fernweh, Sehnsucht nach mediterraner Landschaft, alle Nähe und Weite der romantischen Literatur verbinden sich in diesem Bild zu einem unendlichen Geflecht von Beziehungen und Andeutungen. Fast scheint es, als habe Schinkel in diesem spielerischen Wettstreit gerade die Überlegenheit der Malerei demonstrieren wollen: da sie, statt einer Handlung feste Konturen, einen eindeutigen Ablauf mit Anfang und Ende zu geben, durch vielfache Anspielungen, mehrdeutige Hinweise sowie durch ihre religiöse Symbolik (Taube, Wein, Kreuz) eine potenzierte künstlerische Realität vor Augen führt.

In der romantischen Kunsttheorie ist gerade die Scheinhaftigkeit der Malerei – ihre Illusion von Raum, Licht, Bewegung – Zeichen ihrer Überlegenheit gegenüber anderen Kunstgattungen: die Unendlichkeit des Seins findet in der Unendlichkeit des Scheins analogen

Ausdruck. Dennoch – oder eben deswegen – tendiert Schinkels Komposition dazu, erneut in Literatur übersetzt zu werden: Die sorgfältig ausgeführten Einzelheiten – der mysteriöse Vorhof des Schlosses, der gewundene Strom, die Kathedrale, deren Silhouette in der Ferne emporragt, die beiden Kinder im Weingarten – sind ihrerseits verschlüsselte Geschichten, die erzählt werden wollen. Das Bild projiziert den literarischen Text in einen virtuellen Raum, in dem sich die einzelnen Motive zu neuen Konstellationen verbinden. Indem sie »das Bild (...) recht erfassen mit allen seinen Gestalten, Farben, Lichtern und Schatten« und in allen seinen »dunklen geheimnisvollen Ahnungen (...) ins äußere Leben tragen« (E. T. A. Hoffmann) verdichten Maler wie Poeten dieses bedeutungsvolle Kaleidoskop zu immer wieder anderen Bildern, Gemälden, Gedichten, Novellen.

Georg Friedrich Kersting (1785–1847), *Der elegante Leser*, 1812, Öl auf Leinwand, 47,5 x 37,5 cm, Kunstsammlungen zu Weimar, Schloßmuseum

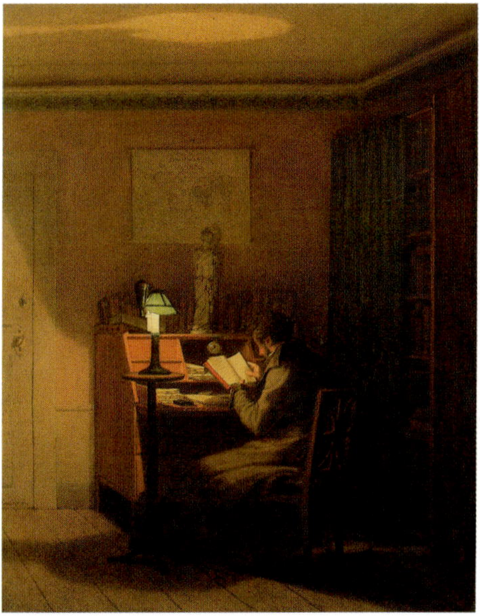

Die schöpferische Rezeption des Kunstwerks wird von den Romantikern als die einzig angemessene empfunden und von ihnen in Anlehnung an den philosophischen Gebrauch des Wortes als »Kritik« bezeichnet. Romantische Kritik meint einen künstlerischen Kommentar, der das Kunstwerk auf literarische, malerische oder auch musikalische Weise fortsetzt. »Der wahre Leser«, heißt es bei Novalis, »muß der erweiterte Autor sein«. Somit ist die Kritik einem jeden Kunstwerk als unverzichtbares produktives Element von Beginn an eingeschrieben.

Bereits Kant hatte in seiner *Kritik der Urteilskraft* (1790) erklärt, daß der ästhetische Eindruck von seiner sprachlichen Mitteilbarkeit abhängig sei. Die Romantik wird diesen Gedanken modifizieren, indem sie jede

Poesie kann nur durch Poesie kritisiert werden. Ein Kunsturteil, welches nicht selbst ein Kunstwerk ist, entweder im Stoff, als Darstellung des notwendigen Eindrucks in seinem Werden, oder durch eine schöne Form, und einen im Geist der alten römischen Satire liberalen Ton, hat gar kein Bürgerrecht im Reiche der Kunst. (Friedrich Schlegel, *Lyceum Fragment* 117)

Kommunikation über Kunst zum Kunstwerk stilisiert. Insofern ist auch der Leser und Betrachter, der das Kunstwerk aktiv und schöpferisch rezipiert, wie der Autor selbst, der das Werk hervorbringt und sich darin buchstäblich wiederfindet, Bestandteil einer umfassenden Poesie. Nicht nur der Künstler, sondern auch der Leser und Betrachter spiegelt sich im Kunstwerk, sobald er es – im romantischen Sinn – »kritisch« reflektiert und ergänzt. Die romantische Kunstkritik verwandelt das Werk in einen Dialog mit und über sich selbst und setzt es dadurch einem unendlichen Reflexionsprozeß aus, der es definitiv nicht mehr gestattet, zwischen den verschiedenen Bild-, Text- und Realitätsebenen eindeutig zu unterscheiden.

In diesem Spiegelkabinett der Kunst löst sich die Realität (das ist kein postmoderner, sondern ein genuin romantischer Gedanke) in reine Virtualität auf. Analog zur Grenzüberschreitung zwischen den verschiedenen Kunstgattungen wird die für die Logik der Aufklärung entscheidende Demarkationslinie zwischen Kunst und Realität durchlässig. Nicht selten ergänzen sich beide Bewegungen. So erinnert ein Bild (zumeist ein Porträt) den Betrachter an eine frühere Begebenheit und aktualisiert damit einen längst vergessenen Konflikt, der durch Kunst wieder zur Realität wird. Dabei nimmt das Geschehen oft phantastische oder unheimliche Züge an, wenn die im Bild dargestellte Person unversehens in der Wirklichkeit erscheint. Dieses aus der englischen Schauerliteratur übernommene Motiv, das etwa im Zentrum des seinerzeit berühmten Romans *Melmoth* (1820) von Charles Maturin (1780–1824) steht, wird in der deutschen Romantik noch einmal potenziert, indem nicht mehr die porträtierten Ahnen durch die Wirklichkeit geistern, sondern das Kunstwerk selbst reales Leben gewinnt.

Insbesondere E. T. A. Hoffmann hat mit dieser Überschreitung experimentiert: Gestalten eines alten Wandgemäldes und archaisch gekleidete Personen der Gegenwart verschmelzen in den Augen des angehenden Künstlers zu einer unauflöslichen Identität (*Der Artus-*

Gegenüberliegende Seite unten: Johann Erdmann Hummel (1769–1852), *Die Granitschale im Berliner Lustgarten*, 1831, Öl auf Leinwand, 66 x 89 cm, Berlin, Nationalgalerie
Der seltsame Spiegeleffekt des glattgeschliffenen Granits war für die Zeitgenossen vielfach Gegenstand populärwissenschaftlicher Diskussionen.

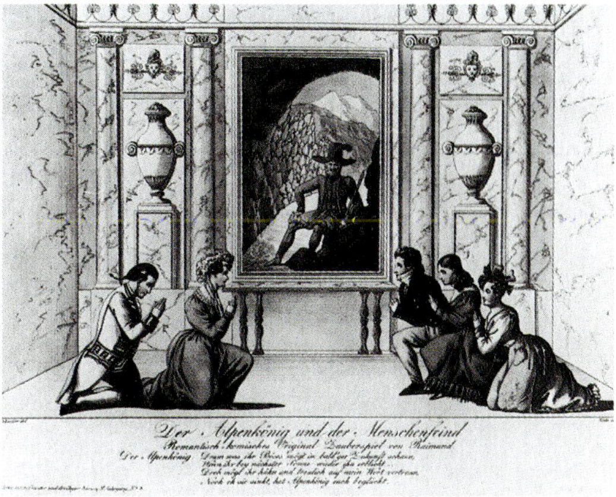

Szenenbild aus Ferdinand Raimunds *Der Alpenkönig und der Menschenfeind*, 1828, kolorierter Kupferstich von Johann Wenzel Zinke nach Christian Schoeller

hof, 1817); Bilder verwandeln sich in Visionen oder Tagträume, die sich schließlich als beglückende oder bedrohliche Wirklichkeit erweisen (*Die Elixiere des Teufels*, 1815); ein »reales« Gemälde – »das durch die Berliner Kunstausstellung 1814 bekannte heitere lebenskräftige Bild« von Johann Erdmann Hummel (1769–1852), der übrigens Sinn für poetische Spiegeleffekte hatte – erweist sich als Jugenderinnerung nicht etwa des Malers, sondern einer literarischen Gestalt Hoffmanns namens Theodor, der in der Erzählung *Die Fermate* ausführlich berichtet, wie es zu der dargestellten Szene gekommen ist. Und damit nicht genug. In Eichendorffs Novelle *Aus dem Leben eines Taugenichts* (1826) wiederholt sich Theodors Erlebnis

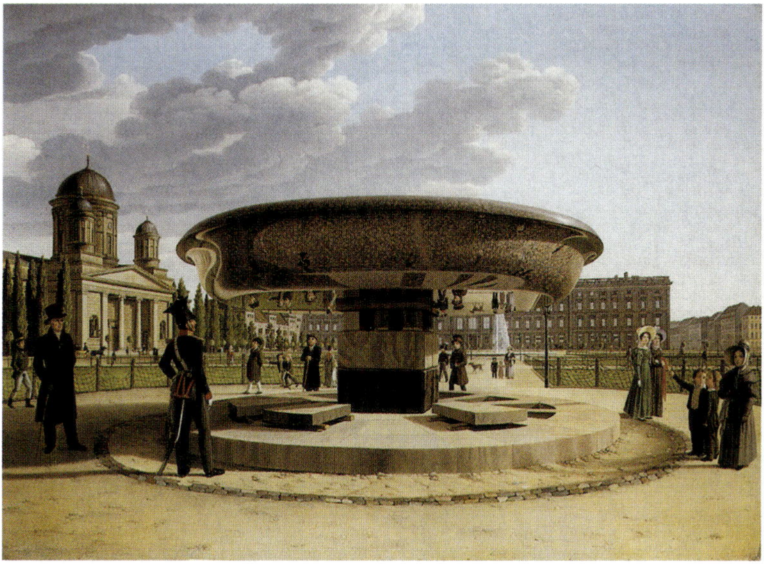

(das ironisch als Fiktion entlarvt wird), während Hummels Bild (in der Vorstellung des Taugenichts) erneut zur Realität geworden ist.

Indem sich die Unterschiede zwischen Fiktion und Wirklichkeit tendenziell auflösen, ist auch die Differenz von subjektiver Wahrnehmung und objektiver Realität (und damit die Grundlage der wissenschaftlichen Empirie) in Frage gestellt. In Achim von Arnims Erzählung *Die Majoratsherren* (1819) gelangt der Protagonist, der in seiner eigenen poetischen Welt lebt, zu genaueren Einsichten als die seiner ebenso vernünftigen wie verlogenen Umgebung, und in Ludwig Tiecks *Liebeszauber* (1811) wird der Leser bis zum Schluß darüber im Unklaren gehalten, ob der Kindermord, den der Protagonist zu beobachten glaubt, Produkt seines fortgeschrittenen Deliriums oder grausame Wirklichkeit gewesen ist.

Häufig wird dabei auf eine autoritative Instanz verzichtet, die über den Wahrheitsgehalt des Erzählten letztlich entscheidet, und zwar zugunsten einer etwas mysteriösen Gestalt, die – wie Meister Abraham in E. T. A. Hoffmanns *Kater Murr*, aber auch der schon erwähnte Erzähler des Märchens *Hinkel, Gockel und Gackileia* – zugleich innerhalb und außerhalb der Erzählung figuriert. Derlei Grenzgänger sorgen dafür, daß die unterschiedlichen Kunst- und Realitätsebenen »potenziert« erscheinen, so daß sich Kunst und Realität gegenseitig spiegeln und dadurch vervielfältigen. Auf diese Weise kann sich auch der Autor – wie in Brentanos »verwildertem Roman« *Godwi* – mit einer seiner literarischen Gestalten treffen und mit ihr verschiedene Varianten ihres weiteren Schicksals diskutieren. Das romantische Denken hat die Theorie der möglichen Welten, die Planspiele und die virtuellen Medientechniken der heutigen Zeit nicht nur vorweggenommen, sondern ist in seinen Konsequenzen noch weit darüber hinausgegangen.

Die adäquate Anschauung jener »unendlichen Reflexion« wird in der romantischen Kunsttheorie als »Ironie« bezeichnet. Romantische Ironie impliziert das

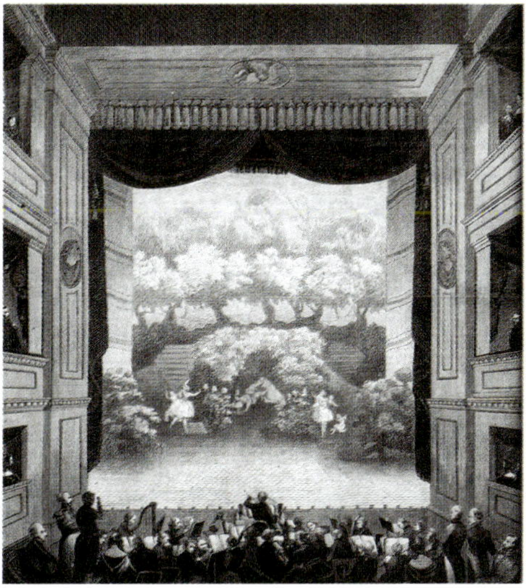

Johann Carl Gerst (1792–1854), Bühnenbild in Tiecks *Sommernachtstraum*-Inszenierung, 1843, zeitgenössische Lithographie

Bewußtsein, autonomes Subjekt und zugleich Romanfigur zu sein, freies, sich selbst bestimmendes Individuum und zugleich eine *dramatis persona*, deren Rolle und Handlungen in einer ziemlich absurden Tragikomödie festgelegt sind. Der Wirt in Tiecks satirischem (heute leider vergessenem) Stück *Die Verkehrte Welt* (1800) ist geradezu eine Verkörperung der romantischen Ironie: eine paradoxe Doppelgestalt, die über ihre Existenz und Nicht-Existenz innerhalb und außerhalb ihrer Theaterrolle meditiert.

Wenn das Stück, in dem er, freiwillig oder unfreiwillig, den obligatorischen Wirt und zugleich sich selbst spielen muß, »Verkehrte Welt« heißt, bedeutet dies auch, daß diese Welt der Könige, Minister und Spitzbuben, die in ihrer ganzen Banalität nicht nur auf der Theaterbühne existiert, eine definitiv verkehrte Welt ist, daß man sie umkehren und somit vom Kopf auf die Füße stellen könnte.

Der Wirt: Wenige Gäste kehren jetzt bei mir ein, und wenn das so fort währt, so werde ich am Ende das Schild noch gar einziehen müssen – Ja sonst waren noch gute Zeiten, da wurde kaum ein Stück gegeben, in welchem nicht ein Wirtshaus mit seinem Wirte vorkam. Ich weiß es noch, in wie vielen hundert Stücken bei mir in dieser Stube hier die schönste Entwicklung vorbereitet wurde. Bald war es ein verkleideter Fürst, der hier sein Geld verzehrt, bald ein Minister, oder wenigstens ein reicher Graf, die sich alle bei mir aufs Lauern legten. Ja sogar in allen Sachen, die aus dem Englischen übersetzt wurden, hatte ich meinen Taler Geld zu verdienen. Manchmal mußte man freilich auch in einen sauren Apfel beißen, und verstelltes Mitglied einer Spitzbubenbande sein, wofür man dann von den moralischen Personen rechtschaffen ausgehunzt wurde; indessen war man doch in Tätigkeit. – Aber jetzt! – Wenn auch jetzt ein fremder reicher Mann von der Reise kommt, so quartiert er sich originellerweise bei einem Verwandten ein, und gibt sich erst im fünften Akt zu erkennen; andere kriegt man nur auf der Straße zu sehen, als wenn sie in gar keinem honetten Hause wohnten; – dergleichen dient zwar, die Zuschauer in einer wunderbaren Neugier zu erhalten, aber es bringt doch unser eins um alle Nahrung.
(Ludwig Tieck, *Die Verkehrte Welt*, 1800)

Die romantische Poesie ist eine progressive Universalpoesie. Ihre Bestimmung ist nicht bloß, alle getrennte Gattungen der Poesie wieder zu vereinigen und die Poesie mit der Philosophie und Rhetorik in Berührung zu setzen. Sie will und soll auch Poesie und Prosa, Genialität und Kritik, Kunstpoesie und Naturpoesie bald mischen, bald verschmelzen, die Poesie lebendig und gesellig und das Leben und die Gesellschaft poetisch machen, den Witz poetisieren und die Frommen der Kunst mit gediegnem Bildungsstoff jeder Art anfüllen, sättigen und durch die Schwingungen des Humors beseelen. (Friedrich Schlegel, *Athenäum-Fragmente*, 1798)

Doch auch dieser revolutionäre Akt würde in der poetischen Logik keine reale Veränderung bedeuten, sondern wäre nur ein weiterer Aufzug innerhalb des alles umfassenden Welttheaters: eine unter vielen anderen Episoden des universalpoetischen Romans, in dem sich literarische Gestalten als reale Personen erweisen und die Wirklichkeit als Nachahmung der Kunst erscheint. Dabei ist der Rückgriff auf den mittelalterlich-barocken Topos des *theatrum mundi* nicht zuletzt ein Versuch, die heillos fragmentierte Welt »ironisch« wieder als Ganzes betrachten zu können.

Auf eindrucksvolle Weise hat Friedrich Schinkel dieses romantische Welttheater in Szene gesetzt. Der universalpoetische Künstler par excellence, der als Architekt und Maler die bildende Kunst in Deutschland maßgeblich beeinflußt, aber auch Kostüme und Bühnenbilder, Möbel und Keramiken entworfen hat, ist auch als Städteplaner tätig gewesen; seine Bauten und Entwürfe haben das Berliner Stadtbild des 19. Jahrhunderts entscheidend geprägt. Als am 26. Mai 1821 das neue Schauspielhaus in Berlin eingeweiht und der von Goethe eigens zu diesem Anlaß gedichtete Prolog vorgetragen wurde, blickte das Publikum auf ein Bühnenbild, das ihm zum Hintergrund hin »eine freie Ansicht über Berlin gestattete, aus dessen Mitte sich das neue Schauspielhaus (...) in seiner ganzen Hauptform hervorhob und dem Zuschauer auch die äußere Form des

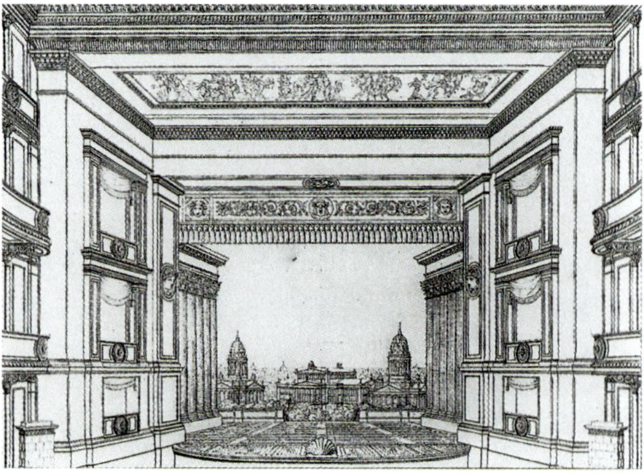

Karl Friedrich Schinkel (1781–1841), Darstellung auf dem Eisernen Vorhang des Schauspielhauses, Vorzeichnung, 1821, Feder und Tusche, 32,1 x 42,9 cm, Berlin, Kupferstichkabinett

eben eingeweihten Gebäudes vergegenwärtigte«. Mit diesem ebenso einfachen wie subtilen Bühnenbild hat Schinkel das Gala-Publikum in ein Spiegelkabinett versetzt, das zugleich als künstlerisches Programm eines neuen romantischen Theaters verstanden werden konnte: Im Innern eines Theaters erblickt man dessen Außenseite, von außen blickt man auf ein Theater, in dessen Innern man sitzt und dabei auf ein anderes Theater schaut, das in Wirklichkeit das eigene ist. Der Blick auf die äußere Realität ist zugleich ein Blick nach Innen. Die romantische Malerei hat diesen Doppelblick des Betrachters auf unterschiedliche Weise thematisiert, sie hat – wie Kleist spontan erkannt hatte – das innere wie das äußere Sehen zum Bildgegenstand erhoben.

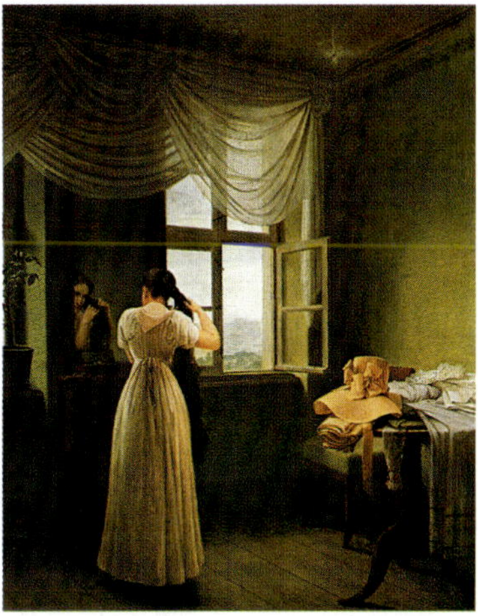

Georg Friedrich Kersting (1785–1847), *Vor dem Spiegel*, 1827, Öl auf Holz, 46 x 35 cm, Kunsthalle zu Kiel

Carl Gustav Carus (1789–1869), *Kahnfahrt auf der Elbe*, 1827, Öl auf Leinwand, 29 x 22 cm, Düsseldorf, museum kunst palast

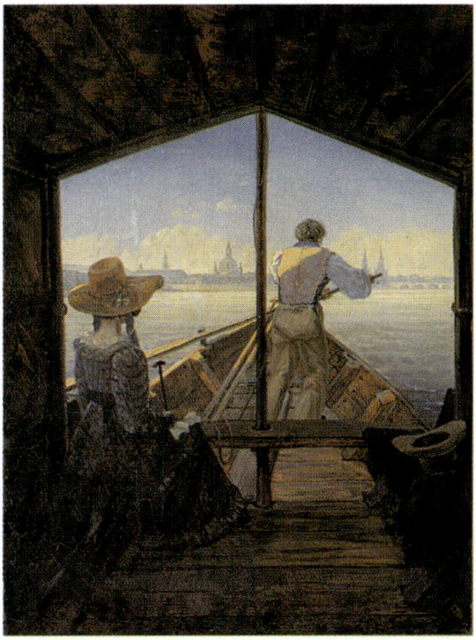

Das gilt nicht nur für Caspar David Friedrich, der in vielen seiner Werke Betrachterfiguren in das Zentrum seiner Komposition gestellt hat: als suggestives Identifikationsangebot an den realen Betrachter, der auf diese Weise unweigerlich in das Bild hineingerät. Auch andere Maler wie Carus, Kersting oder Dahl und immer wieder Schinkel haben die Betrachtung des Bildes und damit zugleich die Selbstbetrachtung als künstlerisches Thema aufgenommen oder – wie Pernot oder Gubernatis – unabhängig von der deutschen Tradition entwickelt. Häufig wird der Blick des Betrachters durch eine den Blickwinkel verkleinernde Öffnung oder unter einen Brücken- oder Torbogen hindurchgeführt und damit die Betrachtung eines bestimmten Gegenstandes sowohl als optisches wie auch als psychisches

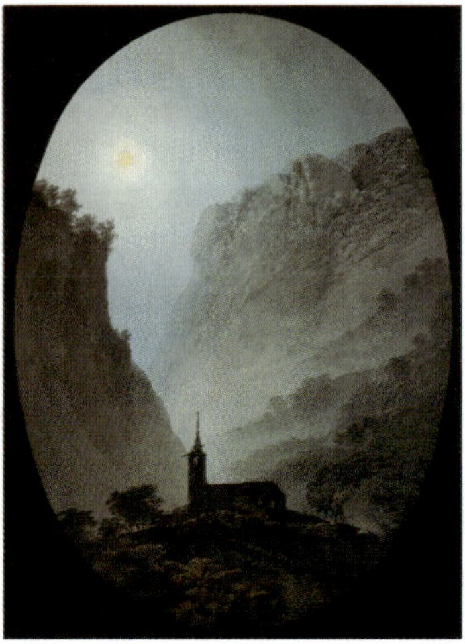

Giovanni Battista de Gubernatis (1774–1837), *Oval mit kleiner Kirche und Kirchturm*, 1820, Aquarell auf Papier, 38 x 53,3 cm, Turin, Galleria Civica d'Arte Moderna

Gegenüberliegende Seite unten: Caspar David Friedrich (1774–1840), *Frau in der Morgensonne (Frau vor der untergehenden Sonne)*, um 1818–20, Öl auf Leinwand, 22 x 30 cm, Essen, Museum Folkwang

Phänomen erfahrbar gemacht. Der natürliche Rahmen, der sich dem Blick entgegenstellt und ihn zugleich auf die eigentliche Szenerie lenkt, korrespondiert den realen Seherfahrungen und erhöht somit die Bildillusion, reflektiert aber dabei zugleich die Bedingungen und Möglichkeiten der imaginären Teilhabe an dem Dargestellten.

In diesen Zusammenhang gehört auch das in der Malerei ebenso wie in der Literatur verbreitete Fenster-Motiv. Der Blick aus dem Fenster galt seit der Renaissance als Modell der »hochedlen Malkunst« (Leon Battista Alberti, 1404–1472), die – im perspektivisch richtigen Maßstab – den Durchblick auf eine nahe oder ferne, in jedem Fall aber unzugängliche Szenerie eröffnete, da die dargestellten Personen und Dinge (im Unterschied zur Skulptur) nicht berührbar waren, dafür aber mit größerer Illusion auf den Betrachter wirken konnten. Die romantische Malerei, die diese reine Sichtbarkeit als Metapher des Unendlichen versteht, wird dieses Fenster nunmehr im Bild selbst darstellen und somit verdoppeln. So hat Georg Friedrich Kersting in seinem Altelierbild durch das helle Fenster den Kontrast zwischen der

Caspar David Friedrich, *Frau am Fenster*, 1822, Öl auf Leinwand, 44 x 37 cm, Berlin, Nationalgalerie

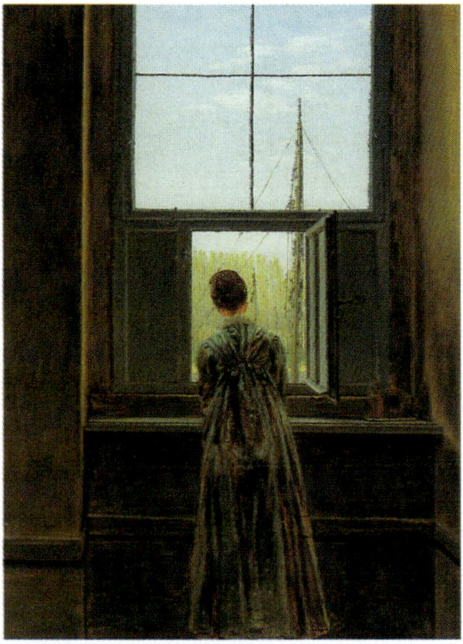

kargen Realität und der sie überschreitenden Imagination des Malers zur Anschauung gebracht und damit seinerseits einen kunstkritischen Kommentar zu C. D. Friedrichs Malerei gemalt. Der Blick des Betrachters fällt in einen kargen, etwas düsteren, aber von intimer Häuslichkeit geprägten Innenraum, dessen einziges Fenster den Blick auf eine unerreichbare Ferne, auf einen jenseitigen Bereich der Transzendenz und damit zugleich auf die Arbeit des Malers richtet. Und wie man aus der romantischen Literatur erfahren kann, erweisen sich dergleichen Fenster bisweilen auch als Türen, die nicht nur einen vagen Blick, sondern konkreten Zugang zu einem »phantastischen Zauberreich« gewähren – oder aber in eine unheimliche Schattenwelt führen.

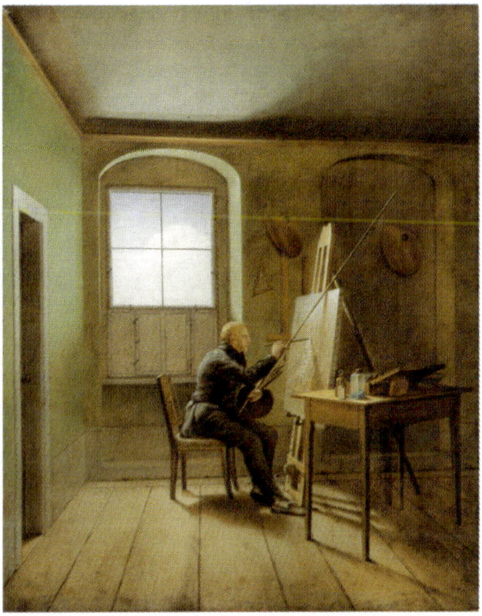

Georg Friedrich Kersting (1785–1847), *Caspar David Friedrich in seinem Atelier*, 1811, Öl auf Leinwand, 54 x 32 cm, Hamburger Kunsthalle

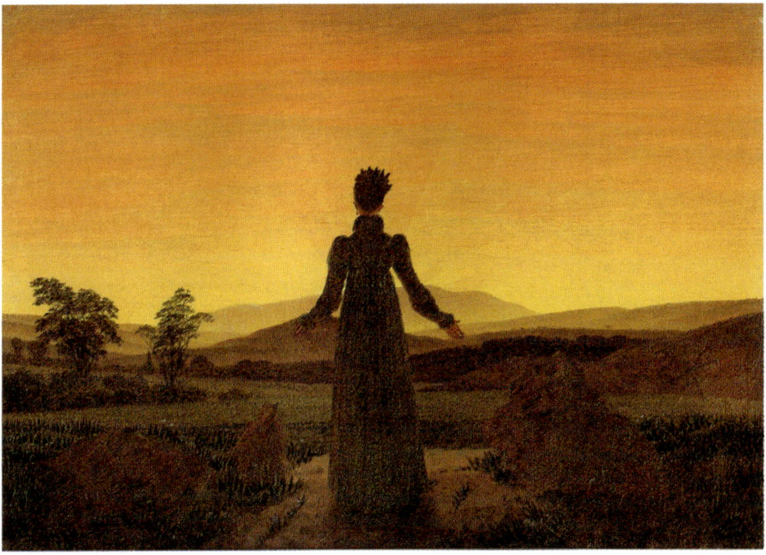

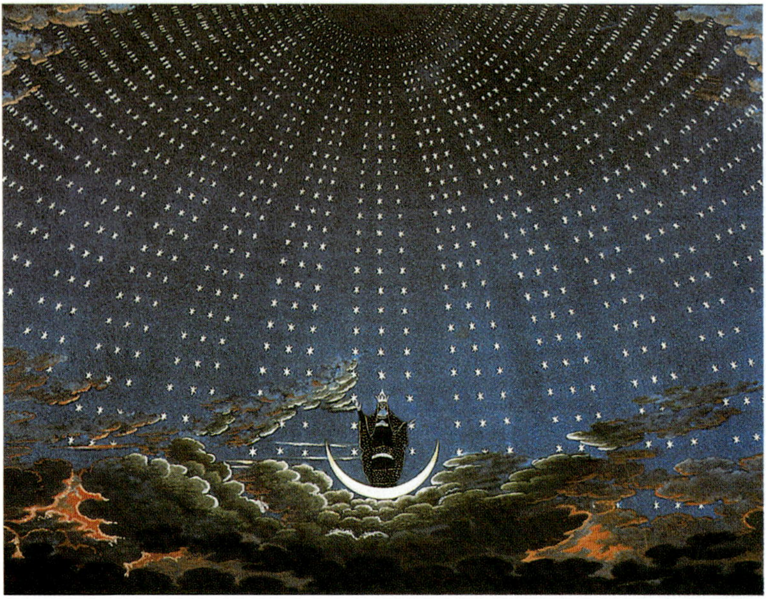

Karl Friedrich Schinkel (1781–1841), *Sternenhalle der Königin der Nacht*, 1815, Bühnendekoration zu Mozarts *Zauberflöte*, Gouache 46,3 x 61,6 cm, Berlin, Kupferstichkabinett

Im Zauberreich der Musik

Die »sternflammende Königin der Nacht«, die vor dieser imposanten Kulisse erscheinen wird, ist das genaue Gegenteil von Runges ätherischer Aurora: eine grandiose archaische Frauengestalt, die gegenüber der emanzipierten Männergesellschaft ihre angestammten Rechte einfordert. Gegenüber dem moralischen Rigorismus und der Dynamik der aufgeklärten Freimaurer ist ihre nächtliche Welt dem Untergang geweiht, aber Mozart hat ihr ein musikalisches Denkmal gesetzt, das sich unüberhörbar von Sarastros (ihres männlichen Gegenspielers) biederer Arie »Ein Mann muß eure Herzen leiten« beziehungsweise von Taminos (des jugendlich-naiven Helden) schwärmerischer Liebeserklärung an ein Porträt »Dies Bildnis ist bezaubernd schön« abhebt. In ihrer scheinbar konventionellen, zugleich aber melodisch unglaublich dichten Bravour-Arie (die darum auch zu den schwierigsten Partien der Musikliteratur gehört) weiß die Herrscherin der Nacht einer ganzen Skala spannungsgeladener und widersprüchlicher Gefühle – Stolz auf ihre überkommene

Macht, Haß auf den männlichen Usurpator, Liebe zu ihrer entführten Tochter, Furcht um ihr Schicksal und Hoffnung auf ihre Befreiung – Klang und Ausdruck zu geben.

Die künstlerische Vielschichtigkeit dieses (alles andere als frauenfeindlichen) Musikwerks hat Friedrich Schinkel in seinem Bühnenbild auf singuläre Weise verdeutlicht. Seine Dekorationen zu Mozarts *Zauberflöte*, die anläßlich der preußischen Krönungsfeierlichkeiten von 1816 und dem großen Friedensfest zur Befreiung von der napoleonischen Fremdherrschaft entstanden sind, haben in der Tat Theatergeschichte gemacht. Sie stehen zunächst im Zusammenhang mit der Bühnenreform des Berliner Generalintendanten Carl von Brühl, der im Unterschied zu den schablonenhaften Kulissen, den standardisierten Kostümen und den austauschbaren Requisiten der damaligen Theaterpraxis eine differenzierte, historisch möglichst genaue und dem Text des Singspiels individuell angemessene Ausstattung forderte. Schinkels eigene Innovation geht indessen noch einen Schritt weiter: seine Bühnenmalerei soll nicht nur eine der Handlung adäquate Kulisse abgeben, sondern die Handlung zugleich kommentieren.

Das Bühnenbild wird damit – ganz im Sinne der romantischen Kunstkritik – selbst zum Kunstwerk, das, indem es die inszenierte Handlung nicht nur deutet, sondern auch potenziert, seinerseits einer potenzierten Erklärung bedarf. Was Schinkel mit seinem Szenenbild vor Augen führt, ist die noch ungebrochene Erscheinungsmacht der nächtlichen Königin, die sich durch »Donner« und – indem sich die »Berge teilen« – durch eine apokalyptische Schreckensvision ankündigt. Die Natur öffnet sich und gewährt, wenn auch nur für einen szenischen Moment, dem Prinzen (wie dem Zuschauer) einen Blick in ein Jenseits. Die Königin thront auf einer silberweißen Mondsichel (ein altes und vieldeutiges weibliches Symbol) über schwärzlichen, infernalisch anmutenden Wolkenballungen, in denen rotes Feuer aufblitzt: Tagesreste der solaren

Tamino: Ihr Götter! Was ist das?
Die drei Damen: Fasse dich!
Erste Dame: Es verkündet die Ankunft unserer Königin. (Donner.)
Die drei Damen: Sie kommt! (Donner.) Sie kommt! (Donner.) Sie kommt!
Verwandlung
Die Berge teilen sich auseinander, und das Theater verwandelt sich in ein prächtiges Gemach.
(Emanuel Schikaneder/ Wolfgang Amadeus Mozart, *Die Zauberflöte*, 1791)

Aktivität, zugleich aber auch Reflexe einer bedrohlichen Unterwelt, in der vulkanische Energien lauern. Darüber wölbt sich der nächtliche Himmel, aus dem eine unendliche Fülle von Sternen in glänzenden Meridianen herabströmt und damit an die christliche *Regina Stellae* (Sternenkönigin) und Gottesmutter erinnert.

Doch im Unterschied zu Runge, dessen Kunstmythologie die archaischen Symbole und Gestalten zu synthetisieren sucht, geht es Schinkel darum, die Widersprüche hervorzukehren, und der erfahrene Architekturzeichner bedient sich zu diesem Zweck einer perspektivischen Zweideutigkeit: je nach Orientierungspunkt erscheint dem Blick des Publikums die erhabene Himmelskuppel entweder konkav oder konvex, dergestalt daß sie die ganze Szenerie mitsamt dem Zuschauer umfängt und die sternflammende Königin in ihrem Zentrum thronen läßt, oder aber sich nach hinten wölbt und damit die Welt des Zuschauers ausschließt, indem sie nur noch als unerreichbar ferner Horizont erscheint. In diesem Fall befindet sich die Königin, die gerade aus dem brodelnden Wolkenmeer emporgetaucht ist und nun auf ihrem lunearen Boot balanciert, auf der Grenze zwischen Diesseits und Jenseits und damit außerhalb ihrer eigenen »Sternenhalle«. Die Himmelssphäre erweist sich als zweideutig, wo nicht trügerisch, sie umfängt nicht mehr harmonisch die Welt der Kunst und der Realität. Auch die Musik der *Zauberflöte* bewegt sich wie die des *Don Giovanni* dicht am »Rande eines bodenlosen Abgrunds« (E. T. A. Hoffmann).

Die Ambivalenz, die Schinkels doppelte Perspektive zum Ausdruck bringt, bezeichnet zugleich einen Zwiespalt innerhalb der romantischen Musikästhetik. In der Musik der romantischen Epoche entstehen zunehmend Klangbilder, die sich von der vorangehenden Harmonik deutlich unterscheiden. Allerdings ist der Begriff »romantisch« musikgeschichtlich sehr weit gefaßt. Im Gegensatz zur Literatur und bildenden Kunst des 19. Jahrhunderts, die durch eine ganze Reihe analoger Epochenbegriffe – Biedermeier, Vormärz, Realismus, Naturalismus, Jugendstil – zeitlich voneinander

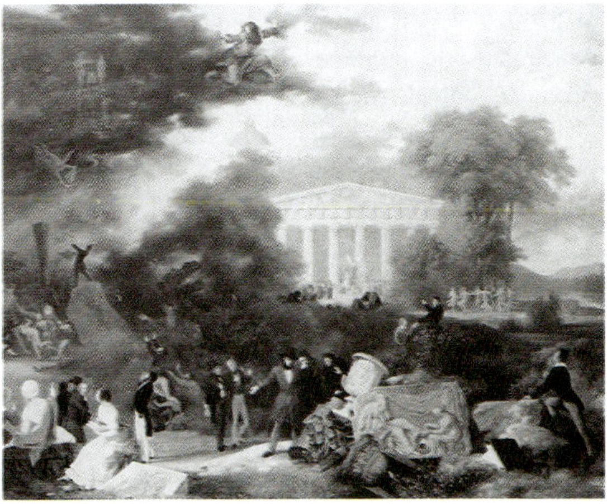

Bernard-Prosper Debia (1791–1876), *Klassik und Romantik*, 1800, Öl auf Leinwand, 81,5 x 101 cm, Montauban, Musée Ingres

abgesetzt werden können, bleibt die Musik bis ins 20. Jahrhundert »romantisch« und wird allenfalls von einigen Autoren in »neuromantisch« oder »spätromantisch« unterschieden.

Diese auch begriffliche Dominanz des Romantischen ist zumindest für die Musikgeschichte in Deutschland charakteristisch, die im letzten Jahrhundertdrittel von der Gestalt Richard Wagners (1813–1883) geprägt ist, und zwar weniger aufgrund bestimmter stilistischer Qualitäten, sondern vor allem, weil Wagners »Gesamtkunstwerk« und schließlich sein »Bühnenweihespiel« die frühromantischen Postulate nach Vereinigung aller Künste, nach neuer Mythologie, nach einer neuen Sakralisierung der Kunst einzulösen scheint. Zudem betont Wagner mit einer gewissen Insistenz das von der Romantik wiederentdeckte ekstatische Moment der Musik, das Nietzsche (1844–1900) »dionysisch« genannt hat, um auf diese Weise – wiederum in romantischer Tradition – sowohl den kultischen Ursprung des Musikalischen als auch dessen religiöse Ersatzfunktionen zu bezeichnen. Auch die Todessehnsucht, die damit ins Spiel kommt und – Schopenhauer (1788–1860) zufolge – in der Musik ihren eigentlichen künstlerischen Ausdruck findet, ist ein genuin romantisches Motiv.

Charakteristisch allerdings für die musikalische Romantik ist der literarische Einfluß: neue Sujets gelangen nunmehr auf die Opernbühne, Volkssagen, Märchenstoffe, Spukgeschichten werden vertont, darüber hinaus aber auch literarische Stoffe in Programmsymphonien verarbeitet, welche die Handlung – beispielsweise Byrons *Childe Harolds Pilgerfahrt* (Héctor Berlioz, 1803–1869), Goethes *Faust* (Franz Liszt, 1811–1886) oder *Peer Gynt* (Edvard Grieg, 1843–1907) – musikalisch nachvollziehen. Dazu gehören auch allgemeine szenische Vorlagen, Reiseschilderungen, Idyllen, wie Felix Mendelssohn-Bartholdys (1803–1847) *Meeresstille und glückliche Fahrt*, aber auch schon Beethovens (1770–1827) Pastoralsymphonie. Tonmalerische Elemente verdichten sich, vermehrt werden volkstümliche Melodien der zugleich immer subtileren Tonsprache und ihrer immer eigenwilligeren Harmonik einverleibt und mit steigendem Nationalbewußtsein auch das musikalische Lokalkolorit hervorgehoben, insbesondere in der russischen (Michail Glinka, 1804–1857; Modest Mussorsky, 1839–1881), tschechischen (Friedrich Smetana, 1824–1884, Antonín Dvořák, 1841–1904), aber auch in der deutschen Musik (Johannes Brahms, 1833–1897).

E. T. A. Hoffmann, der den Begriff »romantisch« erstmals auf die Musik anwendet, meint damit allerdings weniger die zeitgenössische Musik als vielmehr eine bestimmte musikalische Auffassung, die nicht einfach der Unterhaltung und Zerstreuung des Publikums dient, sondern diesem innerste Aufmerksamkeit und Anteilnahme abverlangt. Das gilt für die ältesten italienischen Kirchenmusiker ebenso wie für Johann Sebastian Bach (1685–1750) und Willibald Gluck (1714–1787), der in Hoffmanns ersten Erzählungen als »Gespenst« erscheint. Beethovens Instrumentalmusik ist für Hoffmann der Inbegriff des Romantischen, da sie, »sich von einem Höhepunkt zum nächsten steigernd«, den Zuhörer unwiderstehlich in das »Geisterreich des Unendlichen« hinüberzieht; aber auch Franz Joseph Haydn (1732–1809), der »das Menschliche im musikalischen Leben romantisch« auffaßt und daher allgemein verständlich ist, und insbesondere Wolfgang Amadeus Mozart (1756–1791) werden der romantischen Bewegung zugerechnet. Die Transzendierung der Wirklichkeit – die Befreiung von der alltäglichen Realität mit ihren Vernunftregeln und Konventionen und der zumindest zeitweise Übergang in eine bessere, poetische Welt – ist das gemeinsame Ziel der romantischen Musik.

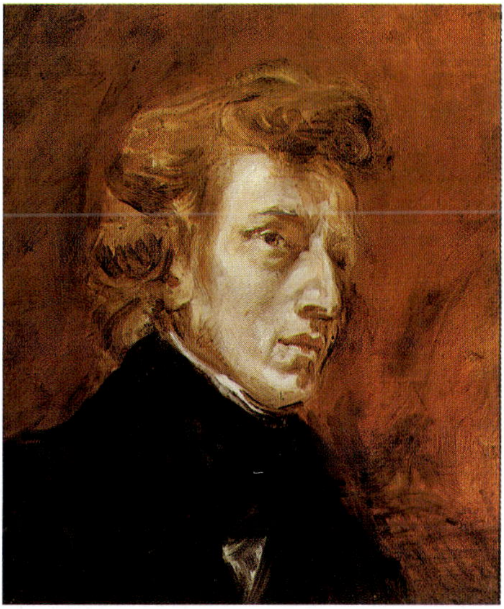

Eugène Delacroix (1798–1863), *Chopin*, 1838, Öl auf Leinwand, 45 x 38 cm, Paris, Musée du Louvre

Wie in der bildenden Kunst die Auflösung der festen Raumgrenzen, so ist in der Musik die Durchbrechung der traditionellen Harmonielehre Kennzeichen des Romantischen. Das Zeitalter der Aufklärung hatte ein Harmoniekonzept entwickelt, demzufolge die musikalische Komposition die ganze Vielfalt von einzelnen Tonkörpern, gegenläufigen Stimmen und widersprüchlichen Themen zu einem einheitlichen Klang verbinden und einer tonal eindeutigen Lösung zuführen sollte. Dieses künstlerische Prinzip war zugleich Abbild eines unbedingten Aufklärungsoptimismus: in der besten aller Welten zu leben (Gottfried Wilhelm Leibniz, 1646–1716) oder diese durch kollektive Anstrengung und zivilisatorischen Fortschritt selbst hervorbringen zu können (Immanuel Kant, 1724–1804); es lag so unterschiedlichen Werken wie den Festmusiken Georg

Wie ist die Musik so etwas höchst Wunderbares, wie wenig vermag doch der Mensch ihre tiefen Geheimnisse zu ergründen! – Aber wohnt sie nicht in der Brust des Menschen selbst und erfüllt sein Inneres so mit ihren holden Erscheinungen, daß sein ganzer Sinn sich ihnen zuwendet und ein neues verklärtes Leben ihn schon hienieden dem Drange, der niederdrückenden Qual des Irdischen entreißt? (…) [Auf diese Weise] vermag er die Sprache jenes unbekannten romantischen Geisterreichs zu reden, und er ruft, unbewußt, (…) alle die herrlichen Erscheinungen aus seinem Innern hervor (…). Die Musik schließt dem Menschen ein unbekanntes Reich auf, eine Welt, die nichts gemein hat mit der äußeren Sinnenwelt, die ihn umgibt, und in die er alle bestimmten Gefühle zurückläßt, um sich einer unaussprechlichen Sehnsucht hinzugeben (…) und mitten in diesem aufgeschlossenen Geisterreiche horcht die entzückte Seele der unbekannten Sprache zu und versteht alle die geheimsten Ahnungen, von denen sie ergriffen. (E.T.A. Hoffmann, *Ombra adorata*, 1812)

Friedrich Händels (1685–1759) und Jean-Baptiste Lullys (1632–1687), den *Concerti grossi* der italienischen Tradition, in denen die prononcierten Gegensätze immer wieder feierlich versöhnt werden, wie auch den frühen Symphonien Haydns und Mozarts zugrunde.

Doch bereits in Mozarts späteren Kompositionen erscheint das harmonische Klangbild eingetrübt, die Tonart zweifelhaft, gleichsam im Zwiespalt mit sich selbst, und Beethoven wird seine Hörer – für heutige Ohren kaum noch vorstellbar – tonalen Zerreißproben aussetzen, um sie schließlich von den unaufhörlich einfließenden Dissonanzen durch gesteigerte rhythmische Kraftanstrengungen zu erlösen. Die nachfolgende, im heutigen Sprachgebrauch »romantische« Musik wird jenen Harmonieglauben immer mehr in Zweifel ziehen, aber doch nur sehr langsam und schmerzvoll von diesem musikalischen Hoffnungsträger Abschied nehmen.

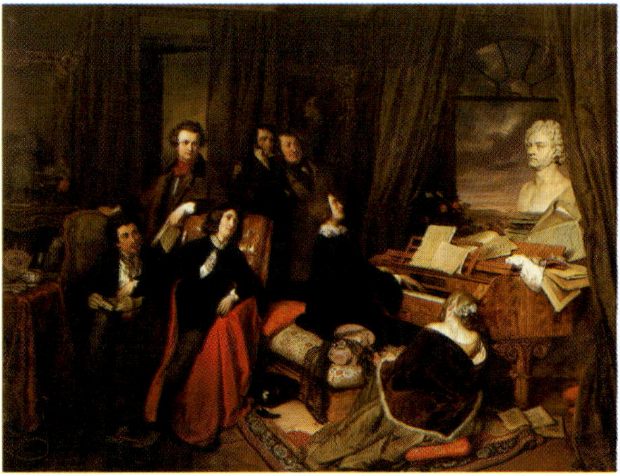

Josef Danhauser (1805–1845), *Liszt am Flügel*, 1840, Öl auf Holz, 119 x 167 cm, Berlin, Nationalgalerie
Der Komponist spielt auf einem Flügel der Firma Graf, die das Bild in Auftrag gegeben hat; zu seinen Füßen liegt die Gräfin Marie d'Agoult, seine Geliebte; im Sessel sitzen George Sand und Alexandre Dumas, hinter ihnen stehen Berlioz, Rossini und Paganini.

In der frühromantischen Kunsttheorie wird der Musik die paradoxe Fähigkeit zugesprochen, sowohl die klassische Forderung nach vollendeter Form zu erfüllen, als auch diese zugleich im romantischen Sinn zu transzendieren. Die musikalische Harmonik kann dabei als Verheißung eines künftigen, alle gesellschaftlichen Widersprüche aufhebenden utopischen Zustands der Menschheit verstanden werden; sie ist aber auch und vor allem Erinnerung an eine vollkommene Kommunikation zwischen Mensch und Natur in ihrem paradiesischen Urzustand.

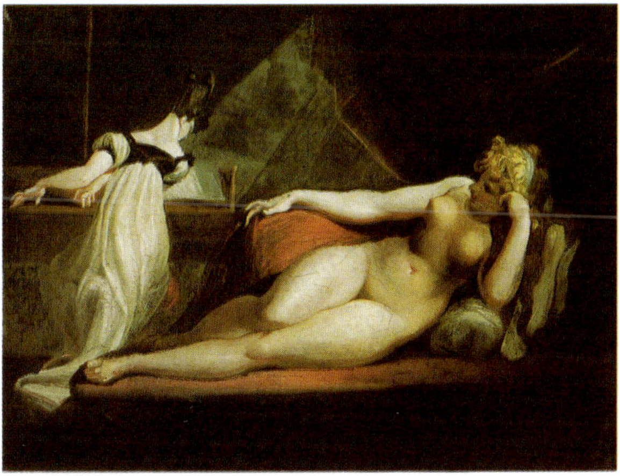

Johann Heinrich Füssli (1741–1825), *Akt mit Klavierspielerin*, 1799/1800, Öl auf Leinwand, 71 x 91 cm, Basel, Kunstmuseum, Öffentliche Kunstsammlung

Dieser Gedanke liegt dem ersten kunsttheoretischen Traktat zugrunde, das der Musik explizit eine privilegierte Rolle innerhalb des Systems der Künste zuweist: *Das eigentümliche innere Wesen der Tonkunst und die Seelenlehre der heutigen Instrumentalkunst* (1797) von Heinrich Wilhelm Wackenroder (1773–1798) und Ludwig Tieck (1773–1853). Der Text beginnt mit einer musikgeschichtlichen Skizze. Zunächst wird ein roher Ursprung der Musik konstatiert: der Ton sei ursprünglich ein »grober Stoff« gewesen, »in welchem die wilden Nationen ihre unförmlichsten Affekte auszudrücken strebten«; und erst in den letzten Jahrhunderten habe sich die Musik in ein »kunstreiches System« verwandelt, so daß »auch in diesem Stoff, so wie in den Künsten der Formen und Farben, ein sinnliches Abbild und Zeugnis, von der schönen Verfeinerung und Vervollkommnung des heutigen menschlichen Geistes, niedergelegt worden« sei. Im Gegenzug wird dieser aufklärerische Fortschrittsgedanke durch die romantische Ergänzung modifiziert, daß kulturelle Höherentwicklung nur im Rückgriff auf frühere Stadien der Menschheitsgeschichte möglich sei: »dies konnte aber nicht anders geschehen, als daß zuvor mehrere weise Männer in die Orakelhöhlen der verborgensten Wissenschaft hinunterstiegen, wo die allzeugende Natur selbst ihnen die Urgesetze des Tons enthüllte«. Die Musik wird als »die jüngste unter allen Künsten« bezeichnet: also als diejenige Kunstgattung, die als letzte auf die Höhe der gegenwärtigen Kultur gelangt sei. Gerade deswegen aber scheint sie zur »Abschilderung menschlicher Empfindungen« beson-

> Bald dünkt es mich, Musik sei wie ein Kind, das tot im Grabe lag, – ein rötlicher Sonnenstrahl vom Himmel entnimmt ihm die Seele sanft, und es genießt, in himmlischen Äther versetzt, goldne Tropfen der Ewigkeit, und umarmt die Urbilder der allerschönsten menschlichen Träume. – Und bald, – welche herrliche Fülle der Bilder! – bald ist die Tonkunst mir ganz ein Bild unsers Lebens: – eine rührend-kurze Freude, die aus dem Nichts entsteht und ins Nichts vergeht, – die anhebt und versinkt, man weiß nicht warum: – eine kleine fröhliche grüne Insel, mit Sonnenschein, mit Sang und Klang, – die auf dem dunkeln, unergründlichen Ozean schwimmt. – (...) Zu dieser Aufbewahrung der Gefühle sind nun verschiedene schöne Erfindungen gemacht worden, und so sind alle schönen Künste entstanden. Die Musik aber halte ich für die wunderbarste dieser Erfindungen, weil sie menschliche Gefühle auf eine übermenschliche Art schildert, (...) weil sie eine Sprache redet, die wir im ordentlichen Leben nicht kennen, die wir erlernt haben, wir wissen nicht wo? und wie? und die man allein für die Sprache der Engel halten möchte.
> (Wilhelm Heinrich Wackenroder, *Phantasien über die Kunst*, 1797)

ders geeignet: »Keine andere vermag diese Eigenschaften der Tiefsinnigkeit, der sinnlichen Kraft, und der dunklen, phantastischen Bedeutsamkeit, auf eine so rätselhafte Weise zu verschmelzen«. (Wilhelm Heinrich Wackenroder)

Das »innere Wesen der Tonkunst« und deren Wirkung auf die menschliche Seele werden der Nachtseite der Vernunft zugeordnet: der musikalische Effekt besitzt die Kraft, »die Sprache der Worte, als das Grab der inneren Herzenswut« zu öffnen, so daß die tiefsten Herzensregungen in »Engelsgestalten« auferstehen; der »geheimnisvolle Strom, der in den Tiefen des menschlichen Gemütes« fließt, überschreitet und »zersprengt« die Sprache der Vernunft, um dafür in die reine, abstrakte, weder begriffliche noch abbildhafte Form des musikalischen Tons einzugehen. Dessen Harmonik aber gehört einer höheren Vernunft an, die im Sinne der Sphärenharmonie den gesamten Kosmos (und den mit der Natur versöhnten Menschen) umfaßt.

Diese kulturelle Utopie, die bereits Schinkels Bühnenbilder zur *Zauberflöte* skeptisch kommentieren, wird auch in zwei Vertonungen von Schillers *Ode an die Freude* thematisiert. Der Vergleich zeigt, daß beide Komponisten, Franz Schubert (1797–1828) und Ludwig van Beethoven, verschiedene Umstellungen an dem Gedicht vorgenommen haben und somit ihre Vertonungen nicht mehr als untergeordnete Begleitung eines literarischen Werks, sondern dieses vielmehr als poetischen Stoff ihrer eigenen musikalischen Komposition betrachten. Auch daran läßt sich die allgemeine Aufwertung der Musik und das gestiegene Selbstbewußtsein des Musikers um und nach 1800 ablesen.

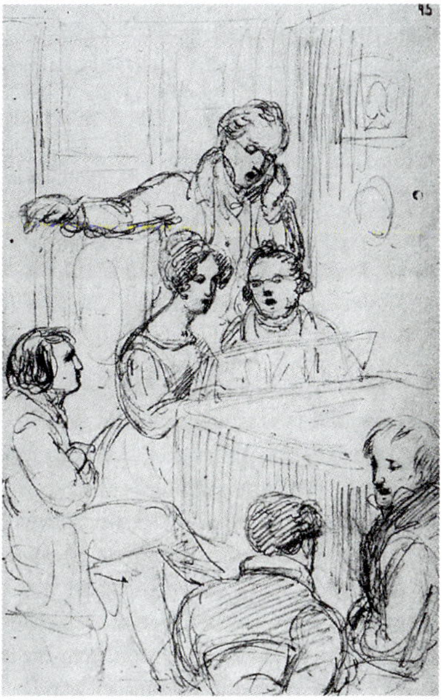

Ferdinand Georg Waldmüller (1793–1865), *Schubert musiziert mit Josephine Fröhlich und Johann Michael Vogl*, 1827, Bleistiftzeichnung, Wien, Graphische Sammlung Albertina

Der Unterschied zwischen beiden Kompositionen könnte nicht größer sein. Schuberts 1815 entstandenes Lied (D. 189, op. posth. 111 Nr. 1) bringt subjektiv empfundene Freude zum Ausdruck, indem es die metrische Struktur der Ode in einen Wechsel von Strophengesang und Refrain überführt, was durch einen lebhaften Dialog zwischen Stimme und Klavier ergänzt wird. Die rhythmischen Akzente verwandeln den elegischen Ton des Gedichts in eine allgemeine Aufforderung zum Tanz, wobei das singende Subjekt den Reigen anführt, dem sich die zuhörende Gemeinschaft virtuell anschließt: »Freude schöner Götterfunke / Tochter aus Elysium / Wir betreten freudentrunken / Himmlische, dein Heiligtum (...) / Wem der große Wurf gelungen / Eines Freundes Freund zu sein / Wer ein holdes Weib errungen / Mische seinen Jubel ein!«

Das »Lied« ist ein typisch romantisches Kunstprodukt, das wie kein anderes Genre, die (natürlich nur idealtypische und darum häufig parodierte Identität) von Komponist, Dichter und Sänger hervorhebt; seine beiden Grundvarianten sind der gesellige Wechselgesang und das intime Ständchen. In beiden Fällen ist der Aufführungsort kein öffentlicher Raum, sondern der kammermusikalische bürgerliche Salon. Mit seinem scheinbar einfachen formalen Aufbau, seiner Überblendung von lyrischen, dramatischen und erzählerischen Elementen sowie der betonten Verschwisterung von Poesie und Musik bildet das Lied eine musikalische Kleinform, die gleichwohl die verschiedensten Genres – Trauer- und Werbegesang, Tanzmusik, balladeske Erzählung, Rezitativ und Arie – in sich vereinigt und in einer unkomplizierten Aufführungspraxis zu Gehör bringt: ein Gesamtkunstwerk *en miniature*, dessen Kulisse der bürgerliche Salon und das anwesende Publikum selbst darstellen.

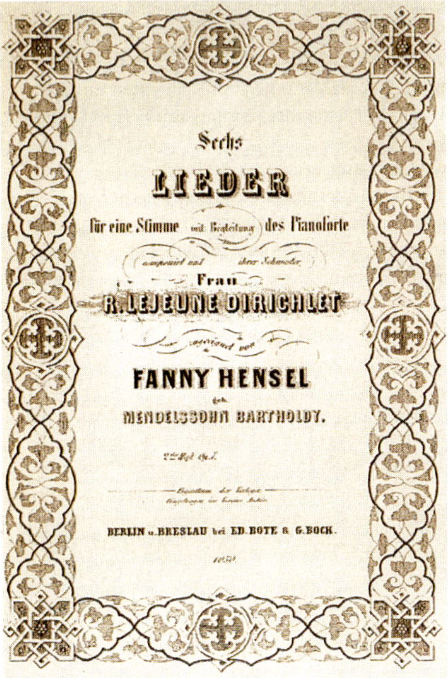

Fanny Mendelssohn-Hensel (1805–1847), *Sechs Lieder für eine Stimme mit Begleitung des Pianoforte, op. 7*, erschienen bei Bote und Bock, 1848

Diese musikalische Situation ist dem romantischen Lied gleichsam eingeschrieben, auch wenn spätere Komponisten wie Robert Schumann (1810–1856), Hugo Wolff (1860–1903) oder Johannes Brahms ihre Lieder für den Konzertsaal und für professionelle Musiker komponiert haben. Wahrscheinlich war keiner von ihnen in der Lage, wie Fanny Mendelssohn-Hensel (1805–1847) ihre Lieder selbst adäquat vorzutragen. Gleichwohl suggeriert das Lied eine seelische Stimmung, die sich nur dem vertrauten Freundeskreis mitteilt. Der komponierende, dichtende, singende Künstler (darin liegt die Utopie des Liedes) ist der anerkannte Repräsentant dieser Gemeinschaft, gerade weil er in seiner Aufführung durchweg subjektive Empfindungen und Neigungen zum Ausdruck bringt.

Diese doppelte Funktion des Künstlers, in seinem Namen und im Namen der Gemeinschaft zu sprechen, wird in Beethovens Finalsatz der 9. Symphonie (1822–25) emphatisch betont und zugleich modifiziert. Bei Beethoven sind es vier Solisten, die als Protagonisten des Chors und des Orchesters fungieren: eine Besetzung, die an die traditionelle Gattung des Oratoriums erinnert. Der Tradition verpflichtet scheint auch der musikalische Übergang zum letzten Satz in Form einer

Fuge, die jedoch keinen harmonischen Schlußakkord findet, sondern in ein tonales Chaos zu stürzen droht, als die gebieterische Stimme des Baritons diese ziellose Masse von Tönen mit den Worten »O Freunde, nicht diese Töne! Sondern laßt uns angenehmere anstimmen und freudvollere« zur Ruhe bringt und ihnen sodann eine neue melodische und rhythmische Richtung gibt: »Freude, schöner Götterfunke«. Dabei wird Schillers feierlich getragene Ode in einen energischen Marsch verwandelt, der den kulturellen Fortschritt als »symphonisch« einheitliches Fortschreiten von Solisten, Chor und Orchester veranschaulicht. Mit zivilisatorischem Pathos werden die auseinanderstrebenden Kräfte der Gesellschaft vereinigt, indem zuerst der Protagonist, dann der Chor der menschlichen Gemeinschaft das Publikum musikalisch dazu auffordern, sich dieser Marschbewegung anzuschließen. Dabei ist unüberhörbar, daß subjektive Lebensfreude und gesellschaftliche Utopie (die Schiller noch mit jugendlichem Enthusiasmus als wechselseitige Voraussetzungen ansehen wollte) zu quasi unauflösbaren Gegensätzen geworden sind.

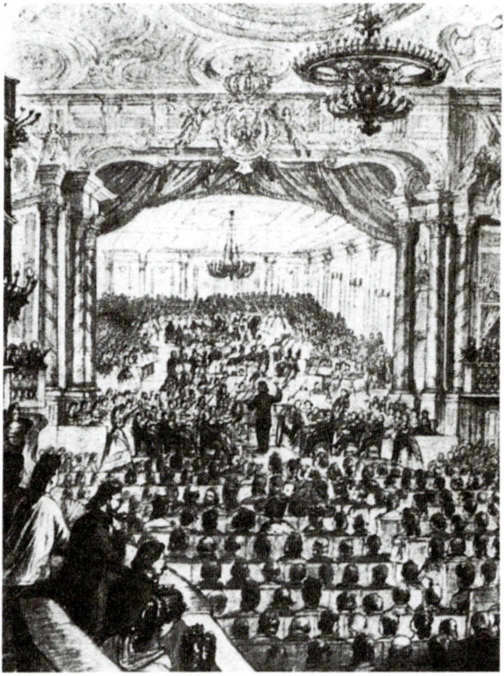

Aufführung der IX. Symphonie von Beethoven unter der Leitung Richard Wagners anläßlich der Grundsteinlegung zum Bayreuther Festspielhaus, Illustrierte Zeitung, Leipzig, 15.Juni 1872

Im Zuge der Aufklärungsästhetik hat neben der Tragödie auch die Oper ihren aristokratischen Charakter verloren. Mit der Verbürgerlichung ihrer Stoffe, die sich unzweideutig in Mozarts aufsässigem *Figaro* (1786), aber auch schon in Haydns Opern ankündigt, betritt nun auch das »Volk« die Opernbühne, nicht nur das politisch unterdrückte Bürgertum (wie in Beethovens *Fidelio* (1804–14), sondern auch der vierte Stand, Jäger, Bauern, Handwerker – wie der berühmte Friseur in Rossinis *Barbier von Sevilla* (1815) – und in ihrem Gefolge auch die Außenseiter der Gesellschaft, Zigeuner, Vagabunden, Proletarier – wie in Aubers *Fra Diavolo* (1830) oder den *Räubern* (1847) von Verdi. Wenn auch zumeist in Gestalt von Chören stehen sie dennoch häufig musikalisch wie dramaturgisch im Zentrum des Geschehens, und bisweilen spielen sie sogar die Hauptrolle, wie etwa in Bellinis *Schlafwandlerin* (*La Somnambula*, 1831), Lortzings *Hans Sachs* (1840) oder Glinkas *Ein Leben für den Zaren* (1836).

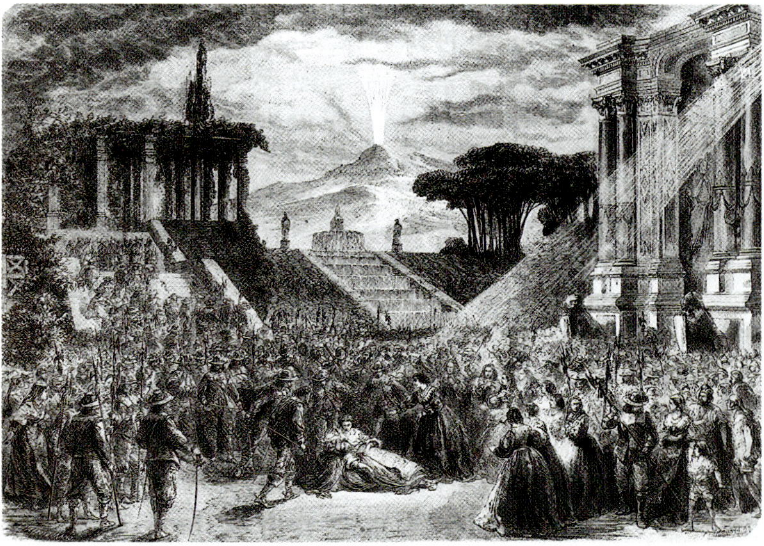

Godefroy Durand, *Die Stumme von Portici*, V. Akt, freie Illustration nach der Dekoration von Pierre Luc Charles Cicéri, Paris, 1828

Den wohl bemerkenswerten Erfolg einer romantischen Oper konnte zweifellos Daniel F. E. Aubers (1782–1871) *Stumme von Portici* (1828) verzeichnen, wenn auch nicht unbedingt in musikalischer Hinsicht, obwohl der originelle Einfall, die Titelheldin einer Oper als stumme Rolle zu konzipieren, um damit dem Orchester größere Entfaltungsmöglichkeiten zu eröffnen, die musikalische Wirkung noch gesteigert haben mag. Die Stumme ist ein Fischermädchen, Fenella, die vom Sohn des Vizekönigs verführt worden ist und die (ohne es zu wollen oder auch nur zu bemerken) einen Volksaufstand provoziert. Im Unterschied zu anderen Melodramen, in denen die unselige Verbindung von Politik und Liebe den Konfliktstoff bildet, kommen hier noch Standesunterschiede, revolutionäre Gesinnung und entfesselte Volksmassen hinzu, deren Anführer sich jedoch weitaus edler verhält als die Repräsentanten des überkommenen Adels. Bei der Brüsseler Erstaufführung 1890 war das Opernpublikum jedenfalls derart hingerissen, daß es nach dem Freiheitsduett im zweiten Akt das Theater verließ, um die Kunst ins wirkliche Leben zu tragen, indem es zuerst das Polizeigebäude verwüstete, dann den Justizpalast stürmte und schließlich die Unabhängigkeit des Staates Belgien proklamierte.

Schläft ein Lied in allen Dingen, / Die da träumen fort und fort, / Und die Welt hebt an zu singen / Triffst du nur das Zauberwort. (Joseph von Eichendorff, *Wünschelrute*, 1838)

Die erste romantische Oper im engeren Sinne – *Undine* (1816) – hat E. T. A. Hoffmann nach einem Libretto seines Freundes Motte-Fouqué komponiert. Auch hier geht es um eine Mesalliance, nämlich zwischen einem Ritter und einer Nixe, die ihre unterschiedlichen Lebensauffassungen (sehr zum Nachteil des ersteren) nicht miteinander vereinbaren können. Die

Karl Friedrich Schinkel (1781–1841), *Kühleborns Wasserpalast*, Entwurf zum 11. Bühnenbild von E. T. A. Hoffmanns *Undine*, 1815/16, Berlin, Kupferstichkabinett

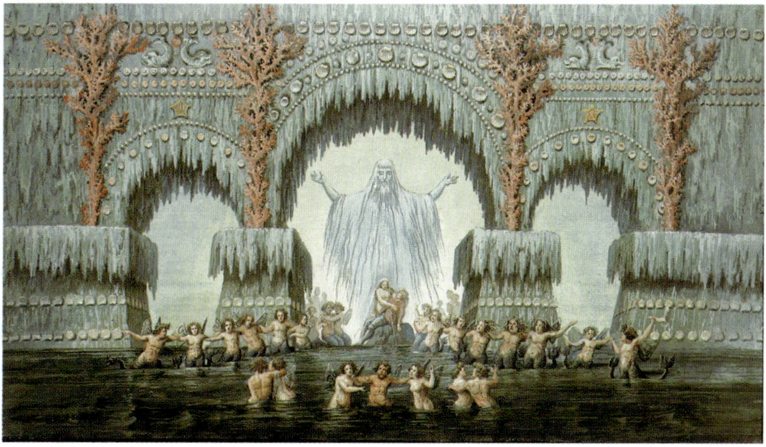

»Zauberoper in drei Aufzügen« gehörte – allerdings nicht in politischer, sondern in künstlerischer Hinsicht – zu den folgenreichsten Bühnenereignissen dieser Zeit, obwohl ein »feindliches Prinzip« ihr einen dauerhaften Erfolg versagte. Noch in derselben Spielzeit zerstörte ein Brand die von Hoffmann und Schinkel gemeinsam entworfene Dekoration, so daß zunächst an keine weiteren Aufführungen zu denken war. Doch hatte neben dem bezaubernden Elementargeist und dem romantischen Bühnenbild auch die Musik – etwa die Idee der »Leitmotive« und tiefen Skala der Holzbläser, die stets den Auftritt der damönischen Naturwesen begleiteten – einen tiefen Eindruck hinterlassen, vor allem auf Carl Maria von Weber (1786–1824), dessen sechs Jahre später uraufgeführter *Freischütz* die von ihm bewunderte *Undine* vollkommen verdrängte.

Daß Webers Meisterwerk binnen kurzem zur deutschen Nationaloper stilisiert wurde, beruht allerdings auf einem Mißverständnis. Der fröhliche Jägerchor und der »Jungfernkranz in veilchenblauer Seide« stehen in einem äußerst zweifelhaften Kontext, die eingängigen Melodien, Volkstänze und Jagdweisen wer-

Carl Wilhelm Holdermann, Bühnenbild der Weimarer Erstaufführung des *Freischütz*, 1822, Aquatinta

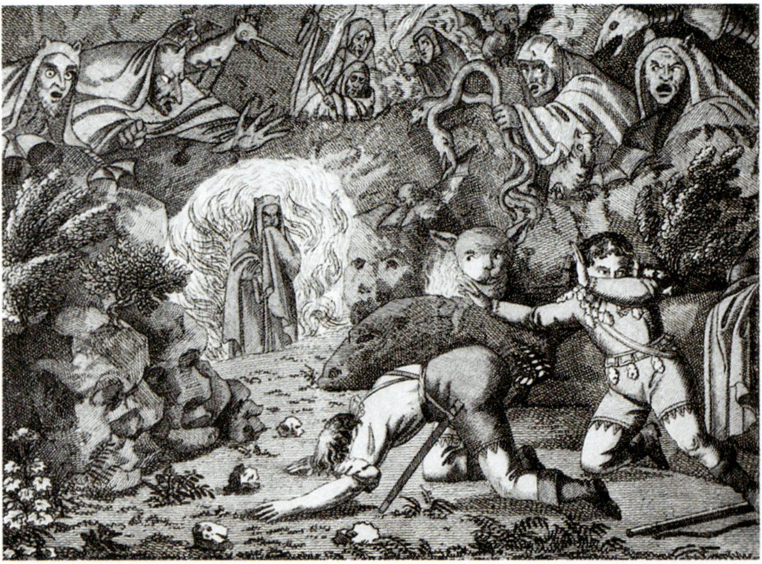

»So wäre es auch zu erlernen, einem so großen Werke, wie es eine Oper ist, einen Totalton zu geben?« fragte ich. »Gewiß«, antwortete Weber, »Statt Totale oder Totalton wollen wir Charakter sagen oder noch besser charakteristischer Hauptton, wie sich auch die Maler ausdrücken und womit ich die Instrumentationsfarbe des Ganzen meine. Der Maler erkennt das, was der Landschaft zu den verschiedenen Zeiten das Eigentümliche, den Charakter, erteilt und versteht es, durch entsprechende Farbenmischung jenen charakteristischen Hauptton in sein Bild der Landschaft überzutragen, so daß dem Beschauer die Wahrheit der Darstellung sofort kenntlich entgegentritt«. »So hätte der Komponist mit *Klängen* wie der Maler mit *Farben* den Hauptcharakter seines Werkes hervorzubringen?« »Allerdings«, bestätigte Weber, (...) Ich habe lange und viel gesonnen und gedacht, welcher der rechte Hauptklang für dies Unheimliche sein möchte. Natürlich mußte es eine dunkele, düstere Klangfarbe sein, also die tiefsten Regionen der Violinen, Violen und Bässe, dann namentlich der tiefsten Töne der Clarinette, die mir ganz besonders geeignet zu sein scheinen zum Malen des Unheimlichen, ferner die klagenden Töne des Fagotts, die tiefsten Töne der Hörner, dumpfe Wirbel der Pauken oder einzelne dumpfe Paukenschläge. Wenn Sie die Partitur der Oper durchgehen, werden Sie kaum ein Stück finden, in welchem jene düstere Hauptfarbe nicht merkbar wäre. Sie werden sich überzeugen, daß die Bilder des Unheimlichen die bei weitem vorherrschenden sind, und es wird Ihnen deutlich werden, daß sie den Hauptcharakter der Oper geben«. (Johannes Christian Lobe (1797–1881), *Gespräch mit Carl Maria von Weber*)

den immer wieder von Dissonanzen und gegenläufigen Rhythmen verstört, die biedermeierliche Atmosphäre im Forsthaus wird durch eine beunruhigende, zuweilen unheimliche Orchestrierung untermalt. Der literarischen Vorlage von Johann Friedrich Kind (1768– 1843) zufolge sollte der Jägerbursche Max, der sich dem Bösen verschreibt, um seine Braut nicht zu verlieren, diese bei dem entscheidenden Probeschuß töten und daraufhin dem Wahnsinn verfallen. Dies wollte man dem Publikum nicht zumuten, aber musikalisch macht Weber keine Konzessionen. Nach der Verzweiflungsarie des Protagonisten und dem satanischen Oratorium in der »Wolfsschlucht« ist die kleinbürgerliche Ordnung unwiderruflich zerstört, auch wenn am Ende versöhnliche Töne erklingen.

Weber hat – wie später Richard Wagner in seinen »romantischen« Opern *Der fliegende Holländer* (1841), *Tannhäuser* (1845), *Lohengrin* (1848) – mit seinem *Freischütz* eigentlich ein Künstlerdrama konzipiert, für das der deutsche Wald (ähnlich wie für Wagners deutschtümelnde Rittergesellschaft) nur die Folie abgibt. Auch Max ist ein Wanderer zwischen zwei Welten, wie der Elementargeist Undine oder der »Vampyr« in Heinrich Marschners (1795–1861) gleichnamiger Zauberoper (1828).

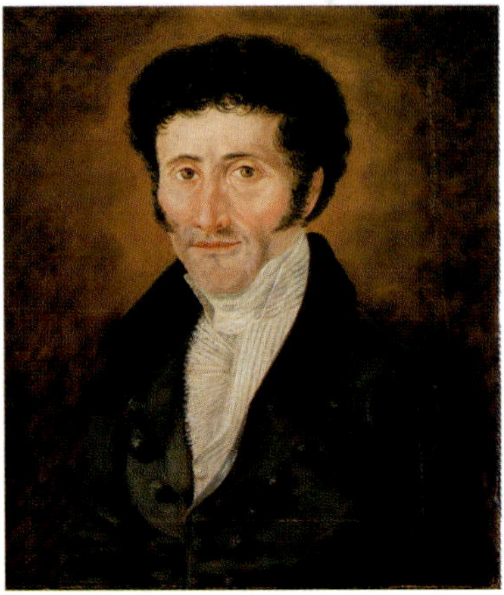

Unbekannter Künstler, *E. T. A. Hoffmanns*, um 1820, Öl auf Holz, 41 x 35 cm, Berlin, Nationalgalerie

In kaum einer anderen literarischen Gestalt haben sich die Widersprüche zwischen dem Künstler – als Protagonisten eines humanitären Fortschritts – und der Gesellschaft, die ihm nicht selten die Rolle des Opfers oder Märtyrers zuweist, mit solcher Intensität verdichtet wie in E. T. A. Hoffmanns Kapellmeister Kreisler, dessen Leben in dem schon erwähnten Roman *Kater Murr* und den *Kreisleriana* (eine 1810–13 entstandene lose Aneinanderreihung von musiktheoretischen Erörterungen mit narrativen Passagen) beschrieben wird. Wie zunächst Dichter und Maler werden im weiteren Verlauf des 19. Jahrhunderts zunehmend Musiker zu Protagonisten von Romanen und Erzählungen, die den Versuch unternehmen, jene utopischen Entwürfe – und dabei insbesondere die gesellschaftliche Integration des Künstlers – meist auf Kosten der poetischen Glaubwürdigkeit zu verwirklichen: wie der alte Komponist in Tiecks *Musikalische Leiden und Freuden* (1822), der seine ebenfalls musikbegabte Tochter an einen wohlhabenden Grafen verheiratet; oder die realitätsferne Wunschvorstellung einer egalitären Gesellschaft unter den Vorzeichen der Kunst in

Caroline Bardua (1781–1864), *Der Komponist Carl Maria von Weber*, um 1820, Öl auf Leinwand, 77,5 x 60,5 cm, Berlin, Nationalgalerie

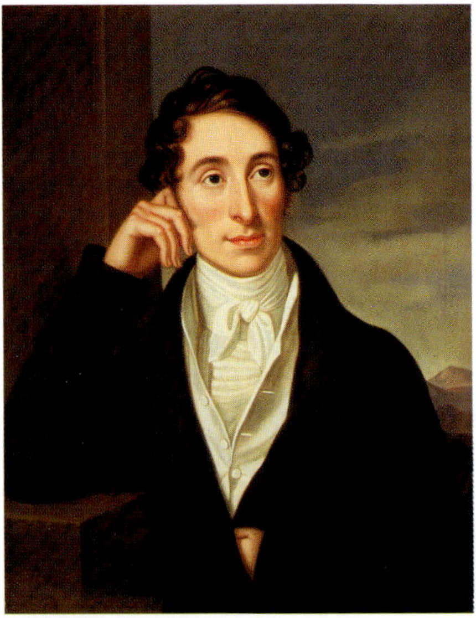

Mörikes *Mozart auf der Reise nach Prag* (1855); nicht zu vergessen die menschliche Größe des »armen Spielmanns« in Grillparzers gleichnamiger Erzählung

Kreisler hingegen ist nicht einfach nur ein verkannter, im übrigen besitzloser und darum sozial verachteter Künstler; er ist zugleich Opfer jener dämonischen (oder mit Nietzsches Worten »dionysischen«) Mächte, deren »fantastische« und »unheimliche« Wirkung in der »romantischen« Musik wiederentdeckt wird. Eben diese »wahre« Musik scheint Kreislers Psyche zerrüttet zu haben, da durch sie »seine Fantasie überreizt wurde und sein Geist in ein Reich entwich, wohin ihm niemand ohne Gefahr folgen konnte«. Denn sein Publikum ist keineswegs bereit, sich jenen ekstatischen Momenten auszusetzen, die – denn darin besteht das Risiko – jene behäbige Ruhe der »ästhetischen Teegesellschaft« unwiderruflich zerstören würde. Der romantische Musiker erscheint zerrissen von dem höheren Anspruch seiner Kunst, den unaussprechlichen menschlichen Empfindungen in Tönen Gestalt zu geben, und den Forderungen der Gesellschaft, die Musik zu ihrer trivialen Unterhaltung gebraucht und somit den kulturellen Auftrag des Musikers ebenso wie den utopischen Charakter der Kunst insgesamt nivelliert.

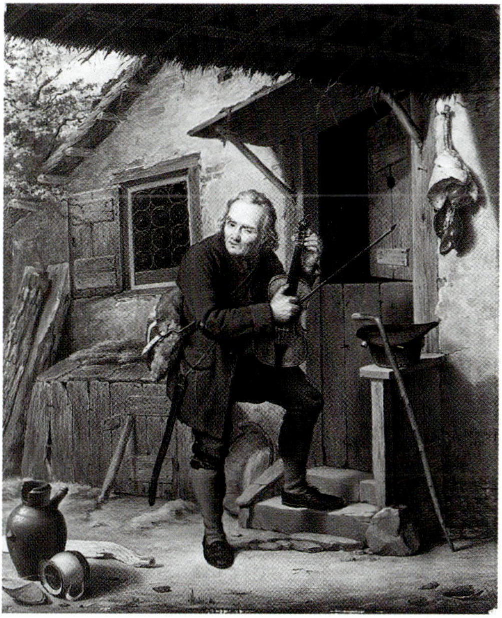

Eduard Pistorius (1796–1862), *Der Dorfgeiger*, 1831, Öl auf Eichenholz, 34 x 26,5 cm, Berlin, Nationalgalerie

Die parodistische Beschreibung einer solchen musikalischen Festivität – die ein wahres Monsterkabinett rücksichtslos unmusikalischer Menschen zusammenführt – verdeutlicht zugleich die Bedingungen und

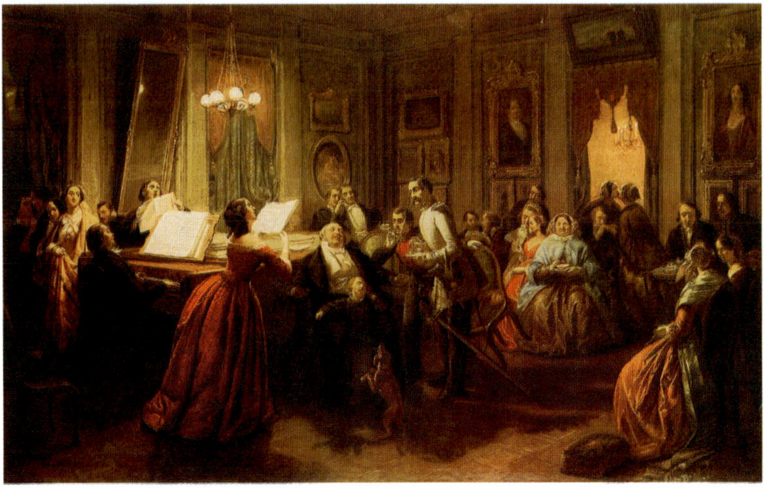

Johann Peter Hasenclever (1810–1853), *Musikalische Abendunterhaltung*, 1850, Öl auf Leinwand, 97 x 152 cm, Potsdam, Schloss Sanssouci
Der frühverstorbene Maler hat zahlreiche satirische Bilder mit politischem Hintergrund geschaffen. Ähnlich wie bei E. T. A. Hoffmann läßt die kulturbeflissene Oberschicht eine zutiefst kunstfeindliche Haltung erkennen.

Möglichkeiten einer Künstlerexistenz. In der Gesellschaft leben und zugleich künstlerisch überleben kann der Musiker Kreisler nur durch seine »Ironie«, welche die gesellschaftlichen Konventionen scheinbar affirmiert, realiter aber überschreitet und zuweilen sogar buchstäblich auflöst. Aufgefordert, zur gefälligen Unterhaltung der Gesellschaft zu musizieren, spielt der Kapellmeister Kreisler die sogenannten *Goldberg-Varia-*

Bei Nro. 3. entfernten sich mehrere Damen, verfolgt von Tituskpöfen. Die Röderleins, weil der Lehrer spielte, hielten nicht ohne Qual aus bis Nro. 12. Nro. 15. schlug den Zweiwesten-Mann in die Flucht. Aus ganz übertriebener Höflichkeit blieb der Baron bis Nro. 30. und trank bloß viel Punsch aus, den Gottlieb für mich auf den Flügel stellte. Ich hätte glücklich geendet, aber diese Nro. 30., das Thema riß mich unaufhaltsam fort. Die Quartblätter dehnten sich plötzlich aus zu einem Riesenfolio, wo tausend Imitationen und Ausführungen jenes Themas geschrieben standen, die ich abspielen mußte. Die Noten wurden lebendig und flimmerten und hüpften um mich her – elektrisches Feuer fuhr durch die Fingerspitzen in die Tasten – der Geist, von dem es ausströmte, überflügelte die Gedanken – der ganze Saal hing voll dichten Dufts, in dem die Kerzen düstrer und düstrer brannten – zuweilen sah eine Nase heraus, zuweilen ein paar Augen; aber sie verschwanden gleich wieder. So kam es, daß ich allein sitzen blieb mit meinem Sebastian Bach … (E. T. A. Hoffmann, *Johannes Kreislers musikalische Leiden*, 1810)

tionen von Johann Sebastian Bach, ein zu Beginn des 19. Jahrhunderts wiederentdecktes Meisterwerk, dessen strenge Faktur einem banalen Musikverständnis völlig unzugänglich ist und somit nach und nach alle Gäste aus dem Salon vertreibt.

Dabei jedoch verselbständigt sich Kreislers musikalischer Diskurs, das Thema reißt den Künstler »unaufhaltsam« fort, die Variationen verwandeln sich zu Improvisationen und gestalten sich schließlich zu einer eigenen Komposition. Die kurze Geistererscheinung – das unvermittelte Hervortreten eines Gesichts – betont noch einmal den ambivalenten Charakter dieser fortgesetzten Überschreitung. Unversehens erblickt der Musiker vor sich seinen Doppelgänger, dessen Antlitz sich zwar gleich wieder verflüchtigt, der aber für einen kurzen Moment die Existenz einer anderen Welt offenbart: ein Jenseits, das Sehnsüchte, Glücksgefühle, aber auch Todesängste zu wecken vermag. Wie in dieser Musik wird auch in den Texten E. T. A. Hoffmanns und denen anderer Romantiker die Utopie eines »fantastischen Zauberreichs« oder aber die »schauerlichste Tiefe« der menschlichen Natur sichtbar, manchmal sogar beides zugleich.

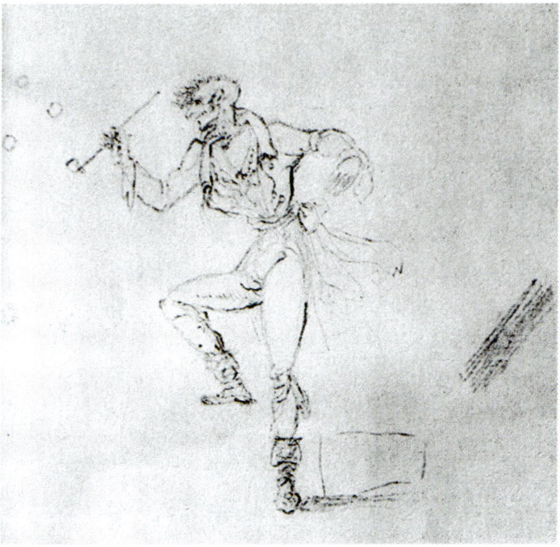

E. T. A. Hoffmann (1776–1822), *Kapellmeister Kreisler*, Bleistift auf Papier, um 1820, Privatsammlung

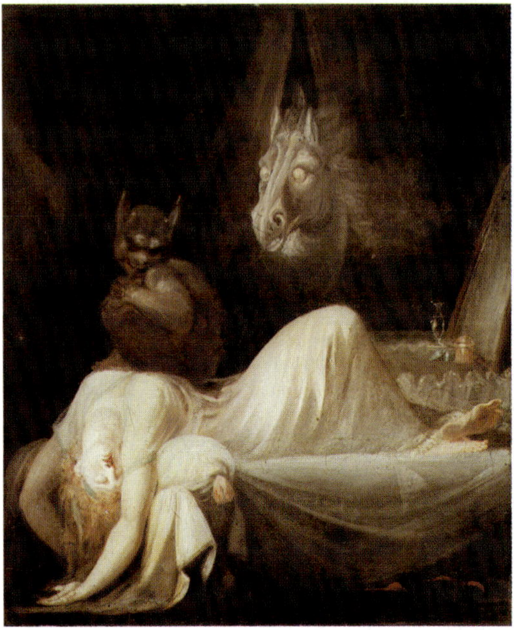

Johann Heinrich Füssli (1741–1825), *Der Nachtmahr*, 1790/91, Öl auf Leinwand, 76,5 x 63,5 cm, Frankfurt am Main, Freies Deutsches Hochstift, Goethe-Museum

Nachtseiten

Der Alptraum ist zweifellos ein ungewöhnliches Sujet für die bildende Kunst und dennoch charakteristisch für das kulturelle Bewußtsein der frühromantischen Epoche. Der zumindest ebenso außergewöhnliche Maler Johann Heinrich Füssli (1741–1825) wird wie Goya nicht eigentlich der Romantik zugerechnet, doch ist seine Bilderwelt den literarischen Phantasien und den kunsttheoretischen Auffassungen der Romantiker sehr viel näher verwandt als dem klassizistischen Ambiente, in dem Füssli nicht nur ausgebildet wurde, sondern auch überwiegend tätig gewesen ist. Tatsächlich soll eine Begegnung mit Joshua Reynolds in London den aus politischen Gründen emigrierten Schweizer zur Malerei geführt haben. Allerdings nicht zu einer Malerei, wie sie von der Royal Academy seinerzeit kultiviert wurde; es ist offensichtlich, daß Füssli, der vor allem von Winckelmann, Anton Raphael Mengs und dem Literaturtheoretiker Johann Jakob Bodmer (1698–1783) beeinflußt war, während seines langen Italienaufenthalts den antiken Vorbildern und dem »göttlichen« – von Klassikern und Romantikern gleichermaßen verehrten – Raffael wenig Aufmerksamkeit geschenkt hat. Entscheidend geprägt worden ist er vielmehr durch Michelangelo und den manieristischen Anti-Klassizismus, durch Pontormo und Beccafumi.

Füsslis Bilder sind weitaus komplexer, als es zunächst den Anschein hat. Dargestellt ist in dieser späten Fassung des von ihm mehrfach variierten Themas eine leichenblasse Frau, die von einem Angsttraum gepeinigt wird, zugleich aber auch das, was ihren quasi leblosen Zustand hervorgerufen hat: der Alp, der auf ihrer Brust hockt, ihren Atem behindert und dabei genüßlich sein Werk beschaut. Über ihren wie zur Abwehr angezogenen Knien erscheint durch den aufgerissenen Spalt eines Vorhangs ein gespenstischer Pferdekopf mit bleckendem Gebiß und glühenden Augen. Der Körper der Frau erscheint unter der Einwirkung dieser Alptraumwesen deformiert, die klassische Positur der ruhenden Schönheit wird entstellt, dabei die völlige Wehrlosigkeit der Schlafenden betont, deren Arme wie die einer Toten herabhängen. Die Traumgestalten haben von ihr Besitz genommen, dargestellt ist – im mehrfachen Sinn – eine Vergewaltigung. Die beiden Alpe sind keine Allegorie, sondern unheimlich reale Verkörperungen des Angsttraums: animalische Triebwesen, keineswegs nur Angstvisionen, sondern konkreter Ausdruck einer nächtlichen Wirklichkeit, die in dem Bild physische und damit zugleich doppeldeutige Gestalt angenommen hat. Ihr gespenstisches Aussehen, ihre radikale Fremdheit geben Anlaß zu der Hoffnung, daß der Morgen sie verscheuchen wird; ihre körperlich-plastische Dominanz läßt befürchten, daß sie nur allzu bald wiederkehren werden.

Seit ihren Anfängen, seit Francis Bacon (1561–1626), René Descartes (1596–1650) und Gottfried Wilhelm Leibniz (1646–1716) ist die Aufklärung mit dem Anspruch hervorgetreten, ebendiese Dämonen zu bannen: durch einen selbstbewußten und vorurteilsfreien Gebrauch des Verstandes Aberglauben, Unvernunft, Hexen- und Gespensterwesen ein für allemal aus der Welt zu schaffen und damit den Menschen aus dem Dämmerzustand seiner Unmündigkeit in das helle Tageslicht der Wahrheit zu führen. Durch die Einsicht in die verborgenen Naturkräfte und deren Gesetzmäßigkeiten sollte ihnen die Angst vor mythischen Wesen und jenseitigen Mächten genommen werden.

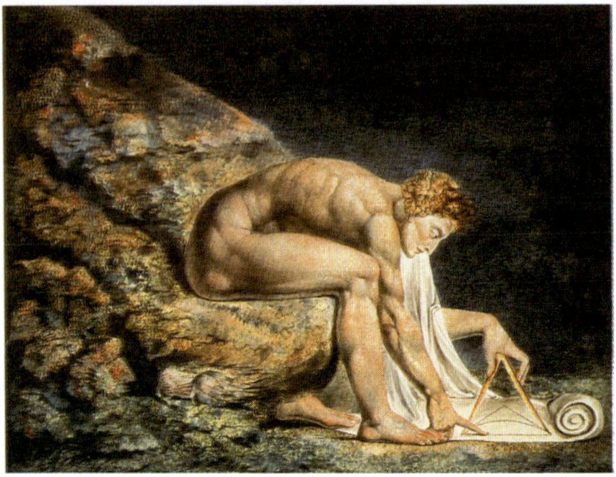

William Blake (1757–1827), *Newton*, 1795, Farbmonotypie, 46 x 60 cm, London, Tate Gallery

Dieses Projekt steht gegen Ende des 18. Jahrhunderts vor seinem endgültigen Scheitern, weil eine seiner grundlegenden Voraussetzungen immer mehr in Frage gestellt wird. Nicht die Richtigkeit der erkannten Naturgesetze wird dabei in Zweifel gezogen, sondern ob diese wirklich vernünftig und somit dem Menschen adäquat seien, anders gesagt: ob den Triebkräften der Natur eine blinde Mechanik oder eine göttliche Harmonie zugrunde liege, in der der Mensch einen privilegierten Platz beanspruchen dürfe. Diese letztere Auffassung bildete die Grundlage eines Vernunftglaubens, der in den »gebildeten Ständen« die Stelle der weitgehend bezweifelten christlichen Glaubenssätze einzunehmen begann: eine Art Ersatzreligion, deren Kultstätten zunächst die wissenschaftlichen Akademien und Universitäten, dann aber auch die Aufführungsorte künstlerischer Veranstaltungen, Museen, literarische Salons, Konzertsäle, Theater- und Opernbühne wurden. Der bildenden Kunst fiel die Aufgabe zu, dem neuen aufklärerischen Idealbild des Menschen konkrete Gestalt zu geben.

Indessen hatte die materialistische Aufklärungsphilosophie vor allem in Frankreich – der später die geballte Entrüstung der Romantiker gelten sollte – die religiösen Voraussetzungen dieses Vernunft- und Harmonieglaubens längst aufgegeben. Dem unverkennbaren Fortschritt in Wissenschaft und Technik, der in D'Alemberts und Diderots *Encyclopédie* gefeiert wurde, entsprach keineswegs, wie erwartet oder postuliert, eine gleichzeitige kulturelle Höherentwicklung, eine deutliche Zunahme an individueller oder gesellschaft-

Gegenüberliegende Seite unten: Szenenfoto aus dem Film *Frankenstein*, Regie: James Whale, 1932, mit Boris Karloff, Maske von Jack Pierce

licher Humanität. Nicht erst die Romantik, sondern bereits die literarischen Phantasien des Marquis de Sade oder die politische Praxis eines Robespierre hatten auf ihre Weise die Vermutung bestätigt, daß die menschliche Natur von äußerst zwiespältigem Charakter und die Vernunft des Menschen ein in jeder Hinsicht unzulängliches Organ seien.

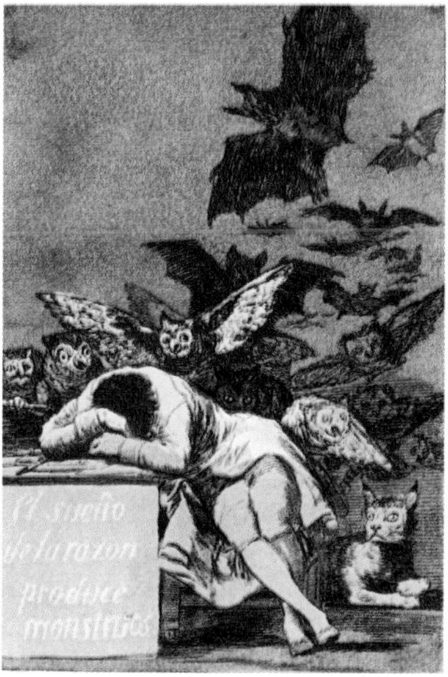

Francisco Goya (1746–1828), *Der Traum der Vernunft erzeugt Ungeheuer*, 1797–98, Radierung und Aquatinta, 21,6 x 15,2 cm, Hamburg, Privatsammlung

Diese Ambivalenz hat Goya explizit in seiner berühmten Radierung angesprochen: Ist es der Schlaf und somit die vorübergehende Abwesenheit der Vernunft, die eine Wiederkehr der von der Aufklärung gebannten Unwesen ermöglicht, oder ist es etwa die Vernunft selbst, die den Ungeheuern Wege und Mittel verschafft, realiter in Erscheinung zu treten? Sind jene unheimlichen Flugwesen Produkte einer Nachtmahr oder womöglich die eines Wunschtraums der Vernunft? Mary Shelleys Roman *Frankenstein* (1818), dessen geniale Konzeption hinter den *special effects* der zahlreichen Verfilmungen etwas in Vergessenheit geraten ist, gibt eine äußerst beunruhigende Antwort. Indem der fanatische Naturforscher und Biotechniker seinem unbedingten Wunsch, einen Menschen zu schaffen, nicht auf die einfachste und naheliegendste Weise, sondern durch komplizierte physikalisch-chemische Verfahren zu befriedigen sucht und dafür unmenschliche Entsagungen in Kauf nimmt, übertragen sich die in ihm entfesselten erotischen und destruktiven Triebkräfte auf das erschaffene Wesen selbst, das nunmehr als grauenvoll entstelltes Abbild der Humanität überall Zerstörung verbreitet.

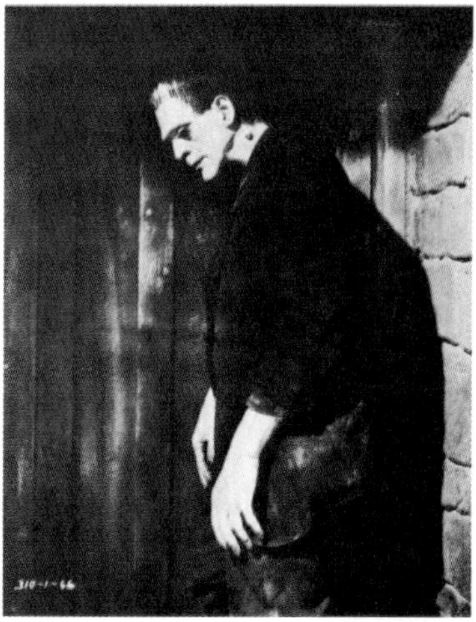

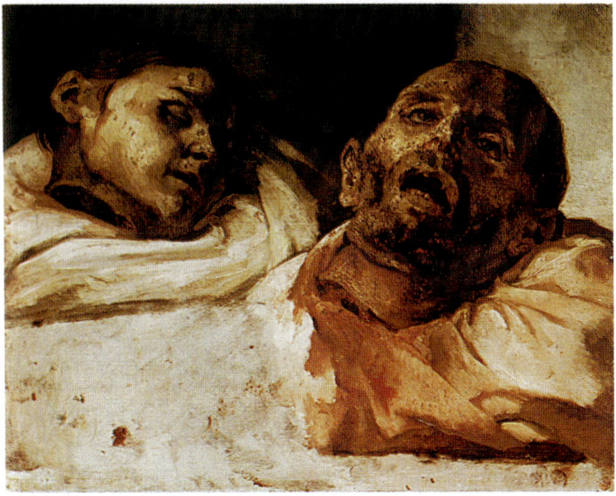

Théodore Géricault (1791–1824), *Köpfe von Hingerichteten*, 1818, Öl auf Leinwand, 50 x 61 cm, Stockholm, Nationalmuseum
In radikaler Übersteigerung der Bildnistradition hat der Maler in den Köpfen der Guillotinierten nicht nur die physische Gewalteinwirkung, sondern auch die psychischen Momente der Todeserfahrung darzustellen versucht. Dabei wird das Menschenantlitz als Leitbild einer humanitären Aufklärung zur Projektionsfläche einer vehementen Sozialkritik.

Nachdem die Natur aufgeklärt, entzaubert, von Ungeheuern befreit worden ist, kehrt ihre Bedrohlichkeit unversehens in der dämonischen Natur des Menschen wieder. Dem hellen, lichten, optimistischen Menschenbild der Aufklärung wird ein Spiegel vorgehalten – und der Mensch erscheint als Bestie, als grausames Triebwesen. In Tiecks später Novelle *Der Hexensabbat* wird mit geradezu analytischer Präzension die Entstehung einer Massenpsychose beschrieben, der vor allem die Außenseiter zum Opfer fallen, während Victor Hugo (1802–1885) in seinem ersten großen Roman *Notre Dame* (1831) ausführlich auf die sozialen Ursachen dieses eigentümlichen Phänomens eingeht, das die Wunschbilder eines humanitären Fortschritts wie eine fratzenhafte Doppelgängergestalt begleitet. Joseph von Eichendorff, der in seiner Erzählung *Schloß Dürande* (1841) ähnliche Motive verarbeitet, beschließt seinen Text mit einem direkten Appell an den Leser: »Du aber hüte dich, das wilde Tier zu wecken in der Brust, daß es nicht plötzlich ausbricht und dich selbst zerreißt.«

Unter dem Titel *Rede des toten Christus vom Weltgebäude herab, daß kein Gott sei* hat Jean Paul einen gerade atemberaubenden Alptraum geschildert. Dessen »Kühnheit« wird in einer kurzen Vorbemerkung mit dem »Ziel dieser Dichtung« entschuldigt, nämlich die Konsequenzen des Atheismus in einer apokalyptischen Vision vor Augen zu führen. Es ist die Vorstellung eines Jüngsten Tages, an dem die Toten erwachen,

Gegenüberliegende Seite:
Francisco Goya (1746–1828), *Saturn verschlingt seine Kinder*, 1821–1823, Öl auf Leinwand, 146 x 83 cm, Madrid, Museo del Prado

auf ihre Auferstehung hoffen, dann aber wieder in die kalte Einsamkeit und Finsternis zurückfallen, als sie von dem sinnlos Gekreuzigten erfahren müssen, daß es gar keinen Gott gibt.

> Ich ging durch die Welten, ich stieg in die Sonnen und flog mit den Milchstraßen durch die Wüsten des Himmels; aber es ist kein Gott. Ich stieg herab, soweit das Sein seine Schatten wirft, und schauete in den Abgrund und rief: „Vater, wo bist du?" aber ich hörte nur den ewigen Sturm, den niemand regiert, und der schimmernde Regenbogen aus Wesen stand ohne eine Sonne, die ihn schuf, über dem Abgrunde und tropfte hinunter. Und als ich aufblickte zur unermeßlichen Welt nach dem göttlichen Auge, starrte sie mich mit einer leeren bodenlosen Augenhöhle an; und die Ewigkeit lag auf dem Chaos und zernagte es und wiederkäuete sich. Schreiet fort, Mißtöne, zerschreiet die Schatten; denn Er ist nicht! (Jean Paul, *Rede des toten Christus vom Weltgebäude herab, daß kein Gott sei*, 1796)

»Kühn« allerdings ist weniger der atheistische Grundgedanke als vielmehr das daraus entworfene Szenarium und seine sprachliche Gestaltung: der liturgische Charakter des Dialogs zwischen Christus und den Toten, der den gesamten Kosmos beschwört, dabei alttestamentliche Bildersprache mit wissenschaftlichem Vokabular verknüpft und sich zu einem negativen Glaubensbekenntnis verdichtet. Das Erwachen des Träumenden, das unvermittelt in die Beschreibung einer Landschaftsidylle übergeht, bedeutet jedoch Rückkehr zu christlichem Gottvertrauen und zu romantischer Naturfrömmigkeit. Indessen kann sich die vorangehende Polemik gegenüber jenen Philosophien, die »das Dasein Gottes so kaltblütig und kaltherzig erwägen, als ob vom Dasein der Kraken und des Einhorns die Rede wäre« auf ein kantisches Vernunftspostulat berufen: Gott sollte existieren, weil die Menschheit ohne göttliche Sinngebung und ihre Jenseitsutopie moralisch wie intellektuell völlig desorientiert wäre.

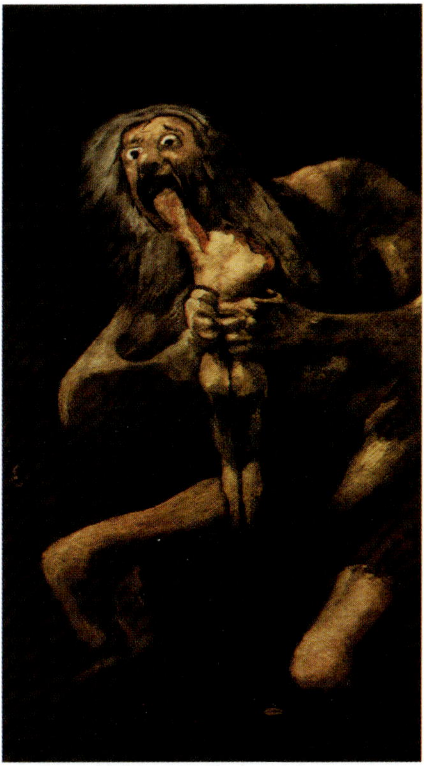

Das eindringlichste Beispiel eines romantischen Nihilismus, das mit dem Gedanken einer vollkommenen Sinnlosigkeit der menschlichen Existenz radikal Ernst macht und zugleich damit tragischen Spaß treibt, sind die 1804 anonym erschienenen *Nachtwachen des Bonaventura.* Erst vor etwa 25 Jahren ist es gelungen, den Verfasser dieses einzigartigen Meisterwerks zu identifizieren, das eine Reihe von experimentellen Romantechniken des 20. Jahrhunderts vorwegnimmt: offenbar handelt es sich um August Klingemann (1777–1831), der vor allem als Theaterautor in Erscheinung getreten ist und von der Literaturgeschichte zuvor nicht als wirklich bedeutender Autor wahrgenommen wurde.

Die *Nachtwachen* sind kein Roman im herkömmlichen Sinn; sie bilden vielmehr eine Collage aus verschiedenen Fragmenten, Erinnerungen, Novellen, Briefen, Reden, die immer wieder um drei Hauptmotive kreisen: die Künstlerexistenz, die notwendigerweise Außenseitertum, Armut, Unverständnis der Gesellschaft impliziert; der Wahnsinn als unabänderliche Begleiterscheinung des menschlichen Lebens, der die ganze Welt als Tollhaus und die Verrückten als die einzig wirklichen vernünftigen Menschen erkennen läßt; schließlich die Vorstellung eines Welttheaters, in dem der Mensch nur die Marionette eines blinden Schicksals ist. Die einzige Hoffnung, dem grausam chaotischen Spiel der Maskeraden und Illusionen zu ent-

Benjamin West (1738–1820), *Tod auf fahlem Pferd*, um 1783 oder 1802, Öl auf Leinwand, 53,5 x 91,5 cm, Philadelphia, Museum of Art

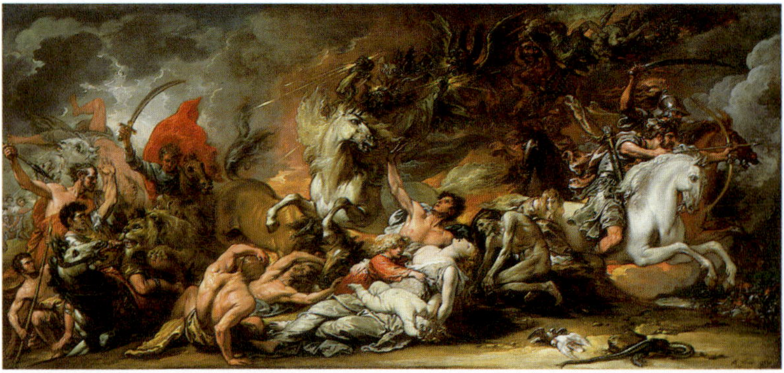

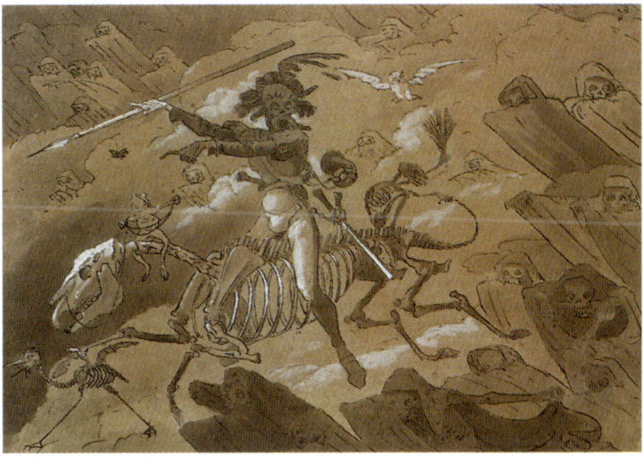

Carl Blechen (1798–1840), *Der wilde Jäger*, 1826, Feder mit schwarzer Tusche, laviert, 45,6 x 54,5 cm, Berlin, Kupferstichkabinett

kommen, wäre der Selbstmord, der das in sich zerrissene Individuum wieder in das Nichts zurücksinken ließe, aus dem es hervorgekommen ist. Tatsächlich endet der Roman mit diesem Wort, das die gesamten Lebensansichten des Titelhelden in einem emphatischen Ausruf zusammenfaßt. »Und der Widerhall im Gebeinhause ruft zum letztenmale – Nichts!–«

Die Romantik in Deutschland wird hingegen versuchen, die Unvernunft, die animalischen Züge, die dunklen, bislang unerklärlichen Seiten der menschlichen Natur in Augenschein zu nehmen, ohne den Gedanken einer Gottebenbildlichkeit des Menschen und ohne die Utopie eines humanitären Fortschritts aufgeben zu müssen. Nicht zuletzt deswegen ist dieses Idealbild gerade in der deutschen Literatur zunächst ganz erheblichen Strapazen ausgesetzt worden. So hat Achim von Arnim in seiner Erzählung *Isabella von Ägypten* (1812) ein ganzes Panoptikum phantastischer Nachtgestalten in einer einzigen, im übrigen unauffälligen Kutsche versammelt, die von der beschaulichen Kleinstadt Brake nach Brüssel fahren soll. In allen französischen Schauergeschichten, wird Heine ironisch in seiner *Romantischen Schule* (1835) feststellen, findet sich nicht so viel Unheimliches wie in dieser illustren Reisegesellschaft: »1. Eine alte Zigeunerin, welche zugleich Hexe ist. Sie sieht aus wie die schönste von den sieben Todsünden, und strotzt in buntestem Goldflitter- und Seidenputz. 2. Ein toter Bärenhäuter, welcher, um einige Dukaten zu verdienen, aus dem Grabe gestiegen. Es ist ein fetter Leichnam, der einen Oberrock von weißem Bärenfell trägt (...) und dennoch immer friert. 3. Ein Golem; nämlich eine Figur von Lehm, welche ganz wie ein schönes Weib geformt ist, und wie ein schönes Weib sich gebärdet (...) 4. Der Feldmarschall Cornelius Nepos, welcher durchaus nicht mit dem berühmten Historiker dieses Namens verwandt ist, indem er von Geburt eigentlich eine Wurzel ist, eine Alraunwurzel, welche (...) unter einem Galgen wächst, wo die zweideutigsten Tränen eines Gehenkten geflossen sind«.

Flankiert wird das deutsche Spukwesen von zwei literarischen Modeerscheinungen: einerseits von dem englischen Schauerroman (Gothic Novel), dessen stereotype Szenerie (zweifelhafte Klöster, düstere Kellergewölbe, verfallene Friedhöfe) zum Teil ironisch kolportiert und als Staffage genutzt wird, andererseits von den populärwissenschaftlichen Schriften, die sich (im heutigen Vokabular) mit paranormalen oder PSI-Phänomenen befassen und einem allgemeinen psychologischen Interesse des Lesepublikums entsprechen. Als Vorläufer kann die zwischen 1803 und 1811 erscheinende Zeitschrift *Museum des Wundervollen oder Magazin des Außerordentlichen* gelten, die noch ganz im Zeichen der Aufklärung steht, obwohl die dort geschilderten absonderlichen (aber angeblich fest verbürgten) Fälle eher Stoff für romantische Phantasien abgeben würden. Das Ziel dieser Publikation ist kein ästhetisches, sondern ausschließlich die Erweiterung der »Natur- und Menschenkenntnis«. Die schauerliche Aura des Abnormen dient gleichsam zur Lockspeise, denn das Wunderbare, heißt es in der Vorrede, erregt Staunen, »spannt die Wißbegierde«, nicht etwa zur »Stillung müßiger Neugierde«, sondern zur »Mündigwerdung« des Verstandes.

Der Schlüssel zur Erkenntnis vom Wesen des bewußten Seelenlebens liegt in der Region des Unbewußtseins. Psychologie ist also Entwicklungsgeschichte der Seele von der Unbewußtheit zur Bewußtheit. (Carl Gustav Carus, *Psyche*, 1846)

Auch das 1810 erschienene *Gespensterbuch* steht in dieser Tradition. Die Herausgeber, Johann August Apel (1771–1816) und Friedrich Laun (1770–1849), beide Erfolgsschriftsteller ihrer Zeit, hatten wie Brentano, Arnim und die Brüder Grimm, aber mit ungleich größerem Interesse an den Verkaufschancen ihrer Publikation die von ihnen gesammelten »verschiedenartigen Erzeugnisse des Wunderglaubens in Gespenstersagen, Ahnungsgeschichten, Zauberhistorien, Mysterien, Feenmärchen, Legenden usw. teils unverfälscht aus der Volkstradition aufgegriffen, teils abenteuerlich und phantastisch erfunden oder umgebildet«. Ihre Sammlung aber, so versichern sie treuherzig in ihrer *Nachrede*, solle ganz im Dienst der Wissenschaft stehen.

Ein anderer Erfolgsautor, Christian Heinrich Spieß (1755–1799), der insbesondere als Autor von Schauerromanen beliebt war, hat sich mit verschiedenen Formen von Geistesstörungen oder -krankheiten beschäftigt und deren Ursachen zu ergründen versucht. Nach dem Muster moralisch-didaktischer Erzählungen zeichnet er in einer ganzen Reihe von Fallbeispielen die Lebensgeschichte jener »Unglücklichen« nach, die »das kostbarste Geschenk unseres Schöpfers, unseren Verstand« verloren hatten, und kommt dabei zu dem Ergebnis, daß letztlich jeder von ihnen »Urheber seines Unglücks« gewesen sei. Eine tragische Erkenntnis, da den Autor gegen Ende seines kurzen Lebens eben dieses typisch romantische Künstlerschicksal ereilen wird.

Damit ist das gefährliche Terrain angedeutet, auf dem das Individuum nicht etwa – wie in den Romanen des 18. Jahrhunderts – mit Angriffen auf seine Tugend, sein Ehrgefühl, seine Freiheitsliebe, sondern mit Gefahren konfrontiert wird, die aus seiner innersten Natur hervorgehen. Zugleich dienen die unbewußten Regungen und unerwarteten Impulse, die träumerischen Seelenzustände, die Zweifel an

Titelkupfer des *Gespensterbuchs* (Band 2) von Johann August Apel (1771–1816) und Friedrich Laun (1770–1849) in der Erstausgabe, 1811

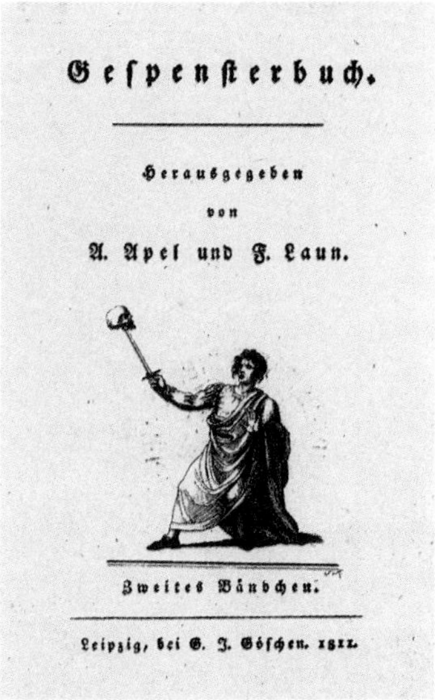
Gespensterbuch.

Herausgegeben von A. Apel und F. Laun.

Zweites Bändchen.

Leipzig, bei G. J. Göschen. 1811.

Überhaupt, wie der Mythus die Dämmerung bezeichnet, vor dem Sonnenaufgang des Glaubens – Götterdämmerung als Morgen –, so ist die Gespenstersage das Zwielicht vor dem vollen Tage der Erkenntnis. Denn wunderbar nennen wir das, dessen Grund wir in unsrer Bekanntschaft mit der Natur nicht auffinden, und wahre Aufklärung verdrängt den Wunderglauben, indem sie jene Bekanntschaft erweitert und das Wunderbare begreifen lernt; während die vermeinte, eingebildete Aufklärung die Tatsache selbst leugnet, weil sie das Wunderbare an ihr nicht begreifen kann, und es deshalb für absolut unbegreiflich zu halten pflegt. (Johann August Apel und Friedrich Laun, *Gespensterbuch*, 1810)

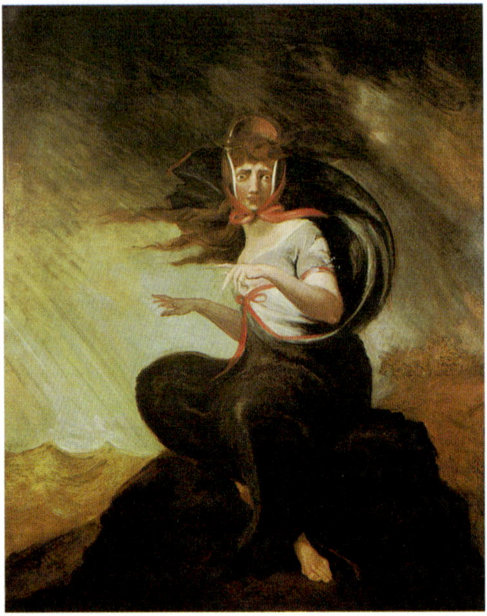

Johann Heinrich Füssli (1741–1825), *Kates Wahnsinn*, 1806/07, Öl auf Leinwand, 92 x 72,3 cm, Frankfurt am Main, Freies Deutsches Hochstift, Goethe-Museum

sich selbst und an der Realität dazu, das ästhetische Spektrum um ambivalente Affekte wie Wonneschauer oder Grusel sowie um seelische Anomalien wie Somnambulismus oder Trance zu erweitern, die bislang in der Literatur nicht thematisiert wurden. Wo immer es spukt in der deutschen Romantik, geht es darum, psychische und soziale Konflikte auszuloten, für die es bislang an Begriffen fehlte.

Nicht selten werden dazu populäre Überlieferungen aufgenommen und psychologisch differenziert, wie etwa die *Sage von den Bergwerken zu Falun*, die von Arnim, E. T. A. Hoffmann, Johann Peter Hebel und Richard Wagner bearbeitet worden ist; ein vergessener oder verdrängter Schuldzusammenhang ist in aller Regel das auslösende Motiv. Auch in der Balladenliteratur werden dergleichen Stoffe verhandelt, wobei dieses Genre, das ebenfalls auf englische Vorbilder zurückgeht, allerdings bereits im Vorfeld der Romantik von Gottfried August Bürger (*Eleonore*) und Goethe (*Der Erlkönig, Der Türmer*) geprägt worden ist. Herausragendes Beispiel einer romantischen Schauerballade ist Coleridges *The Ancient Mariner* (1798), die Erzählung eines alten Seemanns, der einen Albatros – nach Seemannsglauben ein heiliger Vogel – getötet hat und seither von unheimlichen Mächten verfolgt wird.

Eine ähnliche Verfehlung bildet den Ausgangspunkt für Kleists in vieler Hinsicht vorbildliche Spuknovelle *Das Bettelweib von Locarno* (1810). Ein Landedelmann stolpert gewissermaßen über eine alte Bettlerin, die seine Frau mitleidig aufgenommen hatte, und gibt ihr unwirsch zu verstehen, daß sie sich hinter den Ofen begeben möge; als sie eilends seinem Befehl nachzukommen sucht, gleitet sie aus und verletzt sich tödlich. Ein scheinbar läßliches Vergehen, das sich aber bitter rächen wird: Als der Marchese, in finanzielle Bedrängnis geraten, das Schloß veräußern will, werden mehrere Käufer von unerklärlichen Spukphänomenen abgeschreckt, und da er diesen selbst auf den Grund zu gehen versucht, ergreift ihn ein solches Entsetzen, daß er »müde seines Lebens«, eigenhändig Feuer an seinen Besitz legt. Noch heute liegen, wie es abschließend heißt, »seine weißen Gebeine in dem Winkel des Zimmers, von welchem er das Bettelweib von Locarno hatte aufstehen heißen«.

In anderen Erzählungen – so in Tiecks *Runenberg* (1804) und Wilhelm Hauffs *Höhle von Steenfoll* (posthum 1828) – spielt der begehrliche Blick, der eine verbotene Szene beobachtet und sich darüber in Angst- und Wunschphantasien verwirrt, eine entscheidende Rolle. Dieses Motiv ist später von zahlreichen Autoren – Edgar Allen Poe, Alexander Puschkin, Gérard de Nerval (1808–55) – immer wieder variiert und ausgeführt worden. Auch überwundene Gesellschaftsstrukturen, überkommene Konventionen, lebendig-tote Repräsentanten des Ancien Régime wie in Arnims *Gräfin Dolores* (1810) können in den politisch unverdächtigen Spukgeschichten thematisiert werden.

Das Werk eines einzigen Autors scheint für alle Spielarten gespenstischer Erscheinungen prägnante Beispiele bereitzuhalten. Zweifellos hat E.T.A. Hoffmann in seinen Romanen und Erzählungen am konsequentesten mit psychischen Grenzphänomenen experimentiert; und nicht zufällig hat ein Jahrhundert später Sigmund Freud seine Interpretation des Unheimlichen – als Wiederkehr des Verdrängten – wesentlich auf eine Analyse von E.T.A. Hoffmanns *Sandmann* gestützt. Tatsächlich werden die verschiedenen Mechanismen der Verdrängung in Hoffmanns Erzählungen nicht nur als innerpsychische Phänomene, sondern auch als äußere Szenarien beschrieben: So wird der Leser Zeuge, wie ein alter Diener, der vor Jahrzehnten seinen Herrn ermordet hat und in periodischen Abständen alle Handlungen, die der Tat vorhergingen, zwanghaft wiederholen muß, an dem nunmehr zugemauerten Ort seines Verbrechens sich verzweifelt die Nägel blutig schürft (*Das Majorat*, 1817); man wohnt dem gespenstischen Ritus einer alten Dame bei (die Idee hat später Charles Dickens in seinem Roman *Great Expectations* verwertet), die am Hochzeitstag von ihrem Bräutigam verlassen worden ist und seither jährlich das ausgefallene Fest mit imaginären Gästen feiert (*Ein Fragment aus dem Leben dreier Freunde*, 1819) oder wird mit der selbstquälerischen Analyse eines einsamen Gutsbesitzers konfrontiert, der Anzeichen dafür gewahrt, daß seine leidenschaftlich geliebte und leidenschaftlich liebende Frau ein Vampir sein könnte, und der bei jedem Versuch, der Wahrheit näher zu kommen, seine Befürchtungen gleichermaßen zerstreut und bestätigt findet und somit bis zum Ende in qualvoller Ungewißheit verharrt (*Vampirismus*, 1821).

Hoffmanns Werk bietet ein nahezu vollständiges Kompendium gespenstischer Situationen und Handlungssequenzen, das sowohl die nachfolgende Literatur als auch die cinematographischen Produktionen dieses Genres in seinen Grundzügen vorweggenommen hat. Zutiefst beunruhigend an Hoffmanns Erzählungen ist jedoch nicht allein die dämonische Triebhaftigkeit einzelner Charaktere oder die suggestive Darstellung unheimlicher Szenerien, sondern auch die fortdauernde Unsicherheit, ob die Phantasien und Wahnvorstellungen als Zeichen einer individuellen Psychose oder vielmehr als Ausdruck einer psychotischen Wirklichkeit zu verstehen sind.

Innerhalb dieses Pandämoniums zweideutiger Gestalten einer zweideutigen Realität spielt das Motiv des Doppelgängers eine besondere Rolle. Dabei überschneiden sich psychologische mit kunst- und literaturtheoretischen Interessen. Die Begegnung mit dem eigenen Doppelgänger ist stets beides: Konfrontation mit sich selbst und Entdeckung eines *alter ego*, einer anderen unbekannten Seite der eigenen Identität. Oft wirkt sie traumatisch, weil dieses andere Selbst nicht nur unbemerkt, nämlich außerhalb des eigenen Bewußtseins existiert, sondern auch ganz autonom und womöglich dem Ich zuwiderhandelt, als Ausdruck eines unbewußten, in Hoffmanns Worten »feindlichen Prinzips«. Zugleich hat die Begegnung mit dem anderen Ich »ironischen« Charakter. Sie eröffnet die Möglichkeit, von einem Jenseits des eigenen Ich über sich selbst zu reflektieren: das eigene Ich in der Funktion seines gesellschaftlichen Rollenspiels oder als Gegenstand künstlerischer Gestaltung zu betrachten und damit in die Rolle des anderen Ich zu schlüpfen.

Jean Paul, der wie kein anderer Autor seiner Zeit die kulturelle Provinzialität und politische Unterdrückung in den deutschen Kleinstaaten durch individuelle psychische Deformationen seiner Charaktere – die für sein Werk typischen »Sonderlinge« – wie in einem Zerrspiegel wiederzugeben sucht, hat jene Art des mehrfachen Rollentauschs in seinem Roman *Siebenkäs* (1797/ 1816) durchgespielt, der es dem Protagonisten schließlich gestattet, sich durch einen Scheintod aus seinen unerfreulichen ehelichen Verhältnissen zu befreien und zu einer neuen Identität aufzuerstehen. Dagegen hat Brentano in seiner Satire *Die mehrfachen Wehmüllers und die ungarischen Nationalgesichter* (1833) durch eine Reihe von Doppelgängern, Abbildern und Scheinidentitäten die Potenzierung des Ich ad absurdum geführt.

Auch die romantische Malerei hat sich das Motiv des Doppelgängers zu eigen gemacht. Schon die Betrachterfiguren, die Caspar David Friedrich zwischen seine Landschaften und die realen Betrachter einfügt, repräsentieren eine künstlerische Form der Selbstbegegnung. Indem der reale Betrachter zum integrativen Bestandteil des Kunstwerks wird, entsteht ein virtuell unendliches Spiel der Potenzierungen von Realitäts- und Bildebenen. Doch geht der Maler noch einen Schritt weiter, wenn er die Betrachterfiguren selbst

Kreisler erwachte aus dem Traume, und erblickte seine dunkle Gestalt im Wasser. Da war es ihm, als schaue ihn Ettlinger, der wahnsinnige Maler, an aus der Tiefe. „Hoho", rief er herab, „hoho, bist du da geliebter Doppeltgänger, wackerer Kumpan? (...) Mache mir nicht alle Gesten nach, Maler, wenn ich ernsthaft mit dir rede! – Schon wieder? Fürchtete ich mich nicht vor dem Schnupfen, ich spränge zu dir herab und prügelte dich erklecklich. Schere dich zum Teufel halunkischer Mimiker!" Kreisler sprang schnell fort. (...) Aus dem Fischerhäuschen strahlte ein helles blendendes Licht, dem eilte Kreisler schnell entgegen. Unfern der Türe im vollen Schimmer des Lichts, erblickte Kreisler sein Ebenbild, sein eigenes Ich, das neben ihm daherschritt. Vom tiefsten Entsetzen erfaßt, stürzte Kreisler hinein in das Häuschen, sank atemlos zum Tode erbleicht, in den Sessel. (E.T.A. Hoffmann, *Lebensansichten des Kater Murr*, 1820)

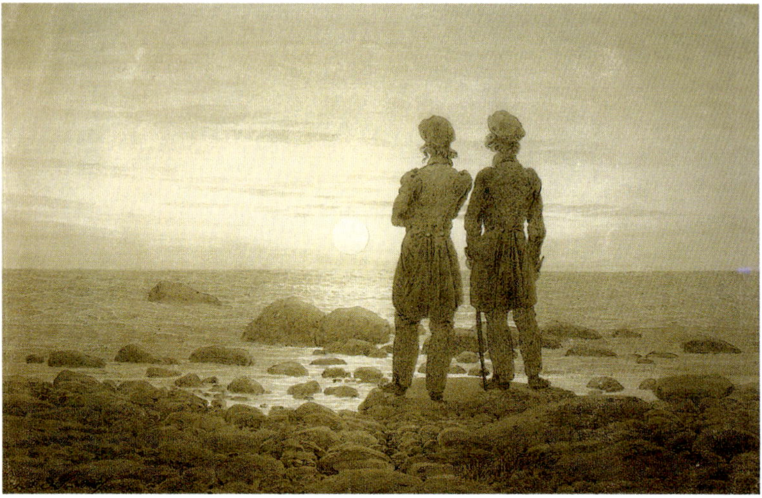

Caspar David Friedrich (1774–1840), *Zwei Männer bei Mondaufgang am Meer*, um 1835/37, Bleistift, Sepia, 24,5 x 34,5 cm, St. Petersburg, Eremitage

noch einmal im Bild verdoppelt, und zwar auch hier gegen alle Konventionen des »guten Geschmacks« und der klassischen Forderung nach »Vielfalt« als zweifelhafte Spiegelbilder ihrer selbst. Es verwundert nicht, wenn seine Zeitgenossen diesen eigentümlichen Phantasien ratlos gegenüberstanden. Erst die Kunst des 20. Jahrhunderts und die in vieler Hinsicht dem romantischen Denken verwandte Psychoanalyse hat sich intensiver mit diesen Phänomenen auseinandergesetzt.

Die romantischen Gespenster sind zugleich kulturelle Revenants: bedrohlich wiederkehrende Schatten einer (wie Eichendorff meinte) »schattenlosen Aufklärung«, deren Zerrbilder die helle, optimistische Welt der Vernunft in ihrem Innersten verstören. Was die materialistische Selbstgewißheit und der Fortschrittsglauben der Aufklärung verdrängt haben, kehrt in nächtlichen Spukgestalten wieder; wie Goyas »Monster« sind sie aus den Untiefen der menschlichen Natur hervorgetreten, denen in einer vernünftigen Weltordnung kein Platz mehr eingeräumt werden dürfte. In E.T.A. Hoffmanns *Magnetiseur* ist es gerade die insistente Verleugnung jener als »Geisterseherei« verworfenen psychischen Grenzphänomene, die diese auf unheimliche oder sogar katastrophale Weise heraufbeschwört.

Der romantische Versuch, diese Verdrängung wieder aufzuheben, um die Phänomene des Grauens zu erklären, führt bezeichnenderweise zurück in die Kindheit, weniger allerdings in die individuelle Kindheit als vielmehr in die der Menschheitsgattung. E. T. A. Hoffmann bietet in seiner Erzählung *Der unheimliche Gast* eine anthropologische Herleitung des Unheimlichen, der »Gespensterfurcht«, die auf Gotthilf Heinrich Schuberts *Ansichten von der Nachtseite der Naturwissenschaften* (1808) zurückgehen. Gerade jene psychischen Grenzphänomene könnten demnach eine ungefähre Vorstellung von dem ursprünglichen Zusammenhang zwischen Natur und Geist vermitteln, den es wiederzufinden und wiederherzustellen gelte.

Von all den unaufgeklärten Schattenphänomenen – Vorahnungen, Träume, Somnambulismus, Telepathie etc. – steht die skandalumwitterte Lehre von der Heilkraft des animalischen Magnetismus im Mittelpunkt des öffentlichen Interesses dieser Zeit. Die durch körperliche Einwirkung hervorgerufenen Trance-Zustände waren gleich in doppelter Hinsicht skandalös. In philosophischer Hinsicht stellten sie die Grenze zwischen Geist und Materie, somit das physikalische Weltbild der Aufklärung in Frage, und zweifellos lag eben darin ihre Attraktivität für die romantische Bewegung. Noch Schopenhauer bewertete »vom philosophischen Standpunkt« den Magnetismus als die »inhaltsschwerste aller jemals gemachten Entdeckungen«. Andererseits hatte sich die Magnetisierung, deren Erfinder, Franz Anton Mesmer, fast schon in Vergessenheit geraten war, vor allem in Berlin nach 1815 als mondäne Salonunterhaltung etabliert, wobei insbesondere das Verhältnis zwischen dem stets männlichen Magnetiseur und der fast immer weiblichen Patientin (laut Schubert die »unschuldige Zuneigung, welche die Somnambule an den Magnetisieur fesselt«) Gesprächsstoff lieferte.

Dennoch fand das Verfahren, von dem man sich – wie von der später entwickelten Hypnose – vor allem

Nicht wegzuleugnen ist die geheimnisvolle Geisterwelt, die uns umgibt, und die oft in seltsamen Klängen, ja in wunderbaren Visionen sich uns offenbart. Die Schauer der Furcht, des Entsetzens mögen nur herrühren von dem Drange des irdischen Organismus. Es ist das Weh des eingekerkerten Geistes, das sich darin ausspricht. (...) vielleicht liegt darin die Strafe der Mutter, deren Pflege, deren Zucht wir entartete Kinder entflohen. Ich meine, daß in jener goldenen Zeit, als unser Geschlecht noch im innigsten Einklange mit der ganzen Natur lebte, kein Grauen, kein Entsetzen uns verstörte, eben weil es in dem tiefsten Frieden, in der seligsten Harmonie alles Seins keinen Feind gab, der dergleichen über uns bringen konnte. (E. T. A. Hoffmann, *Der unheimliche Gast*, 1818)

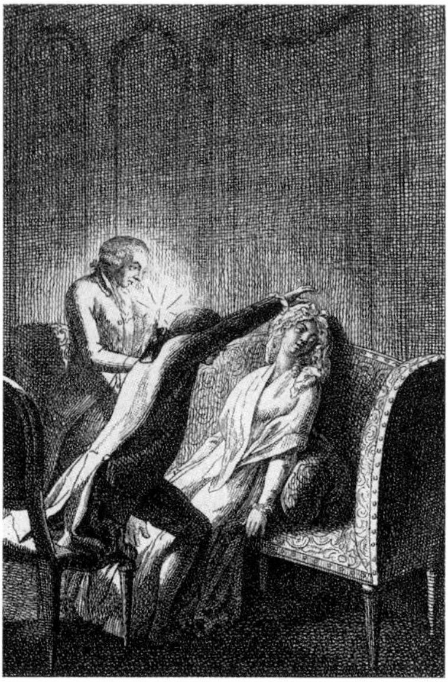

Daniel Chodowiecki (1726–1801), *Der Magnetiseur*, 1790, Bleistiftzeichnung, Berlin, Kupferstichkabinett

die Heilung von Gemütskrankheiten versprach, das aber darüber hinaus hellseherische Kräfte in der Somnambulen wecken sollte, allenthalben seriöse Fürsprecher. Der Begründer der Makrobiotik etwa, Cristof Wilhelm Hufeland (1762–1836), wandelte sich von einem erbitterten Gegner zu einem entschiedenen Befürworter des Mesmerismus; zu dessen Anhängern zählten auch Wilhelm von Humboldt und Schleiermacher. Der Modearzt Karl Christian Wolfart gründete in Berlin ein magnetisches Spital, der Universitätsprofessor David Ferdinand Koreff, Freund von E. T. A. Hoffmann und Rahel Varnhagen, erhob den Mesmerismus, der auch die Protektion des Staatskanzlers von Hardenberg genoß, zu akademischen Würden. Allerdings sollte diese »dunkelste aller dunklen Wissenschaften« die romantische Epoche nicht überdauern: als Carl Gustav Carus 1857 seinen Beitrag *Über Lebensmagnetismus* veröffentlichte, hatte dieser sich bereits buchstäblich überlebt.

Romantische Suche nach einer ursprünglichen Einheit als Quelle höherer geistiger Fähigkeiten und Einsichten prägt auch die »Theosophie« des Naturwissenschaftlers, erfolgreichen Erfinders und Unternehmers, Philosophen und Privatgelehrten Franz von Baader (1765–1841). Die kurios anmutende Kombination von Tätigkeiten ist dabei durchaus zeittypisch. Die schein-

Der magnetische Rapport ist am stärksten zwischen dem ungleichen Geschlecht. Da es offenbar hier von dem geistigen Verhältnis des Willens zur Gefühlseinheit und von dem organischen Verhältnis der Energie zur Rezeptivität ausgeht, so wird der Mann immer am stärksten auf das weibliche Geschlecht wirken. (...) Vermittelst dieses Zustandes wird jede Somnambule gleichsam ein Doppelwesen, ein anderes im Wachen, ein anderes im magnetischen Traum, und diese beide Persönlichkeiten wissen nichts von einander. Die Wachende weiß nichts von allen den Szenen der Träumenden, und die Träumende verliert die Wirklichkeit der Wachenden. (Carl August Eschenmayer, *Psychologie*, 1816)

bar weltferne Poesie eines Novalis stammt von einem kompetenten Ingenieur, der – wie auch Baader und Alexander von Humboldt – auf der Bergakademie zu Freiberg studiert hatte, der Autor der *Herzensergießungen eines kunstliebenden Klosterbruders*, Heinrich Wackenroder, war bis zu seinem frühen Tod Kammergerichtsassessor, und als Joseph v. Eichendorff seinen *Taugenichts* schrieb, war er Regierungsrat in preußischen Diensten; dem Kammergerichtsrat E. T. A. Hoffmann wurden von seinem Vorgesetzten exzellente juristische Kenntnisse und eine vorbildliche Dienstauffassung bescheinigt.

Baaders »erotische Philosophie« ist eine spirituelle Antwort auf die materialistische »Philosophie des Boudoir«, zeigt aber eine entschiedene Abneigung gegen jede Art von Sentimentalität oder Schwärmerei; sie versteht sich als eine Alternative zu dem unversöhnlichen Dualismus von Rationalität und Irrationalität (und implizit auch zu Hegels Dialektik). Auch Baader geht von einem umfassenden Urwissen aus, dem sich Adam durch eigensinnige Differenzierung und Vereinzelung schließlich entfremdet habe, so daß es seinen Nachkommen nur noch in bruchstückhafter Rückerinnerung zugänglich sei. Dies allerdings ist nur durch eine Aufarbeitung der religiösen Tradition (namentlich von Augustinus und Jakob Böhme) möglich, da allein noch in den freilich unergründlichen christlichen Mysterien ein Abglanz des gottgegebenen Urwissen aufscheine.

Aufschlußreich in diesem Zusammenhang ist der Begriff des »Erotischen«; er steht synonym für das, was in Baaders Augen von der Aufklärung marginalisiert, als subjektive Gefühls- oder Glaubenssätze einer philosophischen Reflexion für unwürdig erklärt worden war: Liebe und Religion. Beides sei eigentlich ein und dasselbe, da alle Phänomene der geschlechtlichen Liebe nur äußere Zeichen einer tieferen, sakramentalen Bedeutung seien, in deren Erkenntnis die göttliche Bestimmung des Menschen liege. Unbeschadet der esoterischen Ausdrucksweise steht auch bei Baader die Geschlechterspannung im Zentrum der

Hast auch du ein Gefallen an uns, dunkle Nacht? Was hältst du unter deinem Mantel, das mir unsichtbar kräftig an die Seele geht? Köstlicher Balsam träuft aus deiner Hand, aus dem Bündel Mohn. Die schweren Flügel des Gemüts hebst du empor. Dunkel und unaussprechlich fühlen wir uns bewegt – ein ernstes Antlitz seh ich froh erschrocken, das sanft und andachtsvoll sich zu mir neigt, und unter unendlich verschlungenen Locken der Mutter liebe Jugend zeigt. (Novalis, *Hymnen an die Nacht*, 1800)

Karl Friedrich Schinkel (1781–1841), *Die Nacht, in ein weites Tuch gehüllt, über dem Golf von Neapel schwebend*, 1834, Deckfarben, 35 x 35 cm, Berlin, Kupferstichkabinett

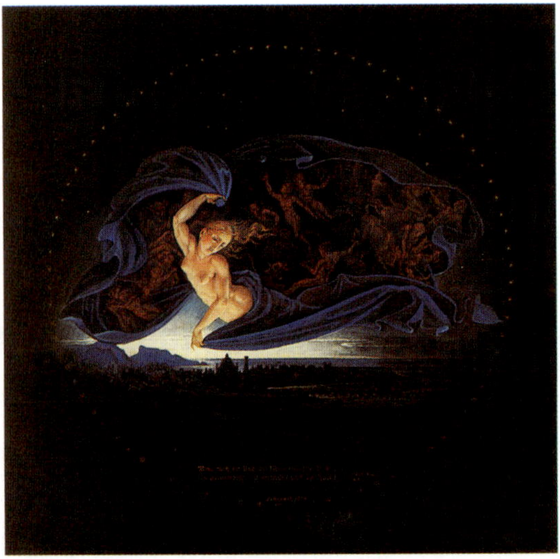

Überlegungen; ihre Auflösung ist das eigentliche Ziel der Menschheit, wenngleich damit keine Rückkehr zur Mutter-Natur, sondern zum christlichen Vatergott gemeint ist.

Das poetische Gegenstück zu Baaders erotischer Theosophie sind die um 1800 entstandenen *Hymnen an die Nacht* von Novalis (1800). In programmatischer Abkehr von der Lichtmetaphorik der Aufklärung werden die archaischen Rechte der »heiligen, unaussprechlichen, geheimnisvollen Nacht« geltend gemacht. Das Dunkel, das sie verbreitet, ist ambivalent, ist »wüst« und »einsam«, eine »tiefe Gruft«, aber die Ängste gegenüber der Dunkelheit, die den postmortalen Zustand vorausahnen, verwandeln sich in Todessehnsucht: »Welche Wollust, welchen Genuß bietet dein Leben, die aufwögen des Todes Entzückungen?«

In der personifizierten Nacht verschmelzen – ähnlich wie bei Runge – Maria, Weltkönigin, Liebesgöttin zu einem einzigen umfassenden Bild des Weiblichen. Die Rückkehr in den Mutterschoß ist zugleich die höchste Form der Liebesvereinigung: »Hinunter in der Erde Schoß. (...) Der Schmerzen Wert und wilder Stoß«. Der romantische Liebestod wird als körperliche Erfahrung, das Jenseits in ekstatischen Bildern beschrieben: eine mystische Schau dessen, was nicht mit leiblichen Augen gesehen, sondern nur in Traumbildern erinnert werden kann, da es der Vergessenheit anheimfällt, sobald der Mensch das Licht erblickt. Die paradoxe Überschneidung von Vaginal- und Mutterleibsphantasien manifestiert sich ebenso in der Malerei;

der innere Blick, mit dem Caspar David Friedrich die äußere Realität zu erfassen sucht, Schinkels wiederkehrendes Kompositionsschema einer enggeführten Perspektive, die sich in der Unendlichkeit verliert, Blechens abgeschnittene Tiefenfluchten, die den Außenraum wie eine Höhle erscheinen lassen, suchen damit der bildenden Kunst neue Bilderwelten zu erschließen.

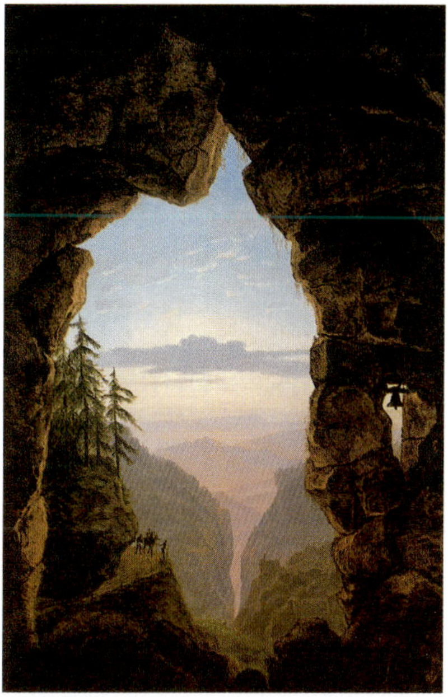

Wie Schuberts kulturgeschichtlicher Entwurf, wie Baaders vor allem politisch brisante Theosophie, steht Novalis' poetische Erkundung des Nächtlichen ganz im Zeichen der Geschlechterspannung, auch wenn diese von ihrer hymnisch gefeierten Auflösung her beschrieben wird. Der jenseitige Ort der Poesie bleibt indessen von derselben Ambivalenz geprägt wie die erotische Existenz des Individuums: als unentrinnbares Gefängnis und als Ausgangspunkt der erlösenden Liebesvereinigung. In diesem Spannungsfeld agieren die romantischen Verkörperungen des Weiblichen: mythologisch zweifelhafte Gestalten, die eigentlich schon längst, wie es bei Goethe heißt, ins »Fabelbuch der Geschichte« geschrieben worden sind, nun aber im Gefolge der wiederentdeckten Nachtwesen als gespenstische oder zauberhafte Revenants zurückkehren.

Karl Friedrich Schinkel, *Felsentor*, 1818, Öl auf Leinwand, 74 x 48 cm, Berlin, Nationalgalerie

Carl Blechen (1798–1840), *Felslandschaft mit Mönch*, 1825, Öl auf Leinwand, 70 x 94 cm Berlin, Nationalgalerie

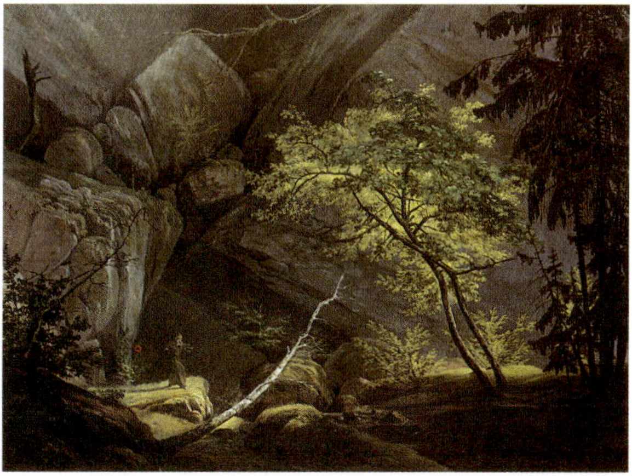

Romantische Weiblichkeit

Auf den ersten Blick erscheint das Bild wie eine der zahllosen Varianten des seit der Renaissance beliebten Sujets: eine traditionell arkadische Idylle mit erotischer Aura, im Mittelpunkt zwei badende Mädchen, die mit ihren Kleidern auch alle früheren mythologischen Requisiten abgelegt haben, zu ihrer ursprünglichen Natur zurückgekehrt sind und die – noch dazu als Frauen aus dem »einfachen Volk« mit ihren angeblich freieren Sitten – romantisch sehnsüchtige Blicke auf sich ziehen. Doch der Eindruck trügt. Bei genauem Hinsehen verändert sich die Szenerie. Schon die Posituren der beiden Frauen sind ungewöhnlich. Die vordere, die im Begriff war, sich gänzlich zu entkleiden, hält in ihrer Drehbewegung inne; sie blickt sich zurückwendend aus dem Bild heraus und fixiert den Betrachter. Die andere, bereits badende Frau macht keinesfalls Anstalten zu fliehen (wie man aus der Motivtradition hätte erwarten können), sondern ist vielmehr in einer kämpferisch dynamischen Abwehrhaltung dargestellt. Beide sind offenkundig bestrebt, den Betrachter fernzuhalten, und es scheint ihnen nicht an Mitteln zu fehlen, sich gegen seine Zudringlichkeit zur Wehr zu setzen.

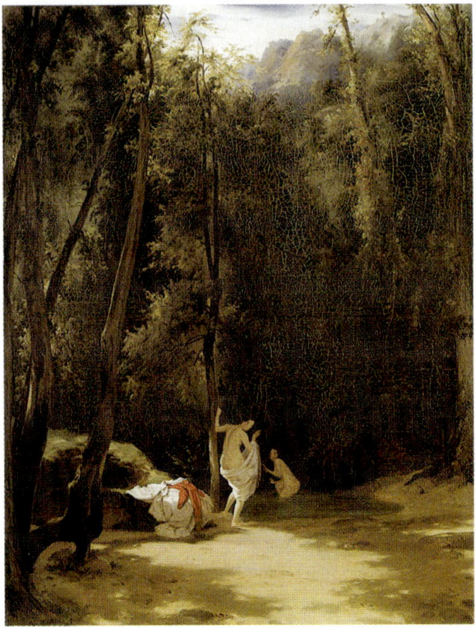

Carl Blechen (1798–1840), *Park von Terni mit badenden Mädchen*, um 1830, Öl auf Leinwand, 107 x 77 cm, Berlin, Nationalgalerie

Die Betrachtung der eigentümlichen Komposition mit ihren auffälligen Details wird zunehmend unbehaglich. Das Bild ist von extremen, nervös flimmernden Licht- und Farbkontrasten durchzogen: das Helldunkel des Vordergrunds, die weißen und blutroten Kleidungsstücke im Sonnenlicht, das helle Inkarnat der nackten Körper, das sich von dem dunklen Türkis der Wasseroberfläche abhebt. Das düstere Walddickicht und der hochaufragende, undurchdringliche Baumwuchs verwehren jede Durchsicht und öffnen sich nur am oberen Bildrand zu einem engen Lichtkegel, der den etwas freien Himmel jenseits des verbotenen Hains erkennen läßt.

Unverkennbar spielt das Bild auf die antike Geschichte des Jägers Aktaion an, der die Jagdgöttin Diana und ihr weibliches Gefolge beim Bad überrascht und für seinen Leichtsinn grausam bestraft wird, indem er von seinen eigenen Hunden, die ihn nicht mehr erkennen, zerrissen wird. Der romantische Betrachter muß eine andere, zeitgemäßere Strafe befürchten. Denn es besteht nicht der geringste Zweifel, daß er gut daran tun würde, den vom schräg einfallenden Sonnenlicht gezeichneten Grenzbereich nicht (und sei es auch nur in seiner Phantasie) zu überschreiten; und zugleich liegt es in der Logik der Komposition, daß Blick und Imagination unaufhörlich in die jenseitige Sphäre hinüberwandern, so daß es ihm schwerfallen wird, sich wieder von der Stelle zu lösen. Der abwehrende Blick der Mädchen scheint den Betrachter förmlich zu bannen und zu versteinern.

In der kurzen Schaffenszeit zwischen 1823 und 1838 hat Carl Blechen (1798–1840) der romantischen Naturmythologie in seinen Landschaften auf beunruhigende Weise Ausdruck verliehen. Er war ein Außenseiter wie C. D. Friedrich, den er sehr verehrte; wie dieser malte er einfache Naturmotive, die mit Bedeutung aufgeladen scheinen, aber im krassen Unterschied zu seinem Vorbild keine gute Botschaft verkünden. Im Gegenteil: seine Landschaften sprechen wie Jean Pauls Christus davon, daß im Pandämonium der Natur kein Gott sei. Die Natur, die er malt, bedeutet Gefangenschaft, keine Erlösung: die meist sehr hoch angesetzte Horiziontlinie zwingt den Betrachter zu einer beklemmenden Untersicht, versetzt ihn in klaustrophobische Enge oder entfernt, indem er den Vordergrund mit öden Gesteinsmassen füllt, die Gegenstände in geradezu unerreichbare Ferne. Bisweilen werden sie nur noch

Es ist schon spät, es
ist schon kalt,
Was reit'st du einsam
durch den Wald?
Der Wald ist lang, du
bist allein,
Du schöne Braut! Ich
führ' dich heim!

„Groß ist der Männer
Trug und List,
Vor Schmerz mein
Herz gebrochen ist,
Wohl irrt das Waldhorn her und hin,
O flieh! Du weißt
nicht, wer ich bin."

So reich geschmückt
ist Roß und Weib,
So wunderschön der
junge Leib,
Jetzt kenn' ich dich –
Gott steh' mir bei!
Du bist die Hexe
Loreley.

„Du kennst mich wohl
– von hohem Stein
Schaut still mein
Schloß tief in den
Rhein.
Es ist schon spät, es
wird schon kalt,
Kommst nimmermehr
aus diesem Wald!"

(Joseph von Eichendorff, *Waldgespräch*)

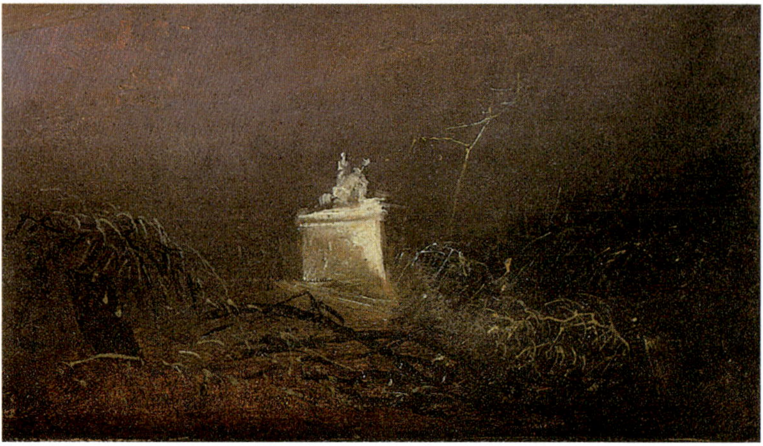

Carl Blechen (1798–1840), *Grabmal*, 1824/27, Öl auf Pappe, auf Holz aufgezogen, 13,5 x 23 cm, Berlin, Nationalgalerie

schemenhaft angedeutet, als solle der Betrachter an seinem Sehvermögen zweifeln: Nur mit Mühe sind jene fünf Frauen zu erkennen, die auf dem Grabmal – innerhalb einer düsteren, geradezu postmortalen Landschaft – um die Weltkugel in ihrer Mitte trauern.

Protegiert durch Friedrich Schinkel konnte Blechen bereits zu Beginn seiner Laufbahn als Theatermaler die Effekte der unheimlichen und phantastischen, halb realen, halb visionären Szenerien erproben, die auch sein späteres Werk dominieren, nachdem er 1827 wegen eines Streits mit der Primadonna Henriette Sonntag das Königsstädtische Schauspielhaus verlassen mußte. In Rom, wo er weder die antiken Kunstwerke noch Raffael noch die präraffaelitischen Vorbilder der Nazarener, sondern die verlassenen Villen, verwilderten Gärten und sonnenverbrannten Felder der Campagna studierte, entwickelte er seine eigene Auffassung von Landschaftsmalerei, deren Radikalität durchaus begriffen, aber auch ebenso entschieden abgelehnt wurde: »Dies ist kein seelenvolles Antlitz der Natur«, schreibt der zeitgenössische Kritiker und Kunsthistoriker Franz Kugler, »(...) seine Züge verhalten sich zu diesem wie die eines Hirnverbrannten zum gesunden Menschengesicht«. Der niederträchtige Vergleich hat dennoch eine gewisse Berechtigung: in eben diesem dämonischen Gesicht der Natur spiegelt sich die Natur des

Gegenüberliegende Seite: Moritz von Schwind, (1804–1871), *Nixen am felsigen Waldufer*, 1865, Sepia, Aquarell, 39,5 x 27,1 cm, Berlin, Kupferstichkabinett

Menschen. Es kann nicht verwundern, daß seine Zeitgenossen – zumal unter dem Eindruck der nazarenisch gefärbten Historienmalerei – daran Anstoß nahmen. Zu den wenigen, die seine Kunst schätzten und an seinem Schicksal Anteil nahmen, gehörte Bettine von Arnim, die zugunsten des zunehmend umnachteten Malers eine Lotterie veranstaltete, deren Preis eine spätere Fassung der *Badenden Mädchen* gewesen ist.

Ich irre nicht, wenn ich Blechens gestörte Organisation dem Mangel an Teilnahme und Begriff seiner Mitwelt zuschreibe. Noch erhitzt von den Steigerungen seines Innern bei so kühnen Visionen prallte er von allen Seiten an das mauerfeste Gefängnis der Philisterwelt, die ihn umgab. Kaltes Mißverstehen, blödsinniges Urteil, neidisches Verzerren seiner gigantischen Versuche machten ihn rasend, und kein Tröpfchen Tau des Einverständnisses sollte ihn erquicken. Entzweiung mit sich selber, Verwirrung seines Instinktes waren die Folge! War es optischer Betrug, daß er die Welt so schaute, war er's allein, dem die kühnen Massen, die er auf die Berge und Felsen pflanzte, so edel und groß erschienen? Und das Licht, das aus seinem Pinsel strömte, sollte das bloß Fiktion sein und keine Wahrheit? (Bettine von Arnim, Brief an Moritz August von Bethmann-Hollweg, 1838)

Die beiden weiblichen Gestalten, die den Betrachter in die mysteriöse Szenerie verstricken, sind offenbar weitläufige Verwandte jener Nymphen und Faune, mit denen zuletzt das Ancien régime seine erotischen Phantasien zum Ausdruck gebracht und seine Schaubedürfnisse befriedigt hatte. »Es ist ein altes Buch zu blättern«, resümiert Goethes Mephisto den Vergleich von nördlich-romantischer und südlich-klassischer Walpurgisnacht, »vom Harz bis Hellas: alles Vettern«, und das gilt nicht nur für Hexen und Gespenster. In der romantisch beseelten Natur sind die sogenannten Elementargeister zu neuem Leben erwacht, die nach Paracelsus (1493–1541) die vier Elemente bewohnen, mit Verstand und Weisheit begabt sind, dafür aber keine Seele haben, während sie Luthers Meinung nach allesamt des Teufels sind.

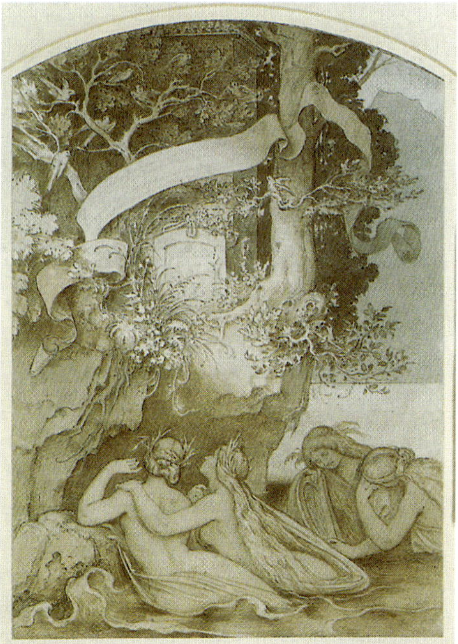

Diese etwas grobschlächtige Vereinfachung scheint allerdings ein Text zu bestätigen, der auf die deutsche wie auf die französische Romantik von großem Einfluß gewesen ist. Jacques Cazottes (1720–92) Roman *Der verliebte Teufel* (1772) gilt als Auftakt der phantastischen Literatur. Erzählt wird von einem spanischen Offizier, dem (zu seinem großen Erstaunen) nach einem ziemlich banalen Hokuspokus unversehens ein dienstbarer Geist entgegentritt. Dieser erweist sich schon bald als ein ungemein reizvolles weibliches Wesen, das sich Biondetta nennt und dem jungen Mann weder Geld noch Seele rauben, sondern nur mit ihm schlafen will und zu diesem Zweck in der Tat Zauberkräfte aufbietet, die bei jedem anderen als einem strenggläubigen Spanier ihre Wirkung nicht verfehlt haben würden. Um seine Befürchtungen hinsichtlich möglicher dauerhafter Bindungen zu zerstreuen, erzählt ihm Biondetta die Geschichte – oder das Märchen – ihrer Herkunft: daß sie eine Sylphide, ein Feuergeist sei, daß sie sich in ihn verliebt und darum ihrerseits menschliche Gestalt angenommen habe. Der Versuch, sich definitiv Gewißheit über Biondetta zu verschaffen, ist natürlich zum Scheitern verurteilt; die Liebesnacht, zu der es am Ende doch noch kommt, endet in einem Angstdelirium des Protagonisten, der schließlich zu einer standesgemäßen Ehe überredet wird, um »niemals wieder in Versuchung zu geraten, eine Frau für den Teufel halten« zu müssen.

In der romantischen Mythologie des Weiblichen spielen die Elementargeister eine prominente Rolle; sie erweisen sich als Verkörperungen weiblichen Begehrens, dem der männliche Antagonist zumeist mit Nervosität begegnet; es sind »seelenlose Jungfrauen«, sinnliche Triebwesen *par excellence*, die es zu einer Verbindung mit der Menschenwelt drängt, und zwar – wie das Beispiel Undines zeigt – keineswegs zu ihrem Vorteil. Die Geschichten der Undinen und Nixen, Salamander und Sylphiden erzählen fast immer von einer verunglückten Domestizierung. Die weibliche Triebnatur soll sich dem männlichen Zivilisationsgebot unter-

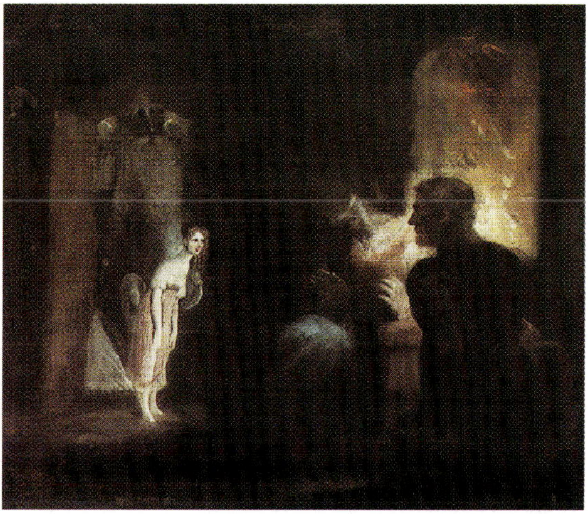

Johann Heinrich Füssli (1741–1825), *Undine gelangt in die Fischerhütte*, 1821, 73 x 63 cm, Basel, Kunstmuseum, Öffentliche Kunstsammlung

werfen, aber sie erweist sich als stärker, und indem man sie zu zwingen sucht und dabei ihre archaischen Rechte verletzt, verwandeln sich ihre erotischen Neigungen in zerstörerische Impulse. Fouqués *Undine* (1811) ist zunächst ein unbändiger Kobold, aber nachdem sie ihrem Ritter vermählt worden ist, gibt sie sich aus Liebe zu ihm alle Mühe, die Konventionen der Menschenwelt zu respektieren. Was hingegen ihren Gemahl noch in den zärtlichsten Momenten beunruhigt, ist gerade ihre unergründliche Liebe, die in seinen und in den Augen der Gesellschaft immer wieder zweifelhafte Züge annimmt. Als der unritterliche Gemahl sie willentlich beleidigt und damit auch ihre Liebe schmäht, ist er unwiderruflich dem Untergang verfallen; Undine geht, aber sie kehrt bald darauf zurück, um den Gelieb-

Ein frisches Morgenlicht weckte die jungen Eheleute. Undine verbarg sich schamhaft unter ihre Decken, und Huldbrand lag still sinnend vor sich hin. So oft er in der Nacht eingeschlafen war, hatten ihn wunderlich grausende Träume verstört von Gespenstern, die sich heimlich grinsend in schöne Frauen zu verkleiden strebten, von schönen Frauen, die mit einem Male Drachen-Angesichter bekamen. Und wenn er von den häßlichen Gebilden in die Höhe fuhr, stand das Mondenlicht bleich und kalt draußen vor den Fenstern; entsetzt blickte er nach Undinen, an deren Busen er eingeschlafen war, und die in unverwandelter Schönheit und Anmut neben ihm ruhte. (Friedrich de la Motte-Fouqué, *Undine*, 1811)

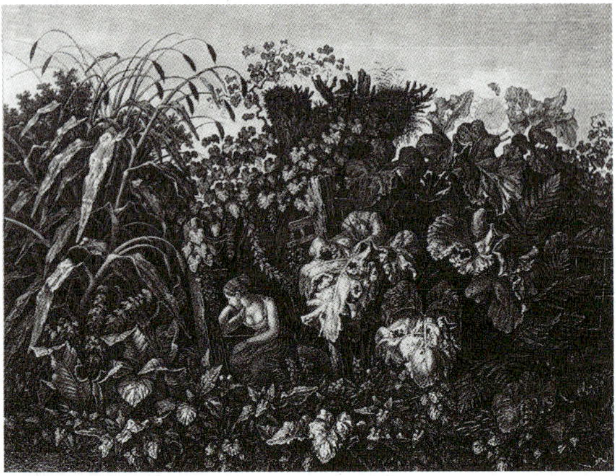

Carl Wilhelm Kolbe (1759–1835), *Träumendes Mädchen im Kraut*, 1830–35, Radierung, 3. Zustand, 35 x 55 cm, Kunsthalle Bremen

ten auf durchaus romantische Weise – nämlich durch einen Kuß – zu töten.

Der erotischen Verausgabung der Elementargeister steht auf der anderen Seite des romantischen Spektrums eine ganz andere Verkörperung des Weiblichen gegenüber, die durch eine klare Rollenüberschreitung gekennzeichnet ist. Die als Mann verkleidete und in exklusiven Männergesellschaften verkehrende Frau gehört zum festen Bestandteil der europäischen Literaturtradition. Das Motiv fehlt in keinem der sogenannten »galanten Romane«, da es offenkundig zu den vielfältigsten erotischen Verwicklungen Anlaß gibt. In der deutschen Romantik werden dergleichen verfängliche Situationen zumeist ausgespart; die androgyne Mädchengestalt steht ganz im Zeichen kindlicher Unschuld. Dafür zeigen die Romantiker größtes Interesse an der Gestalt der Amazone, deren sexuelle Eigendynamik moralisch bedenkliche, sozial gefähr-

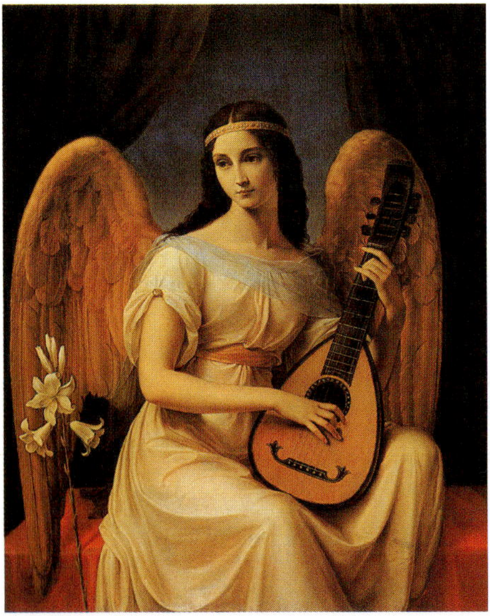

Wilhelm von Schadow (1788–1862), *Mignon*, 1828, Öl auf Leinwand, 118 x 92 cm, Leipzig, Museum der bildenden Künste

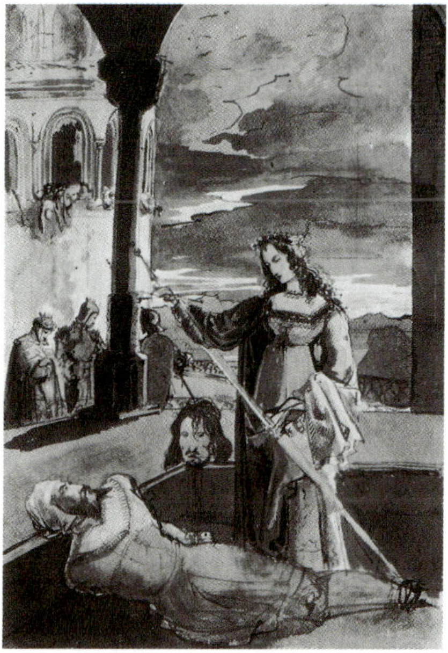

Carl Philipp Fohr (1795–1818), *Kriemhild zeigt Hagen das abgeschlagene Haupt Gunthers*, um 1818, Feder und Tusche über Bleistift, 38,5 x 25 cm, Frankfurt/M., Städelsches Kunstinstitut

dende, bisweilen sogar terroristische Züge annimmt. So hat Heinrich von Kleist auf damals unerhörte Weise die Verstrickung von erotischer und destruktiver Leidenschaft in seiner Tragödie *Penthesilea* (1808) beschrieben, deren Titelheldin – die Anführerin des Amazonenstamms – ihren Geliebten, den sie erst mit Hunden gejagt und mit ihren Pfeilen tödlich verwundet hat, schließlich mit eigenen Händen und Zähnen buchstäblich zerfleischt. Es ist nicht weiter verwunderlich, daß Goethe das Stück nicht in das Repertoire des Weimarer Hoftheaters aufnehmen wollte.

Die Amazone ist von jeher ein bedrohliches Triebwesen, auch wenn es in der Romantik nicht allzu häufig zu solchen Ausschreitungen oder Exzessen kommt, erweist sie sich stets als Manifestation einer archaischen Geschlechterspannung. Insbesondere auf Eichendorff scheint diese Gestalt eine unwiderstehliche Anziehungskraft ausgeübt zu haben, und gewiß nicht zufällig sind es die gelungensten weiblichen Charaktere, die an jenes archaische »Weibervolk« erinnern: wie etwa Rosa in *Ahnung und Gegenwart*, deren »hartes Köpfchen« dem Protagonisten Friedrich »unter allen Untugenden die unleidlichste war«, oder die Gräfin Romana, diese »tollgewordene Genialität, die in die Männlichkeit hineinpfuscht« da sie einfach »nicht weiß, was sie mit ihrer Schönheit und ihrem Geist anfangen soll«. An Deutlichkeit läßt diese Charakteristik nichts zu wünschen übrig, und die poetische Gerechtigkeit sorgt am Ende dafür, daß sich dieses widernatürliche Eindringen in die männliche Sphäre an der »heidnischen« Amazone unerbittlich rächt: aus Verzweiflung über ihr verpfuschtes Leben schießt sie sich »gerade ins Herz«.

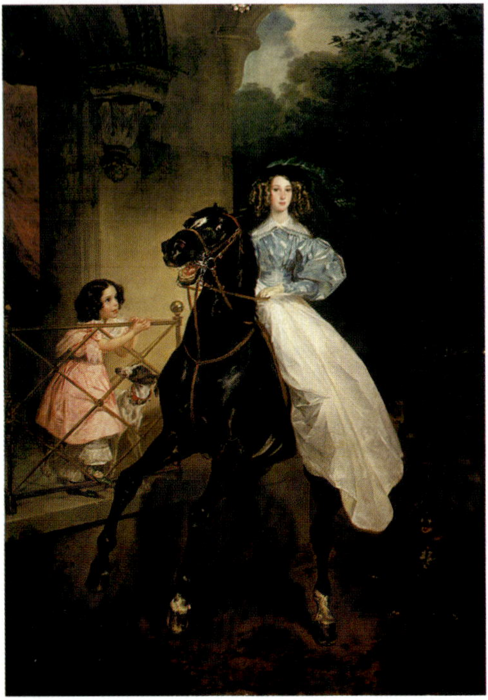

Karl Pawlowitsch Brüllow (1799–1852), *Amazone*, 1832, Öl aus Leinwand, 291,5 x 206 cm, Moskau, Tretjakow-Galerie

Scheinbar versöhnlich hat Ludwig Tieck das Schicksal jener Amazone konzipiert, die der Titelheld Franz Sternbald zuerst als Anführerin einer »Gesellschaft von Jägern auf einem grünen Hügel gelagert« erblickt. In ihrer »Jagdkleidung aus grünem Sammet«, mit dem »federgeschmückten Hut und dem kurzen Schwert«, mit ihrer »schlanken Gestalt«, ihrer »erhabenen Brust« und dem vor »Anstrengung geröteten Gesicht« gleicht sie vielmehr einer »Göttin der Wälder«. Freilich ist diese romantisch eingekleidete Diana der Männerwelt nicht wirklich gefährlich, selbst wenn man sie heimlich belauscht, und wäre der Roman zu Ende geführt worden, hätte sie sich nach den Plänen des Autors auch zu einer ordentlichen Ehefrau von Stand geläutert.

Wie es scheint, stellt sich diese Alternative allen literarischen (und vielleicht nicht nur literarischen) Amazonen: entweder an ihrer Rollenüberschreitung zu scheitern oder aber rechtzeitig in das konventionelle Leben der Gesellschaft zurückzukehren. »Ein Mann muß eure Herzen leiten«, deklamiert Sarastro mit erhobenem Zeigefinger, »denn ohne ihn pflegt jedes Weib aus ihrem Wirkungskreis zu schreiten«. Selbst die Jungfrau von Orléans in Schillers gleichnamiger »romantischer Tragödie« (1801), die sich immerhin auf ihre göttliche Sendung berufen kann, macht darin keine Ausnahme. Ungeachtet ihrer spröden Abweisung aller Liebes- und Heiratsanträge, ist sie eben doch nicht frei von »weiblichen Regungen«, und sie versagt militärisch und politisch, weil sie – wie es die bekannte Stilblüte zutreffend ausdrückt – »auf dem Schlachtfeld einem jungen Engländer das Leben schenkt«. Auch die tapfere Prinzessin Libussa in Brentanos historischem Drama *Die Gründung Prags* (1815) muß sich nach ihren erfolgreichen Kämpfen schließlich doch wieder unter männlichen Schutz begeben, damit sich ihre Vision eines großen christlichen Reiches realisieren kann, während ihre heidnische Gegenspielerin Wlasta, die eine amazonenhafte Mädchenschar anführt, dem Untergang geweiht ist.

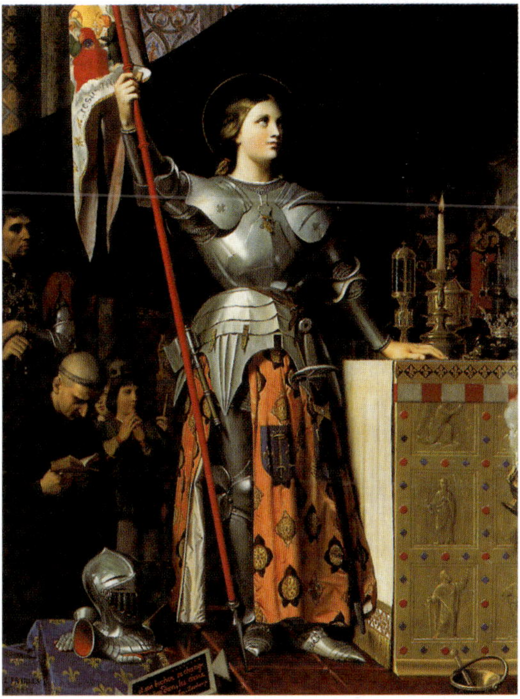

Jean-Auguste-Dominique Ingres (1780–1867), *Johanna von Orléans*, 1851–54, Öl auf Leinwand, 240 x 178 cm, Paris, Musée du Louvre

Ein ganz anderer Versuch, die Geschlechterspannung literarisch aufzuheben, unternimmt Goethe in seinem Roman *Wilhelm Meisters Lehrjahre* (1795/96), der gerade zu jener Zeit erscheint, da sich die romantische Bewegung zu formieren beginnt. Dabei kommt den Freuen eine ungleich größere Rolle zu als in den Romanen der Romantiker, die später immer wieder daran anknüpfen werden: die androgyne Mignon, die sich heftig gegen die ihr aufgenötigte weibliche Rolle sträubt (»Ich bin ein Knabe, ich will kein Mädchen sein«) und dabei mit selbstzerstörerischer Leidenschaft den Protagonisten liebt; der erotische Wirbelwind Philine, die sich über die ernsthaften Männer und ihre langweiligen Gespräche über Kunst und Theater fortwährend lustig macht; die melancholische, über die weibliche Benachteiligung zutiefst verbitterte Amelia, die schließlich Selbstmord

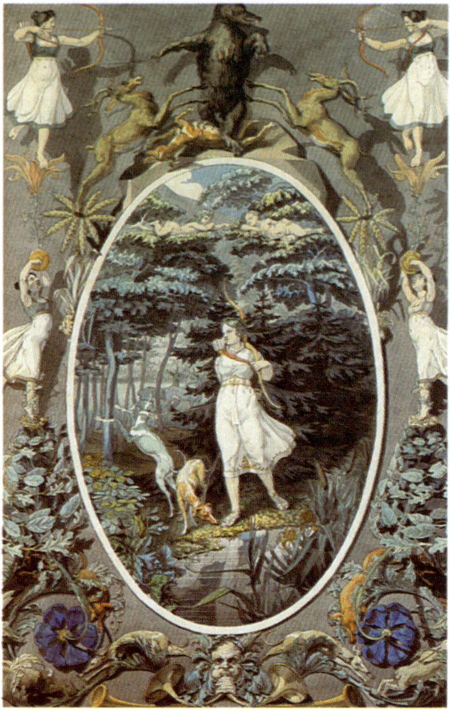

Philipp Otto Runge (1777–1810), *Die Freuden der Jagd*, 1808–09, Feder und Aquarell, 96,7 x 63,6 cm, Hamburger Kunsthalle

begeht; die labile Fürstin, die, als sie sich unstandesgemäß und auch noch außerehelich verliebt, in eine Nervenkrise gerät und sich den Pietisten anschließt; die lebenstüchtige Theresa, die, statt zu heiraten, die Bewirtschaftung ihrer Güter selbst in die Hand genommen hat; Madame Selina, die ihrem kleinbürgerlichen Elternhaus entflohen ist, um einen Schauspieler zu heiraten, und die sich allmählich in der Bühnenwelt zurechtfindet – sie alle lassen ein weibliches Selbstbewußtsein erkennen, das eigentümlicherweise den nachfolgenden romantischen Frauengestalten fehlen wird.

Entscheidend aber ist die Umdeutung des Amazonen-Motivs in Gestalt der Nathalie, die nicht nur ihre eigenen Affekte und Leidenschaften, sondern auch die der sie umgebenden Männer zu zügeln weiß und daher auch in einer bürgerlichen Ehe ihre dominante Rolle behaupten wird. Ebenso besteht kein Zweifel, daß sie den selbstverliebten Protagonisten von seinem dilettierenden Künstlertum abbringen und einem etwas prosaischeren Leben zuführen wird. Wie die Fortsetzung in *Wilhelm Meisters Wanderjahren* zeigt, handelt es sich dabei um eine vielleicht fragwürdige, aber keineswegs spießbürgerliche Alternative.

Diese Entzauberung der romantischen Existenz schon in ihrem Vorfeld hat die nachfolgende Generation schwer gekränkt, und man hat alles daran gesetzt, Wilhelm Meisters unpoetische Entsagung mit Hilfe einer poetisierten Weiblichkeit zu korrigieren. Die Sehnsucht der romantischen Protagonisten gilt weniger einer konkreten Person als einem imaginären Frauenbild, das sie auch im wirklichen Leben aufzufinden oder vielmehr wiederzufinden hoffen, da dieses weibliche Ideal häufig auf eine Kindheitserinnerung zurückgeführt wird. Der Maler *Franz Sternbald* (1798) sucht unermüdlich – indem er dabei zugleich seine Kunstfertigkeit zur Vollendung bringt – nach jenem kleinen Mädchen, dem er »als sechsjähriger Knabe« flüchtig begegnet und dessen Züge er als junger Künstler immer wieder darzustellen bemüht ist. Daß der narzißtische junge Mann schließlich jenes Kind in Gestalt einer erwachsenen Frau wiederfindet, ohne sich enttäuscht von ihr abzuwenden, erscheint zwar psychologisch unwahrscheinlich, entspricht aber der unbedingten Absicht des Autors, einen glücklichen Ausgang des sich überlagernden künstlerischen und erotischen Konflikts zu konstruieren. Denn die Fixierung auf ein inneres, der Erinnerung oder eigenen Vorstellung angehörendes Bild der Geliebten führt nicht selten zu einem entschiedenem Widerwillen gegen weibliche Erotik und hat auch sonst (und nicht nur in der Literatur) bedenkliche Folgen.

Zuweilen nimmt die Dominanz imaginärer Geliebten gegenüber realen Frauengestalten melancholische oder geradezu gespenstische Züge an. Der Untertitel von Brentanos »verwildertem Roman« *Godwi* (1801) – »Das steinerne Bild der Mutter« – deutet auf eine familiäre (und für die spätere Psychoanalyse exemplarische) Verstrickung, die Eichendorff in einer berühmten Spuknovelle noch mit kulturgeschichtlichem Konfliktstoff angereichert hat. In seinem *Marmorbild* (1819) wird die erotische Spannung zwischen den Repräsentanten einer spirituellen Kunstwelt (die auf das christliche Mittelalter verweist) und einer sinnlichen Diesseitigkeit (als Erbe der paganen Antike) ausgetragen. Ein junger Dichter, Florio, der sich der romantischen Beschäftigung des Umherschweifens widmet, lernt auf seiner Reise durch die Toskana zwei weitere Dichter kennen, die – analog zu der mittelalterlichen Vorstellung des guten und bösen Engels – die Seele des jungen Menschen zu paganer Sinnlichkeit verführen respektive zu christlicher Tugend anhalten wollen. Dem naturfrommen Sänger Fortunato und dem mephistophelischen Donati entsprechen zwei weibliche Figuren, die jungfräulich keusche Bianka und die namenlose Herrin eines rätselhaften Schlosses, die bisweilen als gespenstisches Marmorbild, dann wieder höchst lebendig, nämlich als betörend schöne Frau und insgesamt als dämonische Verkörperung der Venus figuriert. Es liegt nahe, daß unter diesen Bedingungen Florio sich gleichzeitig in Bianka und Venus verlieben muß. In den träumerischen Augen des Künstlers verdichten sich beide Frauengestalten zu einer einzigen, so daß er in Bianka die erotisierende Venus und umgekehrt in Venus die scheu zurückhaltende Bianka wiederzuerkennen glaubt. Dieser sinnlich-übersinnlichen Verwir-

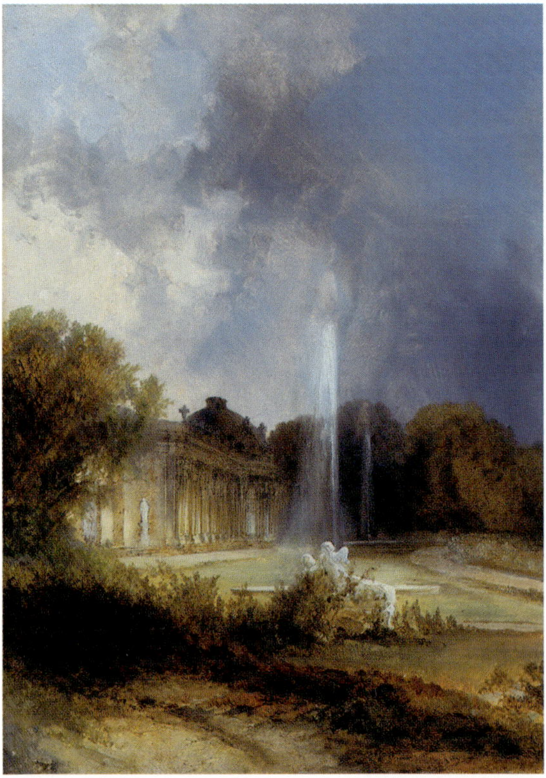

Carl Blechen (1798–1840), *Schloß Sanssouci*, um 1830/32, Öl auf Papier, auf Leinwand aufgezogen und auf Pappe montiert, 41 x 33 cm, Berlin, Nationalgalerie

Florio stand wie eingewurzelt im Schauen, denn ihm kam jenes Bild wie eine langgesuchte, nun plötzlich erkannte Geliebte vor, wie eine Wunderblume, aus der Frühlingsdämmerung und träumerischen Stille seiner frühesten Jugend heraufgewachsen. Je länger er hinsah, je mehr schien es ihm, als schlüge es die seelenvollen Augen langsam auf, als wollten sich die Lippen bewegen zum Gruße, als blühe Leben wie ein lieblicher Gesang erwärmend durch die schönen Glieder herauf. Er hielt die Augen lange geschlossen vor Blendung, Wehmut und Entzücken.

Als er wieder aufblickte, schien auf einmal alles wie verwandelt. Der Mond sah seltsam zwischen Wolken hervor, ein stärkerer Wind kräuselte den Weiher in trübe Wellen, das Venusbild, so fürchterlich weiß und regungslos, sah ihn fast schreckhaft mit den steinernen Augenhöhlen aus der grenzenlosen Stille an. Ein nie gefühltes Grausen überfiel da den Jüngling.
(Joseph von Eichendorff, *Das Marmorbild*, 1819)

rung entspricht eine unablässige Vertauschung von Realität und Fiktion. In der nächtlichen Szene, da Florio in dem verwilderten Garten erstmals das lebendig-tote Marmorbild erblickt, verwirren sich seine Sinne, setzen Vernunft und Verstand aus, er vermag nicht mehr zwischen Wirklichkeit und Traum zu unterscheiden.

Spuk- und Liebesgeschichte erweisen sich als zwei Aspekte ein und derselben Handlung, auf deren Höhepunkt der junge Protagonist zu entdecken meint, daß die unheimlich begehrenswerte Schloßbewohnerin bereits die Geliebte seines Vaters war, so daß er unversehens noch in einen weiteren sexuellen Tabubereich geraten ist. Dieser übermächtige erotische Konfliktstoff (der sich dann in einem gespenstischen Gewitter entlädt) wird pointiert aufgelöst und zugleich fortgesetzt, indem der Protagonist am Schluß der Erzählung seine verloren geglaubte Bianka in Jünglingskleidern wiederfindet. Die ästhetisch-ethische Konfrontation zwischen christlicher und paganer Kultur endet weniger mit einer Unterwerfung der Venus als vielmehr mit ihrer Verdrängung: was bedeutet, daß sie in der Literatur wie in der Realität immer wiederkehren wird, daß sie aber immer nur in dämonischer Gestalt erscheinen kann, solange das erotisierende Marmorbild der Liebesgöttin und das christlich geprägte Idealbild keuscher Weiblichkeit als unvereinbare Gegensätze figurieren.

> Der Mondschein drang so unmittelbar durch die gebrochenen Fensterscheiben, und es war mir als wolle er mich hinauslocken in die helle Sommernacht. Ich mochte die Augen schließen oder wieder ungeduldig öffnen, immer mußte ich an die schöne Marmorstatue denken. (...) Leise, damit die Mutter meine Tritte nicht höre, verließ ich das Haus, und hastig arbeitete ich mich durch das Laubwerk des wüsten Gartens. (...) Im grünen Grase lag die schöne Göttin ebenfalls regungslos, aber kein steinerner Tod, sondern nur ein stiller Schlaf schien ihre lieblichen Glieder gefesselt zu haben, und als ich ihr nahete, fürchtete ich schier, daß ich sie durch das geringste Geräusch aus ihrem Schlummer erwecken könnte. Ich hielt den Atem zurück, als ich mich über sie hinbeugte, um die schönen Gesichtszüge zu betrachten; eine schauerliche Beängstigung stieß mich von ihr ab, eine knabenhafte Lüsternheit zog mich wieder zu ihr hin, mein Herz pochte, als wollte ich eine Mordtat begehen, und endlich küßte ich die schöne Göttin, mit einer Inbrunst, mit einer Zärtlichkeit, mit einer Verzweiflung, wie ich nie mehr geküßt habe in diesem Leben. (Heinrich Heine, *Florentinische Nächte*, 1836)

Eichendorffs Erzählung war übrigens für das von Motte-Fouqué herausgegebene Frauentaschenbuch bestimmt und mußte daher »an zwei Stellen, wo die Farben allzu dreist erglühten, um vor Jungfrauenaugen treten zu können«, bearbeitet werden.

Tatsächlich erscheint ein glücklicher Ausgang dieses erotischen Verwirrspiels zwischen imaginärer und realer, lebendiger und toter Geliebten wenig glaubhaft. Deutlich wird in E. T. A. Hoffmanns Erzählung *Der Sandmann*, daß es sich dabei weniger um ein Problem ambivalenter Weiblichkeit als vielmehr um eine bestimmte Spielart männlichen Begehrens handelt. Der dichtende Student Nathanael, der sich als Poet von seiner Braut Clara verkannt fühlt und sie daher als »kalte, leblose Automate« beschimpft, verliebt sich statt dessen in einen kunstvoll konstruierten weiblichen Robot, und daß dieser aufgrund seiner geringen Speicherkapazität nur »ach« und »ja« sagen kann, ist dem narzißtischen Dichter die willkommene Bestätigung, daß er endlich verstanden und geliebt werde. Die satirischen Aspekte, die sich der Autor natürlich nicht entgehen läßt (und die später noch Jacques Offenbach in *Hoffmanns Erzählungen* zu seiner berühmten Koloratur-Parodie nutzen wird), ändern jedoch nichts an der zerstörerischen Tendenz dieser erotischen Selbstbespiegelung: In einem typischen Horror-Szenarium (Clara allein mit dem geistig verwirrten Nathanael auf einem hohen Aussichtsturm) wird der Protagonist schließlich versuchen, seine reale Geliebte, die ihm jene Befriedigung nicht geben kann und will, zu töten und begeht, da es ihm nicht gelingt, Selbstmord.

Johannes Friedrich Overbeck (1789–1869), *Porträt des Malers Franz Pforr*, um 1810/65, Öl auf Leinwand, 62 x 47 cm, Berlin, Nationalgalerie

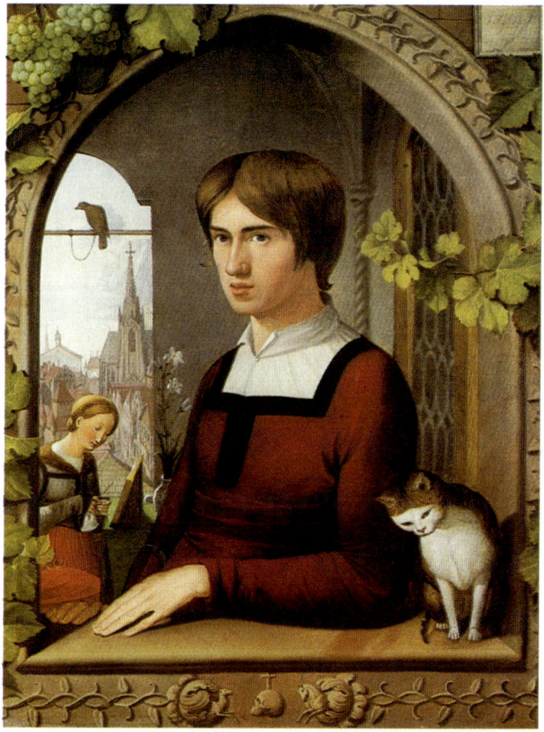

Eine friedlichere Alternative zu dieser teils phantastisch, teils unheimlich ausgestalteten Geschlechterspannung scheint in der Malerei der Nazarener zum Ausdruck zu kommen. Dargestellt wird eine Weiblichkeit, die durch eine präzise Rollenverteilung jeder Konfliktsituation zuvorkommt. Overbecks Freundschaftsbild des 1812 verstorbenen Franz Pforr, das er in einem Brief an den »Lukas-Bruder« Joseph Sutter genau erläutert, ist zugleich ein Sinnbild der gemeinsamen Lebensutopie, über die sich freilich Caroline Schlegel und andere Frauen der romantischen Zirkel ebenso vor Lachen ausgeschüttet hätten wie bei der

Er steht in altdeutscher Kleidung in einem offenen gotischen Fenster, das mit in Stein gehauenen Verzierungen umgeben und von Weinreben umrankt ist. Man sieht in ein Fenster hinein, an dessen gegenüberliegender Seite im Hintergrunde an einem hohen Fenster ein junges Weib (etwa die Seinige) sitzt, mit Stricken beschäftigt und zugleich in einem geistlichen Buch lesend. Vor ihr, auf dem Tisch stehen Lilien in einem Gefäße und in dem Fenster auf einer Stange sitzt ein Falke; hinten sieht man auf eine gotische Stadt und darüber hinweg auf das Meer. Das ganze soll ihn in der Lage vorstellen, in der er sich am glücklichsten fühlen würde. (Friedrich Overbeck, Brief an Josef Sutter, 1810)

Lektüre von Schillers *Glocke*: »Und drinnen waltet / Die züchtige Hausfrau, / Die Mutter der Kinder, / Und herrschet weise / im häuslichen Kreise«. Der ernsthafte junge Mann in altdeutscher Tracht, an den sich das zeichnerisch nicht ganz gelungene Kätzchen schmiegt, scheint sich gerade so die Frau seines Herzens zu imaginieren: sanft, bescheiden, strickend und lesend, eine große Unschuldslilie auf dem Tisch. Anstelle der Katze hockt über ihr ein angeketteter Vogel.

Ein bemerkenswertes Frauenbildnis aus demselben Künstlerkreis läßt eine ganz ähnliche Vorstellungswelt erkennen, obgleich hier das altdeutsche Ambiente durch ein altitalienisches ersetzt worden ist. In der Madonna mit Laute ist Clara Bianca Meißner porträtiert, die sich mit ihrem frisch vermählten Gatten, dem Kunstsammler und Schriftsteller Johann Gottlob von Quandt, auf ihrer Hochzeitsreise mehrere Monate in Rom aufhielt und dort im Mittelpunkt wohl nicht nur künstlerischer Interessen stand. Begeistert spricht der Maler, der sich gewissermaßen in der Rolle eines Troubadour sieht, von seiner »treuen Herrin«, deren individuelle Züge er ein wenig glättet, um zugleich das Idealbild der kunstliebenden Mäzenin und Muse zu entwerfen.

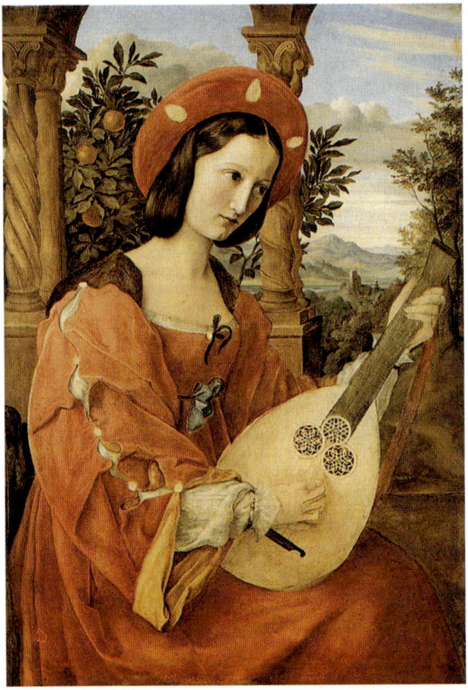

Julius Schnorr von Carolsfeld (1794–1872), *Porträt der Frau Clara Bianca von Quandt*, 1820, Öl auf Holz, 37 x 36 cm, Berlin, Nationalgalerie

Allerdings scheint sich die junge Frau in ihrer historischen Verkleidung nicht besonders wohlzufühlen; das Barett, das an einen Heiligenschein erinnert, lastet schwer auf ihrem Kopf. Die überbetonte Anlehnung an das Porträt der Frührenaissance reduziert die Gestalt auf eine etwas unbehagliche Zweidimensionalität. Die

Persönlichkeit, die sich dahinter noch erahnen läßt, verflüchtigt sich zu einem ätherischen Wesen und wird zu einem anmutigen Dekorationsstück.

Auch der mit C. D. Friedrich befreundete Porträtmaler Kügelgen nimmt offenkundig Anleihen an dem konventionellen Schema des Renaissance-Porträts mit Fensterrahmen und Weitblick, das er jedoch nicht historisierend nachahmt, sondern in seine eigene Bildsprache übersetzt. Vor dem tiefen Horizont ist, in melancholisches Dämmerlicht getaucht, die Stadtsilhouette von Dresden zu erkennen; die gedämpfte Tonalität des Abendhimmels bildet den Hintergrund des Porträts, während das von vorn einfallende kräftige Licht das Gesicht und das helle Inkarnat der Frau deutlich davon abheben. Die Untersicht und der mit Eichenlaub bekränzte Säbel (als Hinweis auf den im Krieg gefallenen Gatten der Porträtierten), der zum unteren Bildrand eine Schranke bildet, drücken die unnahbare Trauer der Witwe aus, ohne daß der Eindruck einer gesuchten Positur entsteht. Die wachen Augen zeigen keine Spur von Resignation oder gar Todessehnsucht, sondern vielmehr einen entschiedenen Willen zur Selbstbehauptung.

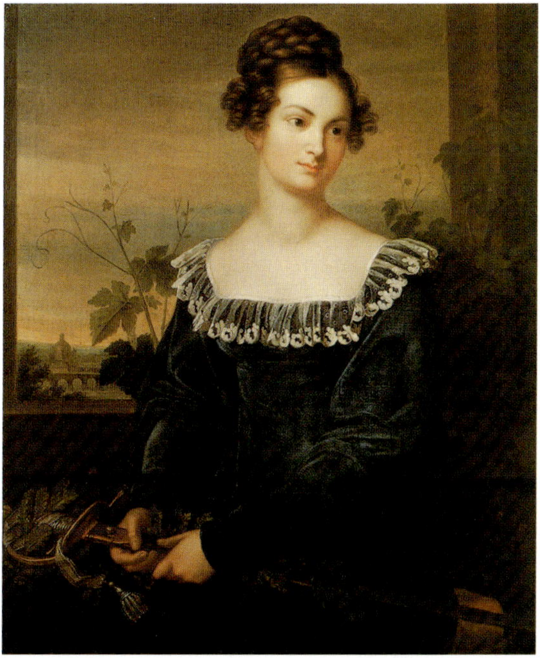

Franz Gerhard von Kügelgen (1772–1820), *Louise Kanitz, geb. von der Schulenburg*, 1817, Öl auf Leinwand, 95 x 79,5 cm, Stralsund, Kulturhistorisches Museum

Der ebenfalls zum Kreis um Friedrich gehörende Maler Georg Friedrich Kersting hat seinem eigentümlichen Bild, das zunächst wie ein konventionelles Genrestück erscheint, den unauffälligen Titel *Die Stickerin*

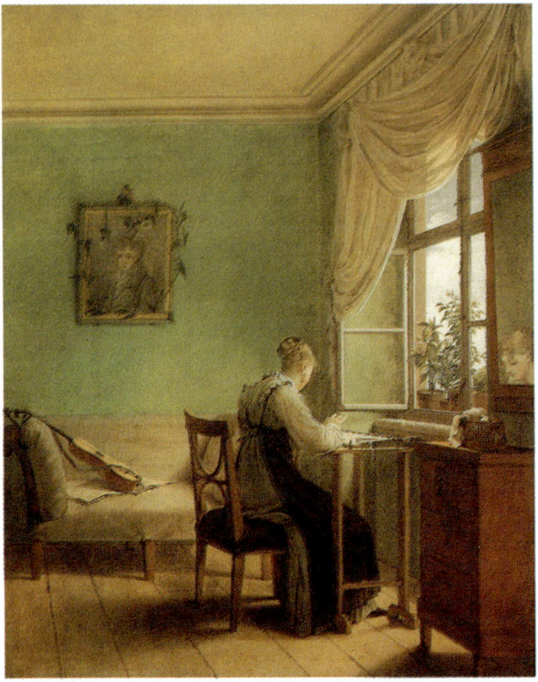

Georg Friedrich Kersting (1785–1847), *Die Stickerin,* 1811, Öl auf Leinwand, 46,5 x 36,8 cm, Kunstsammlungen zu Weimar, Schloßmuseum

gegeben. In einem betont einfachen, aber gepflegten bürgerlichen Ambiente und umgeben von typisch romantischen Motiven – das geöffnete Fenster mit Blumen und Pflanzen, die Gitarre mit Notenheft, das bekränzte Bildnis eines Verstorbenen – ist eine Frau mit einer sogenannten weiblichen Arbeit beschäftigt. Doch ist dies nicht ihre eigentliche Tätigkeit. Der Maler hat eine Kollegin porträtiert: die aus Weimar stammende Louise Seidler, die nach Dresden gezogen war und zu dieser Zeit im Haus von Kügelgen wohnte. Louise Seidler (1786–1866) hatte als junge Kriegerwitwe gegen den Willen ihrer Eltern, die sie lieber gleich wiederverhei-ratet hätten, zunächst im Selbststudium zu zeichnen begonnen, nicht um sich die Zeit zu vertreiben, sondern um damit ihren Lebensunterhalt zu verdienen. Goethe, der ihr Talent und ihren zielstrebigen Charakter offenbar schätzte, vermittelte ihr lukrative Aufträge und verhalf ihr schließlich zu einem Rom-Stipendium (siehe auch Abb. S. 71).

Es mag etwas merkwürdig erscheinen, daß Kersting die Malerin nicht bei ihrer künstlerischen, sondern bei dieser eher konventionellen Tätigkeit dargestellt hat. Aber der Eindruck einer harmonischen Innenwelt täuscht, ein kleines, unscheinbares Detail bringt das ordentlich aufgeräumte Zimmer der jungen Frau wieder gründlich durcheinander. Der Betrachter, der gewissermaßen zur Tür hereingetreten ist, erblickt die Künstlerin von hinten, sieht aber zugleich in dem Spiegel neben dem Fenster ihr Profil mit den konzentrierten Gesichtszügen. Dieses Bild im Bild ist indessen eine optische Unmöglichkeit: um die Dargestellte so zu spiegeln, müßte diese noch einmal am rechten Bildrand spiegelbildlich zu ihrer Rückenposition sitzen. Dargestellt ist die Malerin Louise Seidler als ihre eigene Doppelgängerin. Was sie dazu gesagt hat, ist leider nicht überliefert.

Auch der sonst nüchterne Bildnismaler und Pferdeliebhaber Franz Krüger (1797–1857) hat mit der Überschreitung von Bild- und Realitätsebenen experimentiert. Umgeben von betont lässig arrangierten Militärrequisiten hat sich Prinz August von Preußen in dem Empfangszimmer seines Palais in Positur geworfen; dabei ragen Kopf und Oberkörper in ein großformatiges Bild hinein, das die nach hinten abschließende Wand ziert und zugleich Einblick in einen anderen, eigentlich unsichtbaren Innenraum gewährt. Es ist unschwer zu erraten, daß der Prinz, dessen Blick in eine unbestimmte Ferne gerichtet ist, in Gedanken bei dem Original des Bildes verweilt. Das Porträt – eines der Hauptwerke des französischen Empire – zeigt die umschwärmte Julie Recamier, die der Prinz auf dem Schloß der Mme de Staël am Genfer See kennengelernt hatte. Die Romanze, die der Prinz möglicherweise ernster genommen hatte als seine Geliebte, scheiterte schließlich an der Staatsräson sowie an ihrem Gatten.

Franz Krüger (1797–1857), *Prinz August von Preußen*, um 1817, Öl auf Leinwand, 63 x 47 cm, Berlin, Nationalgalerie

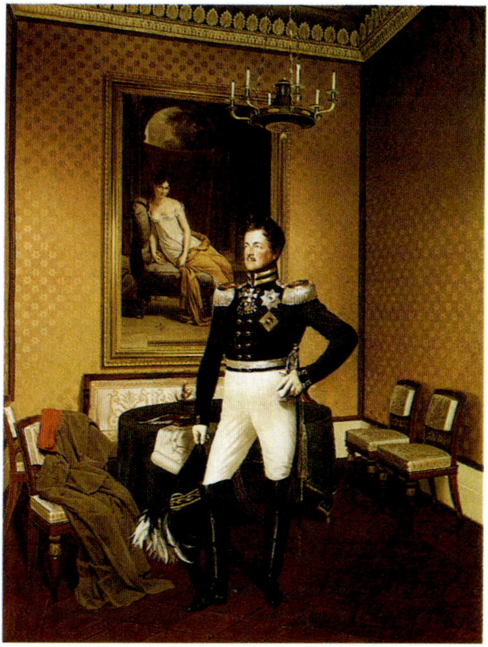

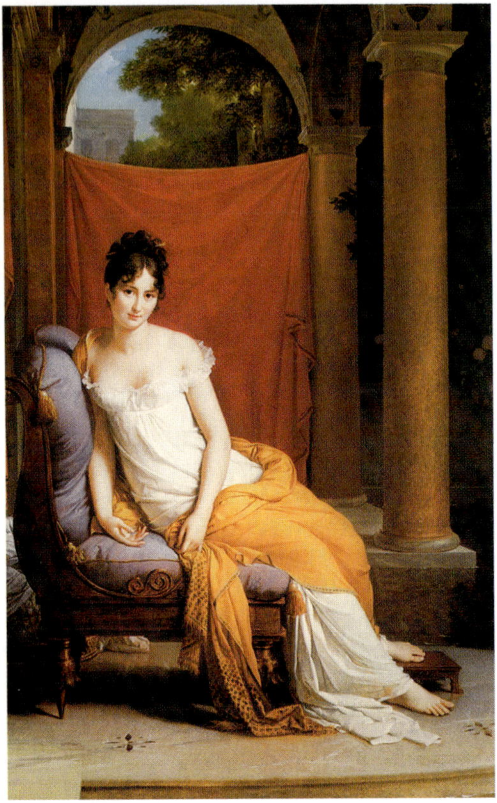

François Pascal Gérard (1770–1837), *Madame Recamier*, 1802, Öl auf Leinwand, 225 x 148 cm, Paris, Musée Carnavalet

Immerhin erhielt der Prinz zum Trost (vielleicht aber auch als abschließenden Kommentar) ihr von François Gérard gemaltes Porträt, das ein ganz anderes als das romantische Frauenbild erkennen läßt. Auf die natürlichste Weise – ohne Pathos, ohne Imponiergesten und ohne Koketterie ist hier die antike Liebesgöttin, vor der sich die romantischen Helden immer wieder fürchten, zu neuem und keineswegs dämonischem Leben erwacht; sie ist von ihrem Sockel gestiegen, hat sich flüchtig angekleidet, geschmackvoll, aber ohne großen Aufwand, und hat sich lässig auf den mit veilchenblauen Samt bezogenen Sessel gesetzt. Ihr Blick, der gelassen, aber mit deutlichem Interesse auf den Betrachter gerichtet ist, gestattet Intimität und gebietet zugleich Distanz; allein durch ihre individuelle Ausstrahlung bestimmt sie ihre Nähe und ihren Abstand zum Betrachter und damit auch zur Gesellschaft. Die Dame – das ist die unverkennbare Botschaft ihres Porträts – wird sich zu keiner Etikette bequemen und sich keinen Konventionen unterwerfen, die sie nicht selbst veranlaßt hat.

Übrigens ist *Madame Recamier* kein Einzelfall. Im Zuge der Französischen Revolution, die in ganz Europa die gesellschaftlichen Strukturen lockert, entstehen Bildnisse von Frauen, die weniger den sozialen Rang der Abgebildeten betonen, sondern vielmehr deren besondere, eigenständige, gesellschaftlich unabhängige Persönlichkeit hervorheben. Am deutlichsten zeigt sich diese Wendung bei einem so gefragten Modemaler wie Thomas Lawrence, wenn er beispielsweise bei dem *Porträt der Prinzessin Lieven* scheinbar auf alle malerische Bravour, die er sonst in die raffinierte Gestaltung von Kleidungs- und Schmuckstücken setzt, verzichtet und den Kopf der Frau, ohne ihre Züge zu schönen, unfrisiert, ohne Make-up, gewissermaßen noch vor der Morgentoilette dargestellt und sich damit allein auf ihre natürliche Ausdruckskraft konzentriert.

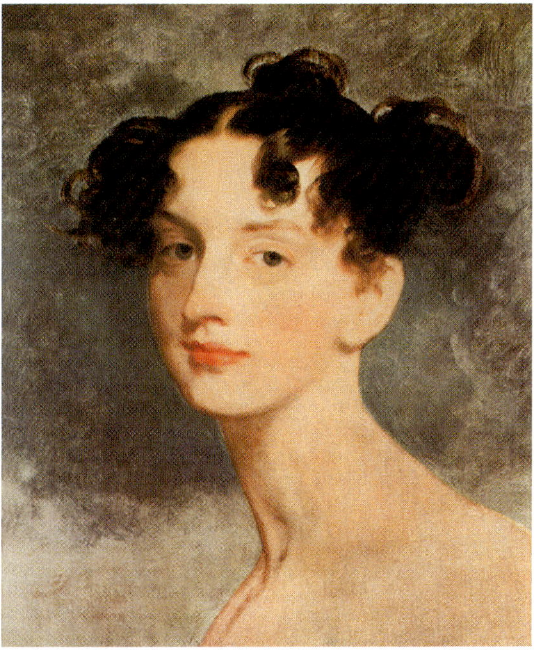

Thomas Lawrence (1769–1830), *Prinzessin Lieven zwischen 1812–1820*, Öl auf Leinwand, 46,3 x 38,7 cm, London, Tate Gallery

Auch die deutschen Romantiker haben sich, wenn auch nur kurz, mit der Frage weiblicher Autonomie befaßt, zumeist in verstreuten Fragmenten, die unter einzelnen Gesichtspunkten die Gegensätze männlich-weiblich prägnant zu definieren suchen. Fraglich ist allerdings, ob die naturphilosophischen oder mythologischen Begründungen der Geschlechterunterschiede damit nicht schon der späteren restaurativen Ideologie vor-arbeiten, die weit hinter die Ideen der Aufklärung zurückfallen wird. Das gilt auch und gerade für F. Schlegel, der in seinem Roman *Lucinde* (1799) – eine Mischung aus Essay- und Briefroman mit eingestreuten Bekenntnissen, Erzählungen, Reflexionen – verschiedene Aspekte der Geschlechterbeziehung analysiert und dabei ein bißchen Skandal

Der Mann ist das Fremde, die Frau das Einheimische auf Erden. Sie zu ehren ist sein Geschäft. Es ist daher nichts schrecklicher, als einseitige Unterwürfigkeit des Weibes; es heißt von ihrer Seite, der Erde ihr Recht vergeben. Man liebt nur die Erde, und durch das Weib liebt uns wieder die Erde. (Johann Wilhelm Ritter, *Fragmente aus dem Nachlasse eines jungen Physikers*, 1810)

Es ist eine unauflösliche Gleichung zwischen Männlichkeit und Weiblichkeit. Jeder Mann ist genialisch; Harmonie ist das Wesen des Weibes. Jeder Mann hat einen Daemon – jede Frau eine Ehe in sich. (Friedrich Schlegel, *Fragment*)

Auch ihre größere Hilflosigkeit erhebt sie über uns – so wie ihre größere Selbstbehilflichkeit – ihr größeres Sklaven- und ihr größeres Despotentalent – und so sind sie durchaus über uns und unter uns und dabei doch zusammenhängender und unteilbarer, als wir. (Novalis, *Fragment*)

Frauen sind ganz kalt oder ganz unersättlich; die besten beides und steigen von einem allmählich zum anderen. Dies sind ihre Lehrjahre. Die Schamhaftigkeit der Frauen hängt mit der Unersättlichkeit ihrer Wollust zusammen; alles Unendliche schämt sich. (Friedrich Schlegel, *Fragment*)

Die Frauen werden in der Poesie ebenso ungerecht behandelt, wie im Leben. Die weiblichen sind nicht idealisch, und die idealischen sind nicht weiblich. (Friedrich Schlegel, *Fragment*)

gemacht hat. Dessen Ursache war jedoch weniger die erotische Thematik selbst, die den Roman bei späteren Literaturkritikern in Verruf gebracht hat: das Liebesgeplänkel zwischen Julius und der Titelheldin Lucinde (die bezeichnenderweise darin kaum zu Wort kommt) oder die »Dithyrambische Phantasie über die schönste Situation«, die »Allegorie von der Frechheit« oder die »Idylle über den Müßiggang«. Abgesehen von dem schon erwähnten »galanten Romanen« ging es in der zeitgenössischen – und heute weitgehend vergessenen – Unterhaltungsliteratur wesentlich freizügiger zu, als der Blick auf die kanonisierte ›hohe‹ Literatur der Romantik vermuten läßt; und es wäre ein geschichtliches Mißverständnis, sich die vorrestaurative und vorviktorianische Gesellschaft allzu prüde vorzustellen.

Die eigentliche – und von Schlegel auch gezielt beabsichtigte – Provokation liegt in dem betont autobiographischen Charakter des Textes, der allzu deutlich zu verstehen gibt, daß das insgesamt wenig aufregende Treiben von Julius und Lucinde dem intimen Verkehr von Fritz Schlegel und Mme Veit abgelauscht war. Eitelkeit wird dabei eine gewisse Rolle gespielt haben; daß man sich auch noch im Bett so wunderbar intellektuell unterhalte, schien ebenso der Mitteilung wert wie die stilisierte Lebensbeichte des Protagonisten, die Schlegel zu einem argen Immoralisten stempelt. Freilich münden diese »Lehrjahre der Männlichkeit« schließlich in die alles entscheidende

Begegnung mit Lucinde, die seinen nihilistischen Verwirrungen ein glückliches Ende bereitet, dergestalt daß seine erotischen Wunschvorstellungen nicht nur erfüllt, sondern auch auf den Begriff gebracht werden.

An diesem Punkt erweist sich Schlegels erotische Philosophie als erstaunlich konventionell. Jedenfalls ist der Roman kein Dokument einer sexuellen Enttabuisierung und schon gar nicht einer befreiten weiblichen Sexualität. Ein einziger Satz Carolines – die damals noch mit Friedrichs Bruder August Wilhelm liiert war und später den Philosophen Schelling heiratete – vermag über die reale Stellung der Frauen (und nicht nur innerhalb der romantischen Kreise) den besten Aufschluß zu geben. »Wenn ich seine Geliebte wäre, hätte dieses Buch nicht gedruckt werden dürfen«.

Die romantische Weiblichkeit ist ein universalpoetisches Produkt, das sich eher aus männlichen denn aus weiblichen Projektionen gebildet hat, obwohl die Frauen der romantischen Kreise an ihrer Mythologisierung nicht unbeteiligt geblieben sind. Bemerkenswert ist ihre literarische Produktion, die oft in enger Zusammenarbeit mit ihrem jeweiligen Partner erfolgte. Dorothea Veit, Tochter des Aufklärungsphilosophen Moses Mendelssohn, arbeitete zu Beginn ihres Zusammenlebens mit Friedrich Schlegel als »Handwerkerin« (wie sie sich selbst bezeichnete), übersetzte mittelalterliche Ritteromane sowie De Staëls *Corinna* (1807) und war mit ihrem eigenen Künstlerroman *Florentin* (1801) recht erfolgreich. Allerdings stellte sie ihre schriftstellerische Tätigkeit wieder ein, als sich ihre finanzielle Lage gebessert hatte.

Caroline Michaelis, Tochter eines seinerzeit bedeutenden Orientalisten, entwickelte eine ungleich stärkere literarische Passion, wenngleich auch sie nichts unter ihrem eigenen Namen veröffentlichte. Während ihrer Ehe mit A. W. Schlegel war sie an praktisch allen seinen philologischen, literaturtheoretischen und -kritischen Arbeiten beteiligt; insbesondere aber trägt die maßgebliche deutsche Shakespeare-Übersetzung vor allem ihre Handschrift. Auch die philosophischen Schriften des zwölf Jahre jüngeren Schelling, die während ihres

> Ich mache mir oft Sorge über deine Gesundheit. Du kleidest dich gar zu leicht und liebst die Abendluft! Das sind gefährliche Gewohnheiten, die du wie manche andere ablegen mußt. Denke, daß eine neue Ordnung der Dinge für dich beginnt. Bisher hieß ich deinen Leichtsinn schön, weil er an der Zeit war und zum Ganzen stimmte. Ich fand es weiblich, wenn du mit dem Glück scherzen, und alle Rücksichten zerreißen und ganze Massen deines Lebens oder deiner Umgebung vernichten konntest. Nun ist aber etwas da, worauf du immer Rücksicht nehmen, worauf du alles beziehen wirst. Nun mußt du dich allmählich zur Ökonomie bilden, versteht sich im allegorischen Sinn.
> (Friedrich Schlegel, *Lucinde*, 1799)

Zusammenlebens entstanden sind, dürften von ihr beeinflußt worden sein. Das bewegte Leben dieser in jeder Hinsicht ungewöhnlichen Frau, ihre politischen Sympathien für die Französische Revolution, die ihr Verhaftung, Ausweisung und Verbannung eintrugen, ihre leidenschaftlichen Affären und ihre umfassende Bildung haben selbst den Charakter eines Romans, den allerdings Goethe und nicht Tieck, Eichendorff oder Arnim hätte schreiben müssen. An eine autobiographische Selbststilisierung in der Art der Schlegels hat sie offenbar nicht gedacht, aber ihre persönlichen Briefe sind von höchstem literarischen Niveau.

Dagegen hat Bettine Brentano (1785–1859) ihr eigenes Leben bis zu ihrer eher prosaischen Ehe mit dem Dichter Achim von Arnim zu einem Gesamtkunstwerk stilisiert, in dem sämtliche Gattungen, Stile und Stilbrüche miteinander kombiniert und die Gegensätze von Poesie und Realität aufgelöst werden. Als sie im Alter von fast fünfzig Jahren – und somit bereits in der letzten Phase der Romantik – zu publizieren begann, hat sie eine neue, zutiefst romantische Literaturgattung geschaffen. Denn *Goethes Briefwechsel mit einem Kind* (1835) und *Die Günderode. Ein Briefwechsel* (1840) sind keineswegs, wie die Titel vermuten lassen, eine Anthologie von Briefen zwischen der Herausgeberin und der Dichterin Karoline von Günderode oder Goethe, sondern halb fiktive Briefromane, die sich aus mehr oder weniger bearbeiteten und frei erfundenen Briefen zusammensetzen. Vor allem die spätere Goethe-Philologie hat sich über diese Fälschungen geärgert, denn es war keineswegs leicht, die echten von den unechten Briefen zu unterschieden, und das Bild der Dichterin Karoline von Günderode (1780–1806), die sich nach einer unglücklichen Liebesaffäre mit dem Heidelberger Philologen und Mythenforscher Georg Friedrich Creuzer erdolchte, ist bis heute durch Bettines Roman einer Jugendfreundschaft geprägt.

Ihren literarischen Erfolg und die damit verbundene Publizität weiß die Autorin später auch politisch zu nutzen; ihre Denk- und Verteidigungsschriften zugun-

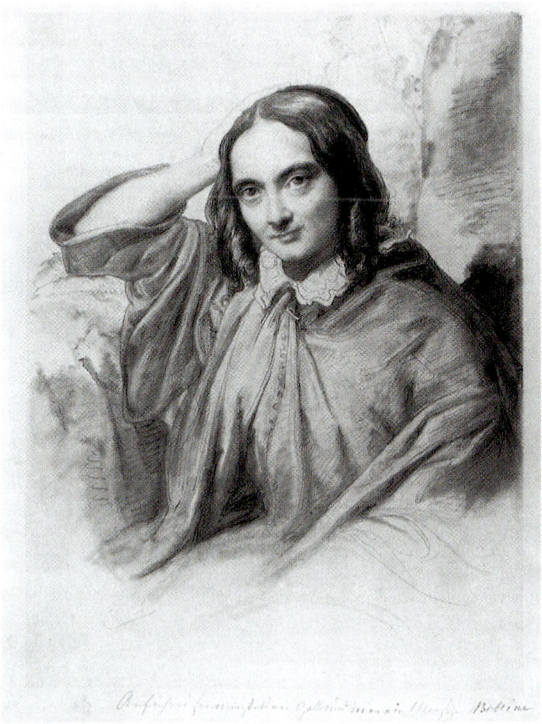

Wilhelm Hensel (1794–1861), *Bettine von Arnim*, 1833, Bleistift, 31,5 x 21,5 cm, Berlin, Kupferstichkabinett

sten politisch Verfolgter und die beiden Dialogromane *Dies Buch gehört dem König* und *Gespräche mit Dämonen* thematisieren die sozialen Mißstände, die mit der einsetzenden industriellen Revolution entstanden sind. Bettine von Arnim scheut sich nicht, sich für Attentäter und Aufrührer (heute würde man sie wohl »Terroristen« nennen) öffentlich einzusetzen; in ihrem Salon, in dem sich Dissidenten unterschiedlichster Richtungen einfinden, hat die Politik die schönen Künste als Gesprächsthema überflügelt. Sie ist zu einer Symbolfigur des Widerstands gegen jede Form staatlicher Willkür und Unterdrückung (im heutigen Verständnis: zu einer »Bürgerrechtlerin«) geworden. Als Person und als Autorin verknüpft Bettine von Arnim somit die frühromantischen Lebensutopien mit den politischen Vorstellungen der »jungdeutschen« Bewegung, die zu der Revolution von 1848 führen wird.

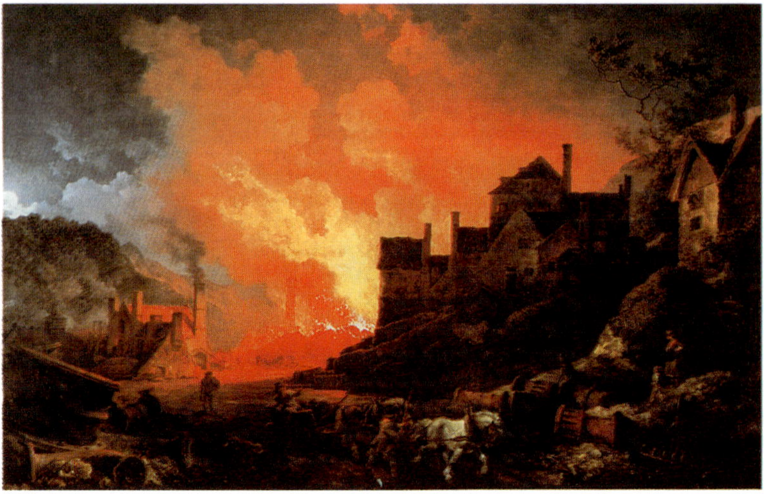

Philipp Jakob Loutherbourg (1740–1812), *Coalbrookdale bei Nacht*, 1801, Öl auf Leinwand, 68 x 106,7 cm, London, The Science Museum

Das kalte Herz

Das vor dem nächtlichen Himmel grell aufleuchtende Flammenmeer, das nahezu den gesamten Hintergrund ausfüllt, könnte an die Katastrophenfilme unserer Tage erinnern. Die Szenerie wird von dramatischen Gegensätzen bestimmt. Die überquellende feurige Glut mit ihren Weiß-, Gelb- und Rottönen und die von ihr angestrahlten Gebäude, die, wie es scheinen will, schon in Kürze von den Flammen ergriffen sein werden, kontrastieren auf geradezu gespenstische Weise zu den dunklen, schattigen Partien im Vordergrund, den gewaltigen Eisenteilen, die verstreut umherliegen, den wenigen Menschen, die mit einem Fuhrwerk beschäftigt sind oder einer anderen Tätigkeit nachgehen. Dem welterschütternden revolutionären »Koloß« Goyas (siehe S. 20) entspricht hier die elementare, alles beherrschende Gewalt des Feuers, und die Gleichgültigkeit, mit der – im Unterschied zu Goyas Vision – die wenigen Lebewesen dem Schauspiel beiwohnen, ist eher dazu angetan, das Unbehagen noch zu steigern. Die apokalyptische Vorstellung eines Weltenbrandes, die Schreckensvision eines ewigen Höllenfeuers, das auf den Darstellungen von Hieronymus Bosch und Peter Breughel die Unterweltstädte umlodert, scheint im Zeitalter der Romantik Wirklichkeit geworden zu sein.

Und doch zeigt das Bild nur einen ganz alltäglichen oder vielmehr allnächtlichen Vorgang: wie in der Stadt Coalbrookdale, die sich innerhalb weniger Jahre zu einem Zentrum der Eisenverhüttung entwickelt hat, Steinkohle zu Koks verarbeitet wird. Die Feuersbrunst ist demnach keineswegs – wie der Bildeindruck zunächst suggeriert – eine Naturkatastrophe, sondern Folge einer neuen Technologie und somit Zeichen des Fortschritts. Dennoch scheint es vor dem Bild fraglich, ob dieses Feuer überhaupt noch kontrollierbar ist. Jedenfalls läßt die Komposition keinen Zweifel daran, daß nicht nur die verbliebenen Häuser im Vordergrund, sondern auch der kleine bewaldete Hügel auf der linken Seite schon bald der allgemeinen Zerstörung zum Opfer gefallen sein werden, und es ist angesichts dieses Infernos nicht einmal ganz abwegig zu vermuten, daß der silberweiße Vollmond, der auf vielen zeitgenössischen Nachtstücken zu romantischen Meditationen einlädt, in gewisser Weise ebenfalls gefährdet sein könnte.

Die bildende Kunst reagiert zwiespältig auf die tiefgreifenden Veränderungen, die sich mit den neuen Industrieanlagen und ihrem optischen Schauspiel von

Johan Christian Clausen Dahl (1788–1857), *Blick auf Dresden bei Vollmondschein*, 1839, Öl auf Leinwand, 78 x 130 cm, Dresden, Staatliche Kunstsammlungen, Gemäldegalerie Neue Meister

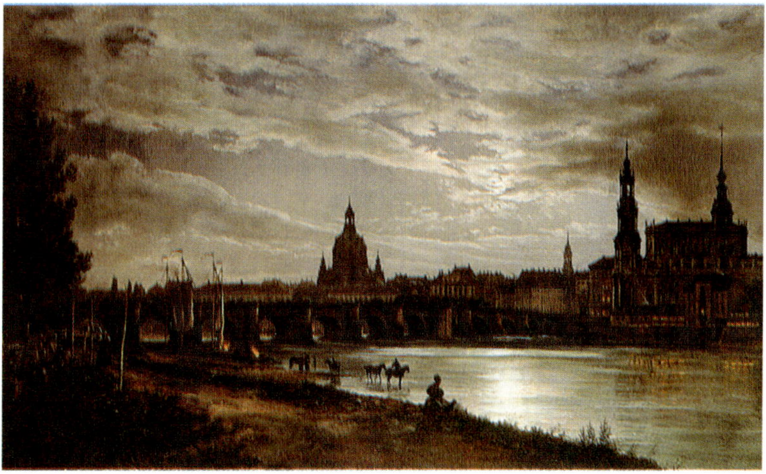

Rauch und Feuer ankündigen. Nur wenige Maler versuchen schon zu dieser Zeit, sich die ästhetische Tragweite dieser Phänomene vor Augen zu führen. Der in Straßburg (oder in Fulda) geborene Philipp Jakob Loutherbourg (1740–1812) hat die meiste Zeit seines Lebens in England verbracht und – zumal als Landschaftsmaler – den Auftakt der industriellen Revolution und deren erste Auswirkungen auf die Natur unmittelbar wahrgenommen. Sein Versuch, den technischen Innovationen dieser Jahrzehnte eine künstlerisch adäquate Form zu geben, greift auf die Darstellung entfesselter Naturkräfte zurück, denen der Mensch praktisch hilflos gegenübersteht, die er aber – aus sicherer Distanz – als ästhetisches Spektakel auch genießen kann. Ob der Sicherheitsabstand des Betrachters hier ausreicht, darf allerdings bezweifelt werden; die Darstellung, die zu den ersten Industriebildern überhaupt zählt, läßt eine tiefe Betroffenheit über das Ausmaß der Zerstörung erkennen.

Die meisten Maler wenden sich zunächst irritiert, verunsichert oder abgestoßen von dem einsetzenden Raubbau ab – und mit gesteigerter Intensität der unberührten Natur zu. Die neuen Impulse, die von der englischen Landschaftsmalerei ausgehen, sind nicht zuletzt auch nervöse Antworten auf die zahllosen Fragen, die jener umfassende Veränderungsprozeß aufzuwerfen beginnt. William Turner ist vielleicht der erste Künstler, der dem einsetzenden Maschinenzeitalter auch

Als sie weiter und weiter in den Schatten dieser trostlosen Gegend vordrangen, schlich sich deren finsterer, niederdrükkender Einfluß in ihr Gemüt und erfüllte sie mit trübseliger Schwermut. Zu beiden Seiten und so weit das Auge in die dunstige Ferne zu blicken vermochte, stießen hohe Schornsteine, die sich aneinanderdrängten und die endlose Wiederholung derselben stumpfsinnigen häßlichen Form boten, die der Schrecken bedrückender Träume ist, ihren Pestqualm aus, verdunkelten das Licht und verdarben die trübe Luft. Auf Aschenhügeln am Wegrand, nur durch ein paar rohe Bretter oder ein verrottetes Wetterdach geschützt, drehten und wanden sich sonderbare Maschinen wie gemarterte Lebewesen, klirrten mit ihren Eisenketten, schrien in ihrem raschen Umherwirbeln von Zeit zu Zeit auf, wie unter einer unerträglichen Folter und ließen den Boden unter ihren Qualen erbeben. Hier und da tauchten kahle Häuser auf, die sich schwankend an die Erde klammerten und von Bruchstücken anderer, die bereits eingefallen waren, gestützt wurden, ohne Dach, ohne Fenster, geschwärzt und verödet, und dennoch bewohnt. Männer, Frauen und Kinder, bleich von Angesicht und zerlumpt in der Kleidung, standen an den Maschinen, beschickten die ihnen unterstellten Feuer, bettelten auf der Landstraße oder starrten halbnackt mit finsteren Blicken aus den türlosen Häusern. (Charles Dickens, *Der Raritätenladen*, 1840)

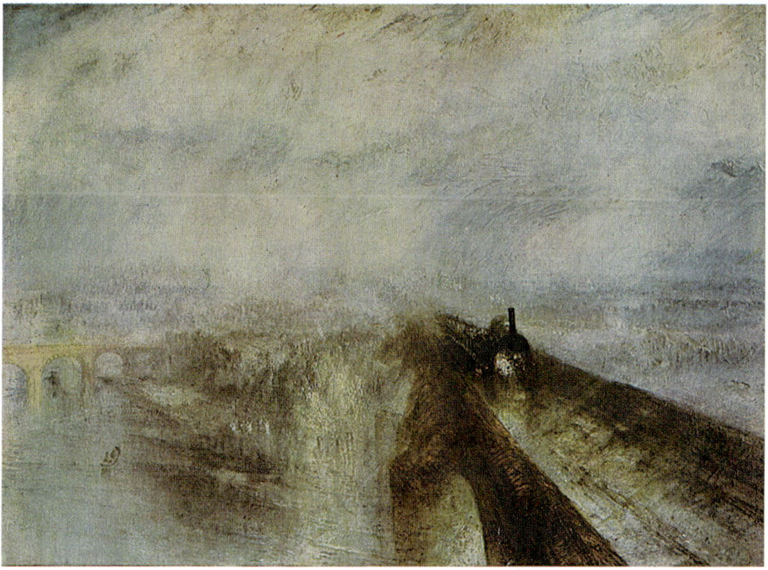

William Turner (1775–1851), *Regen, Dampf und Geschwindigkeit,* 1844, Öl auf Leinwand, 91 x 122 cm, London, The National Gallery

Der Künstler, der sich auch immer wieder konventioneller Malweisen bedient hat, greift mit dieser Komposition weit ins 20. Jahrhundert voraus. Bemerkenswert ist auch der „Standpunkt" des Betrachters, der offenbar in der Luft schwebend die Lokomotive auf sich zurasen sieht. Dieser bedrohliche Effekt verflüchtigt sich jedoch weitgehend durch die Farbigkeit, in der alle festen Konturen verschwimmen.

neue ästhetische Seiten abgewinnt, indem er allerdings die Bildinhalte preisgibt und in ein reines Farbenspiel auflöst.

Zu Beginn des 19. Jahrhunderts erscheinen jene technischen und gesellschaftlichen Veränderungen in England aus mitteleuropäischer Sicht eher wie ein fernes Wetterleuchten, zumal durch Napoleons »Kontinentalsperre« der unmittelbare wirtschaftliche Kontakt über längere Jahre unterbrochen wird; ihre ersten Folgen werden indessen schon bald spürbar sein. Die neuen Verhüttungstechniken und die Energiegewinnung durch Wasserdampf sind die entschiedenen Triebkräfte für den nunmehr beschleunigten Übergang von Merkantilismus und Agrarwirtschaft zur industriellen Produktion, die auf Gewerbefreiheit, Geldwirtschaft und einem freien Spiel von Angebot und Nachfrage beruht. Durch eine allmähliche Perfektionierung der gegen Ende des 18. Jahrhunderts entwickelten Maschinen werden zunächst Textilien und bald darauf praktisch alle zuvor handwerklich gefertigten Produkte in großen Mengen und ohne die durch manuelle Arbeit bedingten Fehler oder Mängel hergestellt.

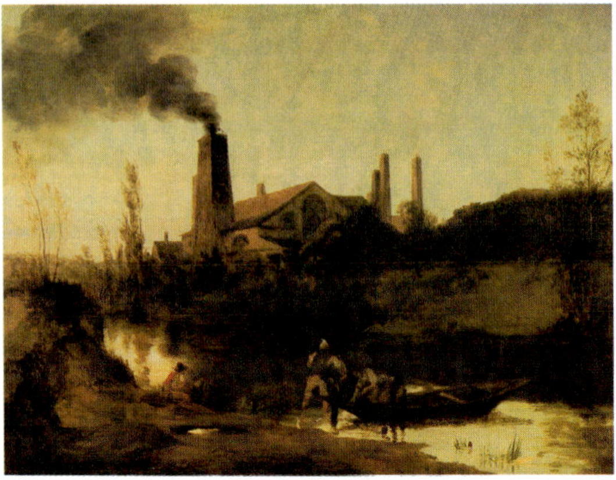

Carl Blechen (1798–1840), *Walzwerk Neustadt-Eberswalde*, um 1834, Öl auf Holz, 25,5 x 33 cm, Berlin, Nationalgalerie

Die traditionellen Handwerksbetriebe oder Kleinmanufakturen können weder qualitativ noch preislich mit dieser Warenproduktion konkurrieren. Mit der Liberalisierung der Zunftgesetze werden auch Preisbindung und Festlöhne aufgehoben und dem freien Markt überlassen; die menschliche Arbeit verliert damit ihren verbindlichen Wert und wird zum Gegenstand finanzieller Spekulation. Auf diese Weise sinkt das Einkommen in vielen handwerklichen Produktionsbereichen unter das Existenzminimum, und dasselbe gilt für weite Teile der Landbevölkerung, die zuvor ihren Lebensunterhalt durch Naturalien sichern konnte, mit der zunehmenden Ausbreitung der Geldwirtschaft die notwendigen Gebrauchsgüter aber nicht bezahlen kann.

Noch bevor die industrielle Revolution auch in Deutschland einsetzt, reagiert die romantische Literatur auf die ersten Vorboten dieser neuen Ökonomie: nicht mit einer begrifflichen Analyse, sondern mit

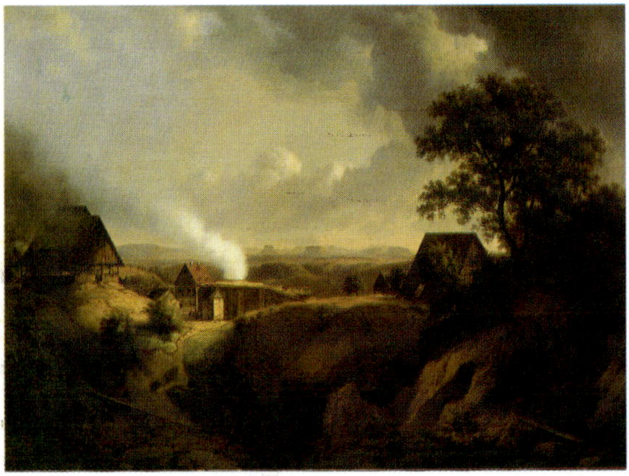

Ernst Ferdinand Oehme (1797–1855), *Landschaft bei Maxen*, 1838, Öl auf Leinwand, 87 x 117 cm, Kunstsammlungen Chemnitz

einer poetischen Mythologie, die sowohl den Ursprung des Geldes als auch seine unbegrenzte Verwandlungsmacht erklären soll, die es ihm ermöglicht, in allen denkbaren Gestalten zu erscheinen. Die entscheidende Frage, auf welche Weise das Geld jene schwindelerregende Eigendynamik zu entwickeln vermag, wie es dazu kommt, daß es sich der Seele eines Einzelnen bemächtigen oder sich womöglich eine ganze Gesellschaft unterwerfen kann, findet in den Geschichten der Romantiker eine möglicherweise überraschende Antwort.

Wilhelm Hauffs Erzählung *Das kalte Herz* ist eine bewußte Überblendung verschiedener literarischer Formen und Gattungen: eine Mischung aus realistischen und phantastischen Elementen, Kunstmärchen und Volkssage, Künstlernovelle und politischer Parabel. Gleich zu Beginn wird deutlich, daß die soziale Mobilität, die mit der Liberalisierung der Wirtschaft einhergeht, bereits den tiefsten Schwarzwald erreicht hat. Hier wohnt nämlich der junge Peter Munk, genannt »Kohlenmunkpeter«, da er wie sein Vater und sein Großvater das Köhlerhandwerk betreibt. Doch er ist unzufrieden, er will nicht Tag für Tag »schwarz und berußt (...) am rauchenden Meiler« sitzen und Kohlen brennen, die »tiefe Waldesstille« tröstet ihn ganz und gar nicht, und die »unbewußte Sehnsucht«, die andere romantische Helden nach der »blauen Blume« (Novalis) oder einer imaginären Geliebten suchen läßt, gilt statt dessen drei sehr konkreten Zielen: nämlich soviel Geld zu besitzen wie der »dicke Ezechiel«, der zweimal im Jahr Holz nach Holland verkauft, so viel Respekt zu genießen wie der zwielichtige und rücksichtslose »lange Schlurker« und so von den Mädchen bewundert zu werden wie der »Tanzbodenkönig«, der früher als Knecht gearbeitet hat und plötzlich steinreich geworden ist.

Nun trifft es sich, daß Kohlenmunkpeter dem zaubermächtigen »Glasmännlein« – dem Schutzgeist des traditionellen Glasbläserhandwerks – begegnet und ihm sein Anliegen vorträgt. Zwei seiner (im heutigen

Verständnis) auf Konsum und Vergnügen ausgerichteten Wünsche werden erfüllt, aber natürlich weiß Peter mit dem allzu leicht verdienten Geld nichts anzufangen und steht am Ende ärmer da als zuvor.

Daraufhin wendet er sich an einen unheimlichen Walddämon, den »Holländermichel«, von dem sich »alles Böse im Schwarzwald herschreibt«; sein Name besagt, daß er der erste gewesen ist, der das selbst geschlagenen Tannenholz nicht auf traditionelle Weise veräußert, sondern direkt an die Reeder in Amsterdam verkauft, dadurch bedeutende Gewinne erzielt und auf diese Weise (wiederum im heutigen Vokabular) einerseits für eine massive Geldvermehrung, andererseits für eine allgemeine Preissteigerung in seiner Heimatregion gesorgt hat. Jedenfalls ist er der rechte Partner für das Geschäft, das Kohlenmunkpeter nunmehr eingeht: er tauscht sein lebendiges, fühlendes Herz gegen ein steinernes ein und erhält zum Ausgleich ein beträchtliches Kapital.

Nachdem er in seiner neuen Gefühlslosigkeit die Langeweile und den Lebensüberdruß der Wohlhaben-

Ferdinand Georg Waldmüller (1793–1865), *Die Pfändung*, 1847, Öl auf Leinwand, 70,5 x 87,5 cm, Wien, Historisches Museum

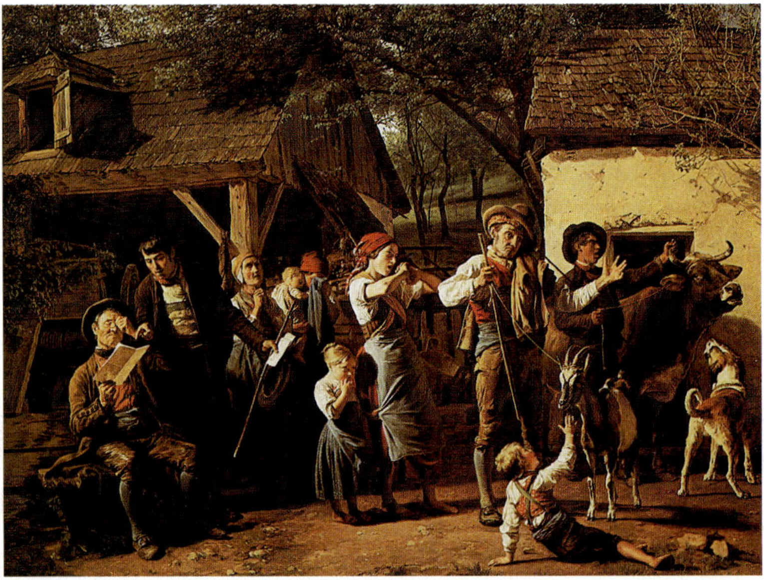

den kennengelernt hat, findet er endlich ein Ziel, das ihn aus seiner trägen Gleichgültigkeit zu reißen vermag. Er nimmt sich vor, »reich und immer reicher zu werden«, er handelt mit »Korn und Geld«, was im zeitgenössischen Kontext bedeutet: vor allem an Kleinbauern, die über wenig Bargeld verfügen, Kredite zu überhöhten Zinsen zu vergeben, um sich nach der zu erwartenden Zahlungsunfähigkeit Haus, Hof, Vieh und Land anzueignen. Dank seines kalten Herzens rühren ihn weder die Klagen seiner Schuldner noch die Bitten seiner Gemahlin, die er in einer Zornesaufwallung beinahe erschlägt.

Das Ungeheuer der Kapitalvermehrung verschlingt und zehrt immerdar, unersättlich, nagt und knirscht am Gebeine Verschmachteter und säuft ihre Tränen. Daß in London und Paris vor dem Palast, in welchem ein Gastmahl tausend Goldstücke kostet, ein Armer verhungert, der mit dem hundertsten Teil eines Goldstückes gerettet wäre; daß Familien in wilder Verzweiflung untergehen, Selbstmord und Raserei im Zimmer, und zwei Schritt davon entfernt Spieler im Gelde wüten, alles das ist uns so natürlich und geläufig, daß wir uns nicht wundern, daß jeder kaltblütig genug meint, es müsse so, es könne nicht anders sein. Wie nähren die Staaten dieses Geldungeheuer auf, und richten es zum Wüten ab. In manchen Gegenden kann nur noch oben das Kapital wachsen, indem es unten die Armen noch mehr verarmt, bis denn der Verlauf der Zeit das trübselige Exempel einmal ausrechnen und das schreckliche Facit mit blutiger Feder durchstreichen wird. (Ludwig Tieck, *Der Alte vom Berge*)

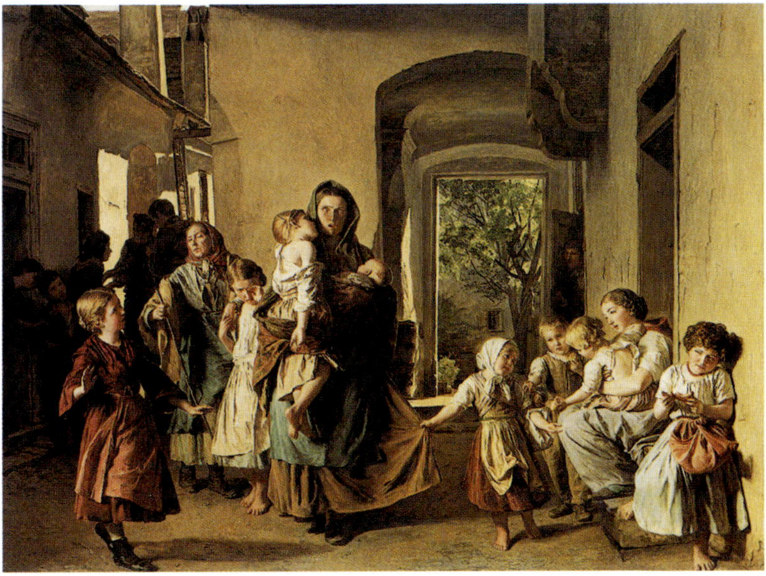

Ferdinand Georg Waldmüller (1793–1865), *Nach der Pfändung*, 1859, Öl auf Holz, 73 x 90 cm, Dresden, Staatliche Kunstsammlungen, Gemäldegalerie Neue Meister

Aber die Geschichte geht dennoch gut aus. Statt mit seinem großen Vermögen nach Amerika auszuwandern, wie er zunächst erwogen hat, wendet sich Kohlenmunkpeter noch einmal an das Glasmännlein, da er noch einen Wunsch freihat, und gewinnt durch eine List sein wahres Herz zurück. Sein treues Weib ist ihm auch nicht mehr böse, und da er sein zuvor verachtetes Handwerk nunmehr »unverdrossen« und »fleißig« betreibt, wird er schließlich »durch eigene Kraft wohlhabend«.

Damit endet das sozialpolitische Märchen, aber die Wirklichkeit, von der es ausgegangen ist, sieht etwas anders aus, und der zeitgenössische Leser versteht die Botschaft nur zu gut. In romantischer Einkleidung erzählt Hauff von ähnlichen Erfahrungen, wie sie ein Jahrzehnt später Honoré de Balzac in seinen Epos der *Menschlichen Komödie* beschreibt: daß Reichtümer eben nicht durch bürgerliche Tugenden erworben werden, sondern durch Befreiung von traditionellen Rücksichten, durch Mißachtung von Gewohnheitsrechten, durch gefühllose Selbstbehauptung im Kampf aller gegen alle. Der Ursprung des Wohlstands ist – romantisch gesprochen – ein kaltes Herz. »Hinter jedem großen Vermögen steckt ein Verbrechen«, schreibt Balzac, Romantiker und Realist.

In den Erzählungen der deutschen Romantik wird die Versteinerung des Herzens vor allem psychologisch gedeutet: sie bedeutet Verhärtung gegen die Außenwelt, Abkehr von der menschlichen Umgebung, Unempfindlichkeit gegenüber der Geliebten, den Freunden und Angehörigen. In der schon erwähnten Novelle *Der Runenberg* von Ludwig Tieck wird der romantisch umherschweifende Christian – ein jugendlicher Jedermann auf seiner irdischen Pilgerreise – von einem geheimnisvollen Fremden dazu überredet, den sogenannten Runenberg aufzusuchen. In einer unzugänglichen Höhle erblickt der Protagonist die »Bergkönigin«, eine »große weibliche Gestalt«, die sich vor seinen Augen entkleidet. Geblendet von ihrer »überirdischen Schönheit« und dem Glanz der sie umgebenden Diamanten und Edelmetalle verliert Christian buchstäblich die Besinnung. In seinem Innern hat sich »ein Abgrund von Sehnsucht und Wollust aufgetan«, doch gerade das Bild jener magischen Geliebten hindert ihn daran, reale Zuneigung oder sinnlichen Genuß zu empfinden.

Statt dessen verspürt er sehnsüchtiges Verlagen nach den unermeßlichen Reichtümern der Bergkönigin. Seine Wünsche scheinen in Erfüllung zu gehen, als der mysteriöse Fremde abermals auftaucht und ihm ein bedeutendes Kapital anvertraut. Doch gerade diese unverhoffte Geldvermehrung wird ihn ruinieren; durch Unterschlagung und Mißwirtschaft verliert Christian schließlich den gesamten Besitz, den er sich zuvor erworben hatte, und irrt als geistig umnachteter Bettler durch das Gebirge.

Der romantische Ursprungsmythos der neuen Ökonomie, der in zahlreichen Varianten von Arnim und E.T.A. Hoffmann bis hin zu Richard Wagners *Ring der Nibelungen* immer wieder aufgegriffen wird, erzählt von einem fatalen Tauschgeschäft, bei dem stets Lebendiges gegen Totes, belebte Natur gegen kaltes Gestein, Zuneigung und Liebe gegen Besitz, erotische Leiden-

Eugen Napoleon Neureuther (1806–1882), *Bild zum zehnjährigen Jubiläum der Maschinenfabrik Cramer-Klett*, 1858, Öl auf Leinwand, Nürnberg, Germanisches Nationalmuseum

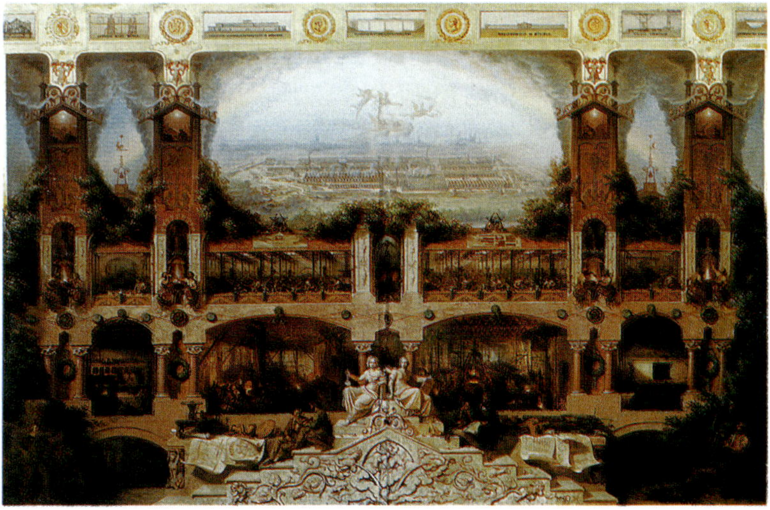

schaft gegen Macht, Glück und Lebenslust gegen Geld – veräußert wird. Das so erworbene Kapital, das zunächst ungeahnte Energien freisetzt, hat jedoch destruktiven Charakter, es wendet sich schließlich gegen seinen Besitzer: es zerstört oder vereitelt eben das, was er sich mit dem eingetauschten Geld zu beschaffen hoffte.

Das Thema wird noch lange die literarischen (und im 20. Jahrhundert auch die cinematographischen) Phantasien beschäftigen. Die großen literarischen Unternehmergestalten in der Zeit der ausgehenden Romantik scheitern an sich selbst: Faust (im 2. Teil der Tragödie, 1832) erblindet und verfällt der Illusion, daß man seine gigantischen Urbanisierungspläne verwirklicht; der »Oheim« in Immermanns Epigonen, zunächst Kaufmann und dann Industriemagnat, stirbt in tiefer Verbitterung, und sein unfreiwilliger Erbe (der Protagonist des Romans) verwandelt die mühsam aufgebauten Industrieanlagen wieder in landwirtschaftliche Betriebe.

Doch schon zu dieser Zeit ist unverkennbar, daß eine solche Rückkehr zur Natur und zu agrarwirt-

Johann Wilhelm Schirmer (1807–1863), *Das Geroldsauer Tal bei Baden-Baden*, 1855, Öl auf Leinwand, 59,5 x 82,5 cm, Staatliche Kunsthalle Karlsruhe

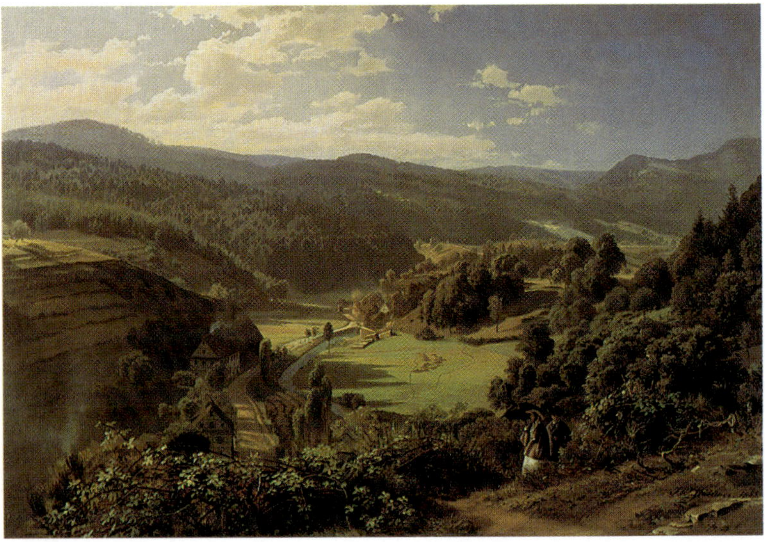

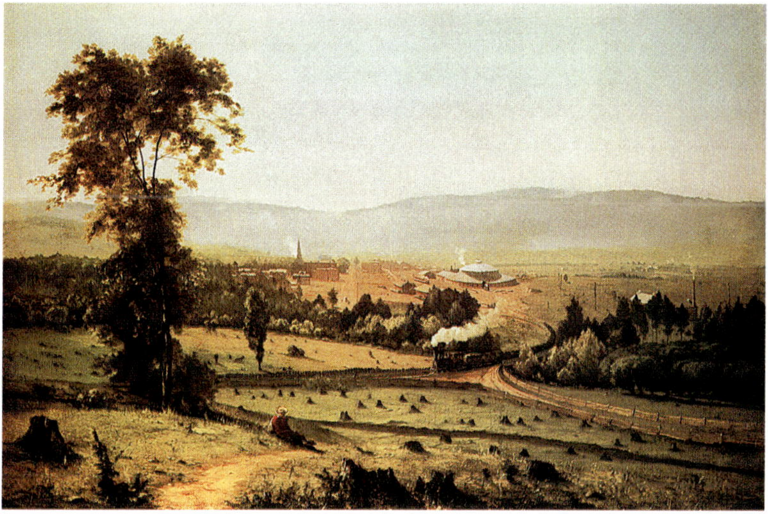

George Inness (1825–1894), *Das Lackawanna-Tal*, 1855, Öl auf Leinwand, 86 x 127,5 cm, Washington, National Gallery of Art

schaftlichen Lebensformen keine wirkliche Perspektive mehr bietet. Denn in Gestalt der Dampflok, die seit dem Ende der dreißiger Jahre kreuz und quer durch die deutschen Lande sich ihren Weg bahnt, nimmt der Fortschritt unaufhaltsam seinen Lauf. In der Malerei wird die Tradition der Romantik noch lange in Landschaftsbildern fortleben, die eine weiterhin unberührte oder aber eine mit der Technik versöhnte Natur schildern, in der sich die Schienenführung und die Rauchwolken der Eisenbahn harmonisch in das Ambiente einfügen. Dennoch ist damit nicht notwendigerweise eine Abkehr von der sich verdüsternden sozialen Wirklichkeit intendiert, sondern im Gegenteil: immer wieder erscheint die Natur als positive Gegenwelt zu der von Massenproduktion und Massenelend geprägten Gesellschaft, eine konkrete Sozialutopie, die allerdings nur von kurzer Dauer sein kann. Stets erweist sich die Natur als gefährdete Idylle. Bis in die moderne und postmoderne Industriegesellschaft hat sich diese romantische Vorstellung behaupten können.

Im Unterschied etwa zu Frankreich, wo in der Tradition der materialistischen Aufklärungsphilosophie die

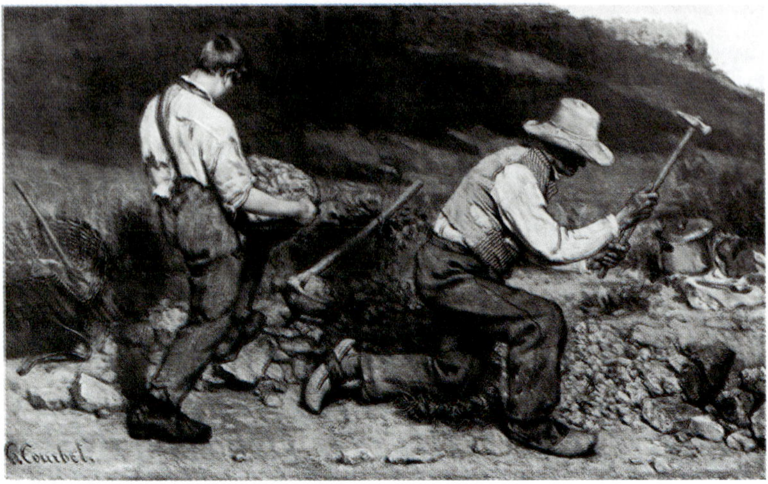

Gustave Courbet (1819–1877), *Die Steinklopfer*, 1849, Öl auf Leinwand, 159 x 259 cm, ehemals Dresden, Gemäldegalerie (1945 verbrannt)

Saint-Simonisten sich gerade durch industriellen und technologischen Fortschritt die Einlösung ihrer humanitären Ziele versprechen, führt in der Spätphase der deutschen Romantik jeder Ausweg aus der sozialen Krise wieder zurück in die ihrerseits gefährdete Natur. Ihre Leitfiguren haben sich den unmittelbaren, lebendigen Kontakt zur Natur bewahren können oder nach schmerzlichen Erfahrungen wiedergewonnen: Bereits der fromme Bergmann in Novalis' *Heinrich von Ofterdingen*, den das Edelmetall nur als Naturwunder, als Gegenstand ästhetischer Betrachtung oder als Anlaß zu religiöser Meditation interessiert, warnt ausdrücklich davor, sich an den Schätzen der unterirdischen Welt bereichern zu wollen; der redliche Landmann und Ackerbauer in den Erzählungen Jeremias Gotthelfs (1797–1854) lebt glücklich von dem Ertrag seiner Scholle, ohne zu versuchen, seinen Hof zu modernisieren oder seinen Besitz zu vergrößern; der gebildete Großbürger Hermann verzichtet auf jede weitere Vermehrung seines Kapitals, sperrt sich gegen industrielle Produktionsweisen und nutzt seinen Reichtum, indem er auf seinem ausgedehnten Grundbesitz Sozial- und Schulreformen durchführen läßt. In aller Konsequenz und Fragwürdigkeit verdichtet sich die romantische

Naturutopie in Adalbert Stifters *Nachsommer* (1857), indem die Idylle wie unter einer Glasglocke gegen alle feindlichen gesellschaftlichen Einflüsse hermetisch verschlossen wird.

> Abermals sah Hermann das tiefe gewundene Tal vor sich liegen, aus welchem die weißen Fabrikgebäude des Oheims hervorleuchteten. Die Maschinen klapperten, der Dampf der Steinkohlen stieg aus engen Schloten und verfinsterte die Luft, Lastwagen und Packenträger begegneten ihm und verkündigten durch ihre Menge die Nähe des rührigsten Gewerbes. Ein Teil des Grüns war durch bleichende Garne und Zeuche dem Auge entzogen, das Flüßchen, welches mehrere Werke trieb, mußte sich zwischen einer Bretter- und Pfosteneinfassung fortzugleiten bequemen. Zwischen diesen Zeichen bürgerlichen Fleißes erhoben sich auf dem höchsten Hügel der Gegend die Zinnen des Grafenschlosses, in der Tiefe die Türme des Klosters. Beide Besitzungen nutzte der Oheim zu seinen Geschäftszwecken. Auch die geistliche hatte er unter der Fremdherrschaft zu billigem Preise erworben. Lange Gebäude, mit einförmigen Trockenfenstern versehen, unterbrachen die Linien der gotischen Architektur auf der Höhe und in der Tiefe; der Wald, welcher die Hügel bedeckte, war fleißig gelichtet.
>
> (Karl Immermann, *Die Epigonen,* 1836)

Tatsächlich scheint die deutsche Romantik auf die »soziale Frage«, die im weiteren Verlauf des 19. Jahrhunderts zum beherrschenden Thema wird, eher hilflose Antworten zu geben. F. Schlegel glaubt, auch das politische Heil in der Kirche zu finden, die seiner Ansicht nach in allen gesellschaftlichen Bereichen ihre ehemalige Führungsrolle wieder übernehmen müsse, damit eine soziale Katastrophe abgewendet werde; Adam Müller geht so weit, die Wiedereinführung der Leibeigenschaft zu fordern, um auf diese Weise die zunehmende Landflucht und die daraus resultierende Proletarisierung der Städte zu verhindern. Franz von Baader schlägt die europaweite Gründung von christlichen Akademien vor, um dort eine intellektuelle »Heilige Allianz« zu etablieren; deren Aufgabe wäre es, dem »Liberalismus« (den Vertretern des neuen, finanzstarken Industriebürgertums) ebenso wie dem »Revolutionismus« (den demokratischen und frühsozialistischen Bestrebungen) entgegenzuwirken: zum »Schutz« der Sozietät« im allgemeinen und zur »Unterstützung des Proletariers« im besonderen, der umgehend wieder in die Gesellschaft »eingebürgert« werden müsse.

Bettine von Arnims Idee, mit ihrem *Armenbuch* den König zu einer persönlichen Intervention zu bewegen, beruht zwar auf einer zutiefst romantischen Verkennung des preußischen Staatsapparats und der realen

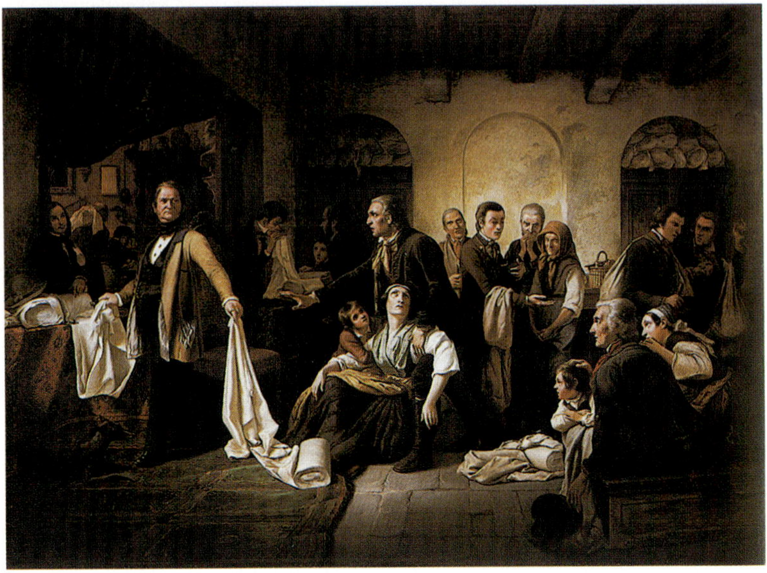

Karl Hübner (1814–1879), *Schlesische Weber*, 1844, Öl auf Leinwand, 78 x 105 cm, Düsseldorf, museum kunst palast

Machtverhältnisse in Deutschland; indessen ist die unkonventionelle und bisweilen anarchische Art ihres Engagements dazu angetan, beträchtliches Aufsehen zu erregen. Als die Baronin 1844 ihre Absicht publik macht, eine Darstellung des Armenwesens in Deutschland zu veröffentlichen, und in allen großen Zeitungen zur Mitarbeit aufruft, steht sie nicht nur auf dem Gipfel ihres literarischen Ruhms, sondern ist auch seit längerem Ziel geheimpolizeilicher Tätigkeit. Direkte Strafverfahren werden (abgesehen von einem Prozeß wegen »Majestätsbeleidigung«) möglicherweise von »höchster Stelle« unterbunden, aber die quirlige Dame, die im Mittelpunkt des Berliner Kulturlebens steht und zur Ansprechpartnerin gerade der revolutionären »jungdeutschen« Generation geworden ist, hat sich bereits in jeder Hinsicht verdächtig gemacht, und wer mit ihr Umgang pflegt, muß ebenfalls mit Bespitzelung oder weitergehenden Repressalien rechnen.

Dieses Schicksal trifft beispielsweise den Fabrikanten Friedrich Wilhelm Schloeffel, der sich – im Gegensatz zu dem berüchtigten »Schinder« und »Blutsauger« Zwanziger (der Gerhart Hauptmann später als

Vorbild für sein berühmtes Drama *Die Weber* (1892) gedient hat) – für die verarmten schlesischen Weber einsetzt. Nachdem er Bettine von Arnim eine ausführliche Dokumentation hat zukommen lassen, wird er wegen angeblicher kommunistischer Verschwörung verhaftet. Die Baronin entfesselt ein beispielloses Feuerwerk von Briefen an den König und den Kronzprinzen, an die zuständigen Minister, an alle einflußreichen Persönlichkeiten, mit denen sie bekannt ist, um die Freilassung Schloeffels zu erreichen; mit ihren Eingaben und persönlichen Auftritten versucht sie offenbar, die Justizbehörden zu zermürben. Es bleibt unklar, ob und inwieweit ihre Taktik erfolgreich gewesen ist, aber mit Sicherheit werden viele Staatsbeamte aufgeatmet haben, als der Fabrikant schließlich aus Mangel an Beweisen freigesprochen wird.

Die schlesischen Weber

Im düsteren Auge keine Träne,
Sie sitzen am Webstuhl und fletschen die Zähne:
Deutschland, wir weben dein Leichentuch,
Wir weben hinein den dreifachen Fluch –
Wir weben, wir weben!

Ein Fluch dem Gotte, zu dem wir gebeten
In Winterskälte und Hungersnöten
Wir haben vergebens gehofft und geharrt,
Er hat uns geäfft und gefoppt und genarrt –
Wir weben, wir weben!

Ein Fluch dem König, dem König der Reichen,
Den unser Elend nicht konnte erweichen,
Der den letzten Groschen von uns erpreßt,
Und uns wie Hunde erschießen läßt –
Wir weben, wir weben!

Ein Fluch dem falschen Vaterlande,
Wo nur gedeihen Schmach und Schande,
Wo jede Blume früh geknickt,
Wo Fäulnis und Moder den Wurm erquickt –
Wir weben, wir weben!

Das Schiffchen fliegt, der Webstul kracht,
Wir weben emsig Tag und Nacht –
Altdeutschland, wir weben dein Leichentuch,
Wir weben hinein den dreifachen Fluch,
Wir weben, wir weben!

(Heinrich Heine, 1844)

Gleichwohl hat die unbeirrt couragierte Haltung die Arnim allzu sehr kompromittiert, als daß noch an eine Veröffentlichung des *Armenbuches* zu denken wäre; in der konservativen Öffentlichkeit werden Unterstellungen und Verdächtigungen laut, man beschuldigt sie geradezu, den Aufstand der schlesischen Weber angezettelt zu haben. »Den Hungrigen helfen wollen, heißt jetzt Aufruhr predigen«, lautet ihr doppelsinniger Kommentar, als sie die Arbeit an dem *Armenbuch* vorläufig – wie sie damals meint – aussetzen muß. Es ist vielleicht bezeichnend, daß dieser wohl bedeutendste Beitrag der – im besten Sinne – politischen Romantik nicht vollendet wurde.

Damit scheint sich die Vermutung zu bestätigen, daß die romantischen Maßnahmen gegen kalte und versteinerte Herzen weitgehend erfolglos geblieben und vielleicht von Anfang an nur eine fromme Illusion gewesen sind. Das allerdings wäre zugleich das geschichtliche Todesurteil für die Romantik selbst. Denn bei allen Differenzen und Differenzierungen, die im weiteren Verlauf ihrer Entwicklung hervortreten, hat die Romantik doch einen Grundsatz ihres universalen Kunstprogramms niemals aufgegeben: den Anspruch, das von der Aufklärung definierte Idealbild des Menschen auch auf die zweifelhafte, widersprüchliche Gefühlswelt, auf die dunklen und triebhaften Seiten der Psyche und ebenso auf die gesellschaftlich verdrängten Bereiche, auf soziale Randgruppen und Außenseiter und nicht zuletzt auf die sogenannten »Geistesgestörten« oder »Wahnsinnigen« auszudehnen.

Diese Sozialutopie wird die romantische Bewegung nicht nur in Deutschland, sondern in ganz Europa während der »Epoche der Revolution« begleiten. Wenn auch häufig unausgesprochen, bildet sie doch den Ausgangspunkt der unterschiedlichen künstlerischen und kunsttheoretischen Positionen mitsamt ihrer neuen Mythologie: Sie hat den Glauben an eine im Volk verwurzelte Naturpoesie ebenso wie die Hoffnung auf eine weltverändernde Wirkung der Kunst und der Künstler inspiriert; sie liegt der Idee einer fernen Kindheit wie der Allgegenwart eines »fantastischen Zauberreichs« zugrunde; an ihr sind die Entwürfe einer romantischen Weiblichkeit und die philanthropischen Bemühungen zur Linderung der neuen Armut orientiert.

Wann immer sich die Realität nicht so recht den Idealbildern fügen wollte, war dies zweifellos um so schlimmer für die Wirklichkeit. Doch hat sich diese für die Übergriffe der Kunst nachhaltig gerächt, indem sie die romantischen Utopien in Trugbilder und zwielichtige Gespenster verwandelt hat. Die Konstruktion eines spezifisch nationalen Kunsterbes als kulturpolitische Résistance gegen die napoleonische Fremdherrschaft ist in späteren Jahren gezielt mißverstanden worden, und auf

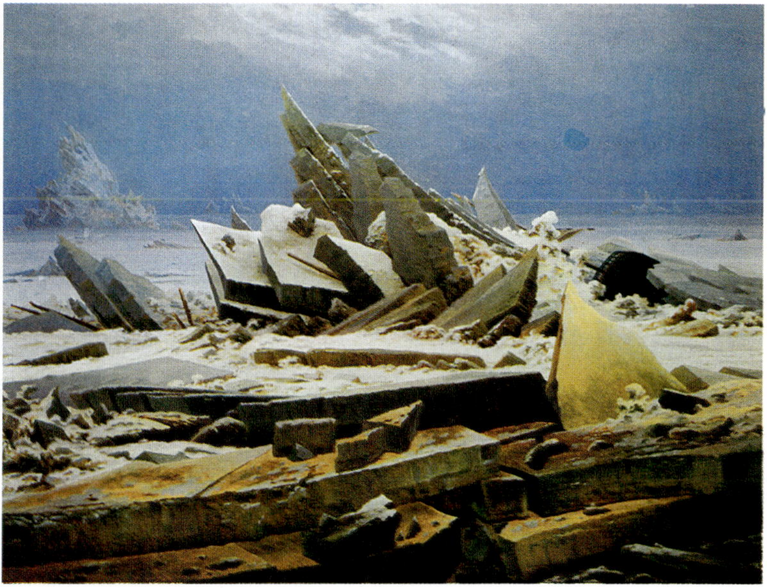

Caspar David Friedrich (1774–1840), *Das Eismeer*, 1823–24, Öl auf Leinwand, 96,7 x 126,9 cm, Hamburger Kunsthalle

ähnliche Weise ist das frühromantische Programm einer universalen Poetisierung der Welt erfolgreich zur universalen Trivialpoesie der heutigen Massenmedien pervertiert worden. Kaum eine Epoche ist politisch so mißbraucht worden wie die Romantik, aber auch kaum eine Epoche hat soviel Anlaß dazu gegeben. Unter diesen Gesichtspunkten muß zwangsläufig der Eindruck entstehen, daß die romantische Bewegung nicht viel mehr als eine Abfolge von Fehlschlägen gewesen sei.

Das berühmte Gemälde *Das Eismeer* von Caspar David Friedrich scheint diese Einschätzung zu bestätigen. Ohne festen Halt oder sichere Distanz zu bieten, zieht das Bild den Betrachter in eine trostlose polare Einöde: gewaltige Eisschollen und -blöcke haben sich aufgetürmt und ineinandergeschoben, sind dabei auseinandergebrochen und haben sich mit ihren scharfen Kanten und Spitzen geradezu bedrohlich aufgerichtet; kaum erkennt man auf der rechten Seite das von Eisblöcken halb begrabene Schiff, dessen Besatzung längst umgekommen sein dürfte. Bis zu dem düsteren Horizont erstreckt sich das bläulich schimmernde Meer, aus dem einige Eisberge aufragen; nur am oberen Bildrand reißt der Himmel ein wenig auf und wird heller.

Man könnte vermuten, daß Friedrichs *Wanderer über dem Nebelmeer,* der zu Beginn dieses *Schnellkurses* in die deutsche und europäische Geschichte blickt (siehe S. 2), dabei genau dieses Bild vor Augen hat: eine Trümmerlandschaft, sinnlos verstreute Teile eines ursprünglichen Ganzen, eine kalte, lebensfeindliche Umwelt, in der die wenigen Zeichen menschlicher Kultur – das kaum noch erkennbare Schiffswrack – nichts anderes bezeugt, als daß es damit schon lange vorbei ist. Der Titel *Die verunglückte Hoffnung,* mit dem früher das Bild fälschlicherweise bezeichnet wurde, bezieht sich zwar auf ein anderes Werk Friedrichs, doch ist deswegen nicht auszuschließen, daß jenes zeitgenössische Ereignis (das seinerzeit aufsehenerregende Scheitern einer Polarexpedition durch den Verlust eines »Hoffnung« genannten Schiffes) hier abermals thematisiert und mit kulturpolitischer Bedeutung angereichert worden ist. Der sprechende Schiffsname selbst legt diesen Doppelsinn nahe. Das Scheitern jener Expedition würde demnach auf das Scheitern der romantischen Hoffnungen verweisen, die nunmehr der allgemeinen politischen und gesellschaftlichen Erstarrung zum Opfer gefallen wären.

Betrachtet man jedoch diesen Trümmerhaufen genauer, entsteht ein ganz anderer Eindruck. Dargestellt ist keineswegs ein unbeweglicher Endzustand, kein absoluter Nullpunkt des organischen Lebens, ganz im Gegenteil. Was diese gewaltigen Eismassen zusammengepreßt, aneinandergedrückt und zerstückelt hat, ist ein lebendiger Naturprozeß. Die bereits hochstehende und nunmehr aus der scheinbar undurchdringlichen Wolkendecke hervortretende Sonne verkündet das Ende des arktischen Winters. Unter dem sanften Druck ihrer kaum spürbaren Wärme ist die mehrere Meter starke Eisdecke aufgebrochen. Was darunter eingeschlossen und verborgen war, kommt wieder zum Vorschein: die verschollene, verlorene, unter dem Eis begrabene »Hoffnung« ist unversehens wieder zutage getreten.

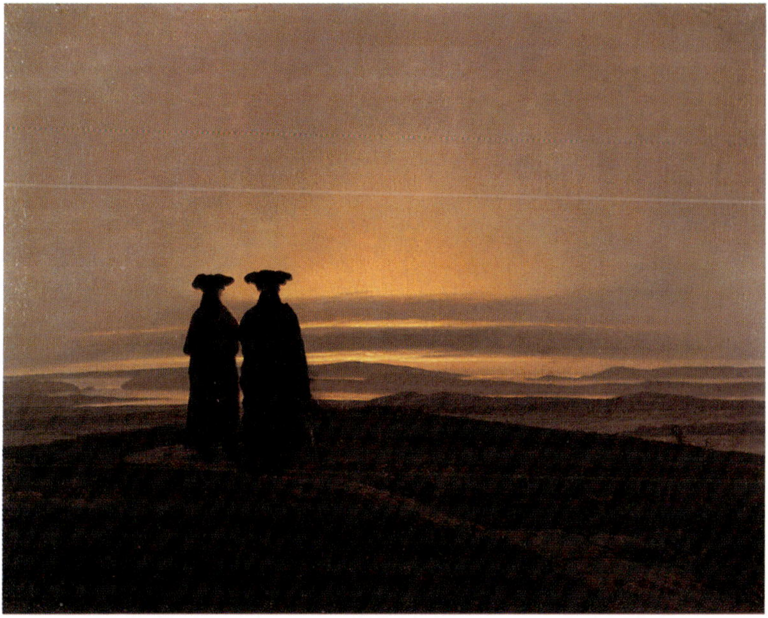

Caspar David Friedrich (1774–1840), *Sonnenuntergang* (*Brüder*), nach 1830, Öl auf Leinwand, 26 x 51 cm, St. Petersburg, Eremitage

Das Bild ist keinesfalls nur eine Meditation über die Vergänglichkeit der Welt und die Hoffnung auf ein besseres Jenseits. Der überirdische Trost in Gestalt des geöffneten Himmels ist zugleich sehr konkret und diesseitig. Er besagt nichts anderes, als daß die menschliche Zivilisation ebenso wie das Leben der Natur keinen Zustand vollkommener Erstarrung kennt, daß sie sich unausgesetzt fortbewegt, daß sie nach allen geschichtlichen Katastrophen zu neuem Leben erwacht. Das gilt auch für jene Tausch- und Einschmelzungsprozesse, die in der romantischen Literatur beschrieben worden sind; die Verwandlung der Herzen in Stein, der belebten Natur in Metall, Aktien und Kreditkarten wäre demnach nicht unwiderruflich. Das weite Panorama der Kulturgeschichte ist denen, die es sehen, ein Trost, denen, die es nicht sehen, ein endloses Trümmerfeld – so etwa lautet das Fazit dieses Bildes. Es ist zugleich das Fazit der romantischen Bewegung selbst. Gerade in dieser Doppeldeutigkeit erscheint sie heute aktueller denn je.

Historischer Überblick

Das Ende des Absolutismus

Nach dem ***Siebenjährigen Krieg* (1756–63)** hat sich in Europa eine politische Konstellation herausgebildet, die auch im 19. Jahrhundert das Kräftespiel in Europa bestimmen wird. Österreich und Preußen haben ihre rivalisierende Führungsrolle in dem sich auflösenden Deutschen Reich behaupten können, Rußland macht seinen Einfluß zunehmend in Mitteleuropa geltend (in seltener Einmütigkeit werden sich die drei Mächte gegen Ende des Jahrhunderts Polen einverleiben), Schweden hat seine Vormachtstellung im Norden und Nordosten verloren, Frankreich erscheint aufgrund seiner katastrophalen Wirtschaftslage und Spanien wegen seiner lethargischen Regierungspolitik weitgehend geschwächt. Auch in Italien hat sich an den jahrhundertealten Herrschaftsstrukturen wenig geändert. Der Südosten Europas wird nach wie vor vom Osmanischen Reich beherrscht, das allerdings auf dem Balkan und am Schwarzen Meer immer weiter zurückgedrängt wird; im südlichen Mittelmeer ist noch bis zum Ende des Jahrhunderts die zivile Schiffahrt von Piraten bedroht.

Als eigentlicher Sieger geht England, seit **1707** mit Schottland und seit **1801** mit Irland zum Königreich Großbritannien vereinigt, aus dem europäischen Konflikt hervor. Wenn auch weit entfernt von einer Demokratie im aufklärerischen Verständnis, erweist sich das parlamentarische System Englands gegenüber den überkommenen monarchischen Strukturen auf dem Festland als wesentlich effizienter. England wird sich in den kommenden Jahrzehnten zunehmend von der Kontinentalpolitik zurückziehen, dafür zielstrebig sein überseeisches Imperium ausbauen.

Die amerikanische Unabhängigkeitserklärung **1776** wird von vielen europäischen Intellektuellen mit Begeisterung aufgenommen – hat es doch den Anschein, als wäre ein Traum der Aufklärung hier politische Wirklichkeit geworden. Die Vorstellung einer freien, den humanitären Idealen zutiefst verpflichteten Gesellschaft prägt die romantische Amerika-Projektion bis weit in das 19. Jahrhundert.

Während das absolutistische Europa (unbeschadet der zivilrechtlichen und wirtschaftspolitischen Reformbestrebungen „aufgeklärter" Potentaten, etwa in Preußen, Österreich, Bayern, Baden oder Sachsen-Weimar) überwiegend friedlich seinem Ende entgegengeht, entsteht auf dem amerikanischen Kontinent eine neue Großmacht. In den wenigen Jahrzehnten vor der Gründung der Vereinigten Staaten von Amerika (deren Verfassung im Revolutionsjahr **1789** offiziell in Kraft tritt) bis zur ***Monroe-Doktrin* 1823**, in der jede europäische Einmischung auf dem amerikanischen Nord- oder Südkontinent als Verletzung US-amerikanischer Interessen definiert wird, deutet sich bereits die künftige weltpolitische Rolle des neugegründeten Staates an, der seine Hegemonialbestrebungen im 19. Jahrhundert nach Süden und Westen, schließlich über den amerikanischen Kontinent hinaus auf den pazifischen Raum bis nach Ostasien richtet. Nach den Erfahrungen des amerikanischen Unabhängigkeitskrieges **(1775–83)** wird Großbritannien, das in der ersten Hälfte des 19. Jahrhunderts Australien und Neuseeland annektiert, Teile des indischen Subkontinents erobert und allenthalben Stützpunkte in Ost- und Südostasien errichtet, durch eine kluge Ausgleichspolitik Auseinandersetzungen mit den an Rohstoffen wie an Absatzmärkten unendlich reichen Landen meiden.

Die Französische Revolution (1789–1804)

Angesichts eines drohenden Staatsbankrotts beruft **1789** der französische König Ludwig XVI. die Generalsstände ein, die über einen Ausweg aus der Finanzkrise beraten sollen. Die Vertreter des Dritten Standes finden zu einer überraschenden Lösung, indem sie sich kurzerhand zur ***Nationalversammlung*** und zur einzig legitimen gesetzgebenden Instanz erklären. Die Erstürmung der Bastille am ***14. Juli*** bildet den Auftakt zur ***Französischen Revolution.*** In kürzester Zeit werden Gedanken und Forderungen, die im Zuge der Aufklärung diskutiert worden waren, politisch umgesetzt: Standesunterschiede und -privilegien werden abgeschafft und die Monarchie von Gottes Gnaden durch eine Verfassung ersetzt. Der radikale ***Nationalkonvent*** besteht **bis 1795**. Die revolutionären Machthaber fühlen sich berechtigt, den politischen „Fortschritt" mit allen Mitteln zu verteidigen; zunächst gegen die Royalisten (etwa 3000 Menschen werden **1792** im Zuge der Septembermorde getötet, ***1793*** der König), später gegen die Köpfe der revolutionären Bewegung selbst: Danton wird im April **1794**, wenige Monate später Robespierre hingerichtet. Der Staatsstreich der ***Thermidorianer*** beendet die ***Schreckensherrschaft***. In der Folgezeit regiert ein fünfköpfiges ***Direktorium***, das auf der Grundlage des neu eingeführten Klassenwahlrechts (unter Ausschluß der Bevölkerungsmehrheit) gewählt wird. Nach andauernden innenpolitischen Wirren stürzt General Napoleon Bonaparte **1799** das Direktorium und ernennt sich zum ***Ersten Konsul der Republik*, 1802** zum ***lebenslänglichen Konsul*. 1804** wird er zum *Kaiser der Franzosen* gekrönt und vom Papst gesalbt. Das revolutionäre Experiment ist damit vorerst beendet. Wenngleich zahlreiche Rechtsreformen (***Code Napoléon*, 1804**), die auch in den später annektierten Gebieten Anwendung finden, einen deutlichen Einschnitt gegenüber dem früheren System markieren, sucht der neue Monarch unverkennbar, mit der Gründung einer neuen Dynastie (**1810** heiratet er die Tochter des österreichischen Kaisers) an die Traditionen des Ancient Régime anzuknüpfen. De facto herrscht in Frankreich eine Militärdiktatur. Im Unterschied jedoch zu den Nachbarstaaten gibt es im napoleonischen ***Empire*** keine Standesprivilegien; die Möglichkeit eines raschen Aufstiegs im Staatsdienst, insbesondere in der Armee, sichert dem Autokraten in der Bevölkerung große Popularität, weit über die Zeit seiner Herrschaft **(bis 1815)** hinaus.

Auch außerhalb Frankreichs findet Bonaparte insbesondere unter der jüngeren Generation Anhänger und Bewunderer; man sieht in ihm den Retter der Revolution nicht nur gegenüber den Kräften der alten Monarchie, sondern auch gegenüber dem Terror des „Pöbels". Mit dem Begriff „Konsul" stellt sich der erfolgreiche Militär in die Tradition des antiken Rom und dessen republikanischen Tugenden. Seine Kaiserkrönung markiert in Europa einen allgemeinen Stimmungsumschwung (einer beliebten Anekdote zufolge hat Beethoven die persönliche Widmung seiner 3. Symphonie, der „Eroica", an Napoleon auf jene Nachricht hin wütend ausradiert), und seine grenzenlosen Hegemonialbestrebungen machen den Kaiser zunehmend unbeliebt. Während Hegel in dem ehrgeizigen Diktator den „Weltgeist zu Pferde" erblickt, sieht Franz Grillparzer in ihm eine Inkarnation des Bösen (was im übrigen kein Widerspruch sein muß). Tatsächlich ist Napoleon bereits zu Lebzeiten, insbesondere aber nach seiner endgültigen Abdankung **1815** Gegenstand einer vielfältigen politischen Mythenbildung geworden. Es ist bezeichnend, daß auch viele demokratisch gesinnte französische Künstler und Intellektuelle des 19. Jahrhunderts, nunmehr in Opposition zur herrschenden Restauration, sich dieser Napoleon-Begeisterung anschließen werden.

Dies ist um so erstaunlicher, als der korsische Feldherr, der selbst tatkräftig an seinem Mythos gearbeitet hat, Frankreich durch seine fortdauernden Kriegszüge nahezu in den Ruin treibt. Auch für den Krieg hat die Revolution neue Spielregeln erfunden. Mit der Bedrohung des Vaterlandes und der Revolution durch die Mächte des Ancien Régime wird in Frankreich **1792** eine *levée en masse* – eine allgemeine Wehrpflicht – propagiert und der Krieg zugleich ideologisch aufgewertet. Im Unterschied zu den überkommenen Berufs- und Söldnerheeren können die Revolutionsheere ihre Verluste durch neue Rekruten immer wieder ausgleichen. Dies führt zu einem rücksichtslosen Einsatz von Menschenleben. Darüber hinaus gehört es zur innovativen Kriegstaktik, ein zurückweichendes Heer immer weiter zu verfolgen und nach Möglichkeit – selbst auf Kosten hoher eigener Verluste – zu vernichten. Der Ideologisierung des Krieges entspricht eine zunehmende Brutalisierung. Allein in den beiden Schlachten von Aspern und Wagram **1809** – eigentlich nur eine Randepisode der napoleonischen Kriege – verlieren über 130 000 Soldaten ihr Leben.

Der große Krieg 1792 bis 1815

Die Machthaber des Deutschen Reichs verfolgen die revolutionären Ereignisse mit gemischten Gefühlen, zunächst mit einer gewissen Genugtuung über die Schwierigkeiten des unbeliebten Nachbarn, dann aber mit zunehmender Beunruhigung. Insbesondere das österreichische Herrscherhaus drängt zu einer Intervention zugunsten der bedrängten Königsfamilie und der adligen Emigranten. Die Regierung des revolutionären Frankreich, die darin eine Einmischung in ihre inneren Angelegenheiten sieht, erklärt (auch um von ihren internen Machtkämpfen abzulenken) im April **1792** Österreich den Krieg. Dieser ***Erste Koalitionskrieg* (bis 1797)**, bei dem Österreich und Preußen, wenig später das gesamte Deutsche Reich und England, zwischenzeitlich auch Spanien und die Niederlande gegen das revolutionäre Frankreich kämpfen, bildet den Auftakt zu einem über 23 Jahre nahezu kontinuierlich andauernden Europakrieg.

Nach wechselnden Erfolgen siegen schließlich die Revolutionstruppen. Durch den ***Frieden von Campo Formio*** erhält Frankreich die Lombardei und Belgien, die besetzten Niederlande werden zur (abhängigen) ***Batavischen Republik*** erklärt (**1798** wird auch die Schweizerische Eidgenossenschaft in die ebenfalls abhängige ***Hel-***

vetische Republik umgewandelt). Ungeachtet der Proteste der Reichsstände werden auch die linksrheinischen Gebiete des Deutschen Reichs Frankreich überlassen. Die entstehenden Gebietsverluste werden vor allem durch die Säkularisierung kirchlicher Besitztümer kompensiert.

Nach weiteren Eroberungen in Italien (**1798** wird der Kirchenstaat besetzt und der Papst interniert, **1799** das Königreich Neapel erobert und zur ***Parthenopäischen Republik*** umgewandelt) kommt es **1799** zum ***Zweiten Koalitionskrieg***, an dem nun auch Rußland und die Türkei auf Seiten der Alliierten stehen. Auch dieses Mal nehmen die Kriegshandlungen einen wechselhaften Verlauf, auch in diesem Fall führen die unterschiedlichen Interessen der Koalitionspartner schließlich dazu, daß Frankreich die Oberhand gewinnt und im ***Frieden von Lunéville*** seine Bedingungen diktieren kann. Die Neuordnung des Reichs im sogenannten ***Reichsdeputations-Hauptbeschluß*** **1803** erfolgt nach französischen Direktiven; sie wird die Grundlage der späteren territorialen Ordnung Deutschlands, die sich noch in den Grenzen der heutigen Bundesländer abzeichnet.

Die praktischen Folgen dieser Neuregelung zeigen sich schon wenige Jahre später im ***Dritten Koalitionskrieg*** **(1805)**: Gegen England, Rußland, Österreich, Schweden kämpfen Bayern, Württemberg und Baden auf französischer Seite (Preußen bleibt neutral, nachdem ihm Napoleon das mit Großbritannien in Personalunion vereinte Hannover zugesprochen hat). Mit Hilfe seiner süddeutschen Verbündeten besetzt Napoleon Wien und besiegt bei Austerlitz in der ***Dreikaiserschlacht*** die österreichischen und russischen Truppen. **1806** wird in Paris der ***Rheinbund*** gegründet, der Napoleon die militärische Obergewalt über fast alle deutschen Staaten (außer Österreich, Preußen, Dänisch-Holstein und Schwedisch-Pommern) sichert. Kaiser Franz verzichtet offiziell auf die deutsche Kaiserkrone. **1806** erleidet das nunmehr isolierte Preußen in der ***Doppelschlacht bei Jena und Auerstedt*** eine vernichtende Niederlage und wird von französischen Truppen besetzt. **1807** gründet Napoleon das ***Königreich Westfalen*** (das er seinem Bruder Jerôme überläßt) und als weiteren Satellitenstaat das ***Großherzogtum Warschau.***

Der Krieg gegen England dauert indessen an. Nachdem der britische Admiral Nelson **1798** die französische Mittelmeerflotte und **1805** bei ***Trafalgar*** eine Armada aus französischen und spanischen Schiffen zerstört hat, muß Napoleon seine Eroberungspläne gegenüber dem britischen Inselreich aufgeben. Durch eine ***Kontinentalsperre***, die jeden Kontakt des europäischen Festlandes mit Großbritannien untersagt, soll dessen Wirtschaft ruiniert und die Bevölkerung ausgehungert werden. Diese Maßnahme trifft jedoch langfristig Frankreich und seine Verbündeten ungleich härter, da nunmehr wichtige Absatzmärkte verlorengehen, während sich England neue Rohstoffmärkte erschließt, seine Handelsflotte ausbaut und seine Wirtschaft modernisiert.

Durch die ***Besetzung Helgolands*** und die Eroberung der dänischen Kriegsflotte **1807** sichert sich England auch die Herrschaft über Nord- und Ostsee und somit auch den Zugang zu den russischen Häfen. **1810** hebt Zar Alexander die russische Kontinentalsperre auf, da die fehlenden Deviseneinnahmen den gesamten Staatshaushalt belasten.

Im übrigen nutzt Großbritannien die Gunst der Stunde, um die niederländischen Kolonien in ***Südafrika*** und ***Ceylon*** sowie französische Besitzungen in Indien zu annektieren, während Frankreich aufgrund seines chronischen Geldmangels gezwungen ist, seine transatlantischen Besitzungen Ostlouisiana und New Orleans an die USA zu verkaufen.

Mit dem Jahr **1808** verlagert sich der Kriegsschauplatz für mehrere Jahre nach Südwesteuropa. Bereits **1807** hat Napoleon ***Portugal*** besetzen lassen. Der spanische Aufstand gegen ein neu eingerichtetes ***bonapartisches Königshaus*** *in Madrid* weitet sich zu einem anhaltenden Partisanenkrieg aus, dem sich Freiwillige aus ganz Europa anschließen. Die chaotische Situation im Mutterland begünstigt die von Großbritannien und den Vereinigten Staaten unterstützten Autonomiebestrebungen innerhalb des spanischen Kolonialreichs; in den Jahren **1810/11** erklären ***Chile, Kolumbien, Paraguay, Uruguay*** und ***Venezuela*** ihre Unabhängigkeit.

Auch in anderen Teilen Europas kommt es zu Erhebungen gegen die napoleonische Fremdherrschaft. Als vorbildlicher Freiheitskampf wird von deutschen Patrioten der ***Tiroler Volksaufstand*** unter Andreas Hofer (**1810** in Mantua hingerichtet) glorifiziert.

Nach erfolglosen Geheimverhandlungen zwischen Preußen, Rußland und Österreich zwingt Napoleon **1811** Preußen zu einem Militärbündnis. Etwa ein Drittel der 610 000 Soldaten zählenden ***Großen Armee***, die im Juni **1812** in Rußland einmarschiert, stammen aus Gebieten des ehemaligen

Deutschen Reichs. Versorgungsschwierigkeiten nötigen Napoleon während des Winters zum Rückzug. Nur einige zehntausend Soldaten überleben die Katastrophe. Während Napoleon in Frankreich neue Truppen sammelt, erneuern England, Rußland, Preußen und Österreich ihre Koalition, der sich nach und nach auch die Staaten des Rheinbundes anschließen. Nach wechselvollen Kämpfen unterliegt Napoleon (***Völkerschlacht bei Leipzig*, 1813**) und wird nach *Elba* verbannt, kehrt aber, als die Sieger im Begriff sind, sich untereinander zu zerstreiten, für ***100 Tage*** nach Frankreich zurück. In der Schlacht bei ***Waterloo*** **1815** wird Napoleon endgültig besiegt und nunmehr auf die ungastliche Insel ***Sankt Helena*** im Südatlantik verbannt.

Wiener Kongreß und Restauration 1814/15

Auf dem ***Wiener Kongreß***, der durch Napoleons Rückkehr vorübergehend gestört wird, geht es um die allgemeine Neuordnung Europas durch eine weitgehende Wiederherstellung der alten Grenzen und Strukturen. Das angestrebte politische Gleichgewicht orientiert sich an den Interessen der fünf Großmächte ***Rußland, Österreich, Preußen, Frankreich, Großbritannien***; kleinere Staaten werden kaum gehört. Um eine dauerhafte Stabilität herzustellen, werden dem bourbonischen Königshaus großzügige Friedensbedingungen gewährt. Frankreich muß auf die Eroberungen seit **1792** verzichten, Österreich erhält Venetien und die Lombardei, die preußischen Grenzen (und die Teilung Polens) werden bestätigt. Die alten Dynastien kehren nach ***Neapel, Sardinien, Portugal*** und ***Spanien*** zurück, auch der ***Kirchenstaat*** wird wiederhergestellt. Großbritanniens Neuerwerbungen werden anerkannt; durch die ***Bundesakte*** von **1815** wird der ***Deutsche Bund*** gegründet, der in etwa die Territorien des alten Reichs umfaßt.

Zur Überraschung aller Anwesenden eröffnet Zar Alexander I. den romantisch anmutenden Vorschlag, eine ***Heilige Allianz*** zu gründen, die ihre gekrönten Häupter von Gottes Gnaden darauf verpflichten soll, die christliche Religion als höchste Maxime ihres politischen Handelns zu betrachten. Freilich ist dabei nicht so sehr an Nächstenliebe und Armenfürsorge gedacht als vielmehr an die Wahrung der gottgewollten Feudalstrukturen und die Abwehr aufklärerischer Reformen. Für einen Realpolitiker wie den britischen Außenminister Robert Stewart Castlereagh ist das ganze Manifest nichts weiter als eine „Mischung aus erhabenem Mystizismus und reinem Unsinn", aber eben aus realpolitischen Erwägungen treten alle europäischen Staaten, außer dem Kirchenstaat und der Türkei (aus jeweils unterschiedlichen Gründen), diesem Schutzbündnis gegen revolutionäre Aktivitäten bei.

Nicht nur aus diesem Grund gilt der Wiener Kongreß als Ausgangspunkt der ***Restauration***. Die im Zuge der Befreiungskriege feierlich versprochenen Landesverfassungen werden nur in wenigen Staaten erlassen, zahlreiche Reformvorhaben werden wieder zurückgenommen. Im Gegenzug werden dem ***mediatisierten Adel*** (d.h. den ehemals regierenden Häusern, die durch die territoriale Neuordnung ihre politische Rolle verloren haben) wirtschaftliche, fiskalische und soziale Privilegien zugestanden. Die Unterschichten sowie das aufstrebende Industriebürgertum tragen fast die gesamte Steuerlast, bleiben aber weiterhin von politischer Mitsprache ausgeschlossen.

Restauration 1816–29

Der Unmut über den Ausgang des Wiener Kongresses macht sich zunächst im Bildungsbürgertum, an den Universitäten, unter Literaten und Künstlern breit. Nicht ganz zu Unrecht wittert die Reaktion gerade in den Bildungsanstalten politischen Widerstand. **1815** wird die erste national orientierte Burschenschaft gegründet – aus der damaligen Sicht eine progressive Vereinigung, da der angestrebte deutsche Gesamtstaat als demokratisches Gebilde konzipiert ist; in Erinnerung an den ***Befreiungskrieg***, zu dem der preußische König „sein Volk" aufgerufen hatte, tragen die Studenten die symbolischen Farben Schwarz-Rot-Gold („durch schwarzen Tod und rotes Blut zur goldenen Freiheit"). Bereits der überregionale Charakter der Burschenschaften wird als Bedrohung der bestehenden politischen Ordnung angesehen. Nachdem **1817** auf dem ***Wartburgfest*** (auf dem Territorium des liberalen Großherzogs Carl August von Sachsen-Weimar) die wesentlichen Forderungen (***staatliche Einheit Deutschlands*** im Rahmen einer konstitutionellen Monarchie, ***Rechtsgleichheit aller Staatsbürger, Meinungs- und Pressefreiheit***) öffentlich formuliert werden, kommt es zu einer ersten Überreaktion (willkürliche Verhaftungen, Hausdurchsuchungen, Einschüchterungsversuche) auf Seiten der Behörden, was wiederum zu einer Radikalisierung innerhalb der Burschenschaften führt. Kleinere Gruppen drängen zu revolutionären Aktionen; das Attentat auf den konservativen Schriftsteller

Kotzebue ist den restaurativen Kräften **1819** vor allem in Preußen und Österreich ein willkommener Anlaß, die demokratisch denkenden Intellektuellen als Anarchisten, terroristische Jakobiner und Vaterlandsverräter zu verunglimpfen und sie der geistigen Mittäterschaft zu bezichtigen.

Auf Bestreben des Hof- und Staatskanzlers Metternich, der sich, indem er in Österreich einen regelrechten Polizeistaat errichtet, als politische Leitfigur der Restauration exponiert, kommt es **1819** zu den ***Karlsbader Beschlüssen***, die über Jahrzehnte das politische und kulturelle Klima in Deutschland prägen werden: offiziell eine Reaktion auf besagten Mordanschlag, in Wirklichkeit aber schon von langer Hand vorbereitet. Von entscheidender Bedeutung ist, daß (unter Mißachtung der ***Bundesakte***) sämtliche Mitgliedsstaaten gezwungen werden, die von Preußen und Österreich vereinbarten Maßnahmen auch in ihren Territorien juristisch umzusetzen. Dazu gehören vor allem die ***Überwachung der Universitäten*** durch einen staatlich ernannten Kommissar mit Disziplinarkompetenzen, die ***Einschränkung von Freiheit und Lehre***, ein allgemeines ***Berufsverbot für politisch verdächtige Professoren*** (die in keinem anderen deutschen Mitgliedstaat mehr beschäftigt werden dürfen), die ***Aufhebung der Pressehoheit*** der Einzelstaaten (um beispielsweise zu verhindern, daß ein in Preußen verbotenes Buch statt dessen in Sachsen-Weimar gedruckt werden kann) und die ausnahmslose ***Zensur aller Druckschriften***; die ***Einsetzung einer zentralen Untersuchungskommission*** zur Aufdeckung „demagogischer Verbindungen" und „revolutionärer Umtriebe" (also eine Art Staatssicherheitsdienst) und die Schaffung von Sondergerichten für politische Straftaten. Einige liberale Fürsten wehren sich gegen die Bevormundung durch eine bewußt nachlässige polizeiliche Umsetzung der Beschlüsse und durch bürokratische Gegenmaßnahmen.

In vielen Teilen Europas kommt es zu Beginn der zwanziger Jahre zu Unruhen und Aufständen. Bei der Erhebung von Neapel **(1820)** tritt erstmals der Geheimbund der ***Carbonari*** (Köhler) in Erscheinung, der bis zur Einigung des Landes **1866** gegen die österreichische Fremdherrschaft (aus ihrer Sicht: gegen die „Hunnen") kämpft. In ***Portugal*** wird **1821** der König zur Anerkennung der Verfassung gezwungen, die ***Revolution in Spanien*** **1820–23** gegen die ultra-konservative und monarchisch-autoritäre Politik König Ferdinands VII. wird mit Hilfe französischer Truppen niedergeschlagen, die bis **1828** im Land bleiben; in Sankt Petersburg wird **1825** der ***Dekabristenaufstand***, bei dem vor allem junge Adlige und Bürger für eine russische Verfassung eintreten, brutal unterdrückt. Bereits **1820** haben Rußland, Preußen und Österreich in dem sogenannten ***Protokoll von Troppau*** das „Recht auf Intervention" verkündet (indirekt eine Verpflichtung zu gegenseitiger militärischer Hilfe bei Aufständen im eigenen Land).

Etwas anders wird der **1821** ausbrechende ***griechische Unabhängigkeitskampf*** gegen die Türkei gewertet, der im mittleren und westlichen Europa abermals Freiheitssehnsüchte stimuliert und zugleich handfeste politisssche Interessen weckt. Nachdem sich die Großmächte England, Frankreich und Rußland über die Zukunft Griechenlands geeinigt haben, kommt es zu einem gemeinsamen militärischen Vorgehen gegen die Türkei, die **1829** die ***Unabhängigkeit Griechenlands*** anerkennt. **1832** besteigt ein Sohn des bayrischen Königs als Otto I. den griechischen Thron. Die auf ihn gesetzten Hoffnungen erweisen sich als trügerisch: zwar gelingt es ihm, in Griechenland die Bierbrauerei zu etablieren, im übrigen aber wird er nach zahlreichen politischen Mißerfolgen durch einen Militärputsch **1862** abgesetzt.

Revolutionsjahre 1830–48

Die seit längerem schwelende Unzufriedenheit in Frankreich über die wirtschaftliche Situation sowie über den autoritären Regierungsstil Karls X. entlädt sich – gleichsam zum Jahrestag der Erstürmung der Bastille – im Juli **1830** in Paris. Der König wird zur Abdankung gezwungen, Nachfolger wird der ***Bürgerkönig*** Louis Philippe. Die französische ***Julirevolution*** weckt in liberalen Kreisen neue Hoffnungen und in den reaktionären Kabinetten alte Befürchtungen. Belgien proklamiert seine Unabhängigkeit von den Niederlanden; **1831** anerkennen die fünf Großmächte ***Belgiens Autonomie*** und garantieren seine ***Neutralität*** – ein noch für den Ersten Weltkrieg folgenreiches Abkommen. Weniger erfolgreich verlaufen die Aufstände in Italien und Polen, die durch die österreichischen bzw. russischen Besatzungstruppen niedergeschlagen werden. In deutschen Territorien (Braunschweig, Kurhessen, Hannover) kommt es zu einzelnen Revolten, die politisch eher bedeutungslos bleiben.

Von ungleich größerer Wirkung erweist sich indessen **1832** das ***Hambacher Fest***, an dem etwa 20000 Demokraten aus verschiedenen Teilen Deutschlands teilnehmen. In der Pfalz wird daraufhin der ***Belagerungszustand*** ausgerufen, es folgt eine allgemeine Verhaftungswelle (allein in Preußen werden 39 Todesurteile und 165 hohe, teils lebenslängliche Haftstrafen wegen „Hochverrats" verhängt). **1835** wird die Literaturgruppe ***Junges Deutschland*** verboten, ihre Schriften konfisziert, ihre Mitglieder steckbrieflich gesucht. Zahlreiche Intellektuelle gehen ins Exil, in die Schweiz, nach Frankreich und England. Europaweites Aufsehen erregt der Fall der ***Göttinger Sieben***, einer Gruppe von Professoren (unter ihnen Jacob und Wilhelm Grimm), die **1837** gegen die Aufhebung der Hannoveraner Landesverfassung protestieren und daraufhin mit sofortiger Wirkung ihrer Ämter enthoben und des Landes verwiesen werden. Entgegen der Karlsbader Beschlüsse werden alle Professoren im darauffolgenden Jahr von anderen deutschen Universitäten wieder eingestellt.

Symptomatisch für die politische Situation in Mitteleuropa ist die Thronbesteigung des geistig zurückgebliebenen Kaisers Ferdinand I. **1835**, der erst im Revolutionsjahr **1848** zur Abdankung genötigt wird. Ungeachtet der ***fortschreitenden Industrialisierung*** werden überfällige innen- und wirtschaftspolitische Reformen unterdrückt; dem zunehmenden *Pauperismus* auf dem Lande ebenso wie in den wachsenden Vorstädten stehen die Behörden hilflos gegenüber und reagieren – wie etwa bei den ***schlesischen Weberaufständen*** **1844** – allenfalls mit brutaler Gewalt. Republikanisch gesinnte Handwerker und Intellektuelle bilden revolutionäre Verbindungen: aus dem **1834** gegründeten ***Deutschen Volksverein*** entsteht der ***Bund der Geächteten***, später der ***Bund der Gerechten***, der das Ziel einer „allgemeinen Verwirklichung der Menschen- und Bürgerrechte" verfolgt. **1846** wird London der Hauptsitz der Vereinigung, die **1847** in den ***Bund der Kommunisten*** umbenannt wird und 1848 das von Karl Marx und Friedrich Engels verfaßte ***Kommunistische Manifest*** herausgibt.

Die seit Jahren anhaltende ***Wirtschaftskrise*** führt im Februar **1848** in Paris zu spontanen Aufständen, schließlich zu einer allgemeinen Erhebung, die Louis Philippe zur Abdankung zwingt. Frankreich wird abermals Republik und erhält eine Verfassung mit allgemeinem Stimmrecht und einer parlamentarischen Regierung, die allerdings schon drei Jahre später durch den Staatsstreich Louis Napoléons (den Neffen des korsischen Generals) wieder außer Kraft gesetzt wird.

Die französische ***Februarrevolution*** bildet den Auftakt zur deutschen ***Märzrevolution*** sowie zu anhaltenden Aufständen in ganz Europa, die sich – in Polen, Ungarn, Italien – vor allem gegen die österreichische Fremdherrschaft richten und im Folgejahr, teils mit Hilfe russischer Truppen, blutig niedergeschlagen werden.

Überraschend gering ist zunächst der Widerstand der deutschen Fürsten, die fassungslos ihre eigenen Untertanen als revolutionäre Massen vor sich sehen. Liberale Minister versuchen, auf die unterschiedlichen Forderungen einzugehen, um die revolutionäre Dynamik abzuschwächen und Zeit zu gewinnen. Nur in Bayern, wo die Erhöhung des Bierpreises zum Auslöser des Volksaufstandes wird, dankt der König (der sich durch die Mitregentschaft seiner Lieblingstänzerin Lola Montez auch im eigenen Hause unbeliebt gemacht hat) zugunsten seines Sohnes Maximilian ab. Der preußische König Wilhelm IV. hingegen, der bereits mehrfach sein Verfassungsversprechen gebrochen hat, will sich an die Spitze der Reformbewegung stellen. Nach den Barrikadenkämpfen vom 18. März wendet er sich – auch dies ein Symptom für das politische Niveau in Deutschland – an „seine lieben Berliner" mit der absurden Behauptung, es sei nur eine „Rotte von Bösewichtern, meist aus Fremden bestehend" gewesen, die dem Militär Widerstand geleistet hätte.

Die sich zunächst abzeichnende allgemeine Revolution bleibt indessen aus; die reformorientierten Kräfte der bürgerlichen Oberschicht wenden sich gegen gewaltsame Veränderungen. Während in verschiedenen Städten, vor allem im Südwesten immer wieder Revolten aufflammen, arbeitet die ***Nationalversammlung*** in Frankfurt eine ***Reichsverfassung*** aus, die aber, nachdem die Militärs sowohl in den deutschen Bundesstaaten als auch in dem österreichischen Vielvölkerstaat jeden Widerstand gebrochen haben, von den alten und neuen Potentaten schlichtweg abgelehnt wird. Abgesehen von Frankreich haben sich die innen- und außenpolitischen Verhältnisse in Europa durch die revolutionären Ereignisse von **1848/49** nur wenig gewandelt. Die Enttäuschung der demokratischen Hoffnungen führt in den folgenden Jahren zu einer neuen ***Emigrationswelle***, nunmehr vor allem in die USA und nach Südamerika.

Bibliographie

Adorno, Theodor W., Zum Gedächtnis Eichendorffs [1957], in: Noten zur Literatur, Gesammelte Schriften 11, Frankfurt/Main 1974

Bätschmann, Oskar, Ausstellungskünstler. Kult und Karriere im modernen Kunstsystem, Köln 1997

Béguin, Albert, Traumwelt und Romantik. Versuch über die romantische Seele in Deutschland und in der Dichtung Frankreichs, Bern, München 1972

Behler, Ernst, Unendliche Perfektibilität. Europäische Romantik und Französische Revolution, Paderborn 1989

Behler, Ernst/Hörisch, Jochen (Hrsg.), Die Aktualität der Frühromantik, Paderborn u. a. 1987

Belting, Hans, Das unsichtbare Meisterwerk. Die modernen Mythen der Kunst, München 1998

Benjamin, Walter, Der Begriff der Kunstkritik in der Romantik [1920], in: Gesammelte Schriften, Bd. I, 1, Frankfurt am Main 1974

Bluhm, Lothar (Hrsg.), Romantik und Volksliteratur, Heidelberg 1999

Bohrer, Karl-Heinz, Die Kritik der Romantik. Der Verdacht der Philosophie gegen die literarische Moderne, Frankfurt am Main 1989

Dabundo, L. (Hrsg.), Encyclopedia of Romanticism. Culture in Britain, 1780s–1830s. New York/London 1992

Dahlhaus, Carl, Klassische und romantische Musikästhetik, Laaber, 1988

De Angelis, Enrico (Hrsg.), Deutsche und italienische Romantik, Pisa 1989

DeMan, The Rhetoric of Romanticism, New York 1984

Eichner, Hans (Hrsg.), ‚Romantic' and its cognates. The European history of a word, Toronto, 1972

Ernste Spiele. Der Geist der Romantik in der deutschen Kunst 1790–1990 (Ausstellungskatalog), hrsg. v. Christoph Vitali, Stuttgart 1995

Fink, Gonthier-Louis, Les Romantiques allemands et la Révolution française, Strasbourg 1989

Frank, Manfred, Einführung in die frühromantische Ästhetik, Frankfurt am Main 1989

Gish, Theodore G. (Hrsg.), Deutsche Romantik and English romanticism, München 1984

Heinrich, Klaus, Sucht und Sog. Zur Analyse einer aktuellen gesellschaftlichen Bewegungsform [1993], in: Reden und kleinere Schriften, Frankfurt am Main 1997

Hoffmeister, Gerhart, Deutsche und europäische Romantik, Stuttgart 1978

Hoffmeister, Gerhart, Spanien u. Deutschland, Geschichte und Dokumente der literarischen Beziehungen, Berlin 1976

Hofmann, Werner, Caspar David Friedrich, Naturwirklichkeit und Kunstwahrheit, München 2000

Hofmann, Werner, Das entzweite Jahrhundert. Kunst zwischen 1750 und 1830, München 1995

Kindermann, Heinz, Theatergeschichte Europas, Bd. VI Romantik, 2., verbesserte Auflage 1977

Kleßmann, Eckart, Die deutsche Romantik, Köln 1979

Kofmann, Sarah, Schreiben wie eine Katze (Autobiogriffures, 1984), Graz / Wien 1985

Kozielek, Gerard (Red.), Deutsche Romantik und Französische Revolution, Internationales Kolloquium Karpacz, 1987, Breslau 1990

Mandelkow, Karl Robert, Europäische Romantik, Wiesbaden 1982

Mayer, Hans, Außenseiter, Frankfurt am Main 1975

Neumann, Gerhard (Hrsg.), Romantisches Erzählen, Würzburg 1995

Oesterle, Günter (Hrsg.), Erinnern und Vergessen in der europäischen Romantik, Würzburg 2001

Osborne, John, Romantik. Handbuch der deutschen Literaturgeschichte, Bern/München 1971

Peter, Klaus (Hrsg.), Die politische Romantik in Deutschland, Stuttgart 1985

Pfotenhauer, Helmut, Um 1800. Konfigurationen der Literatur, Kunstliteratur und Ästhetik, Tübingen 1991

Praz, Mario, Liebe Tod und Teufel, Die schwarze Romantik, München 1970

Romanticismo. Il nuovo sentimento della natura (Ausstellungskatalog), Mailand 1993

Romantische Kunstlehre, Poesie und Poetik des Blicks in der deutschen Romantik, hrsg. v. Friedmar Apel, Frankfurt/M. 1992

Saul, Nicholas (Hrsg.), Die deutsche literarische Romantik und die Wissenschaften, München 1991

Schanze, Helmut (Hrsg.), Romantik-Handbuch, Stuttgart 1994

Schulz, Gerhard, Romantik, Geschichte und Begriff, München 1990

Szondi, Peter, Friedrich Schlegel und die romantische Ironie [1964], in: Schriften II, Frankfurt am Main 1978

Ueding, Gerd, Klassik und Romantik. Deutsche Literatur im Zeitalter der Französischen Revolution 1789-1815, München 1988

Vietta, Silvio (Hrsg.), Ästhetische Moderne in Europa. Grundzüge und Problemzusammenhänge seit der Romantik, München 1998

Wellek, René, Konfrontationen. Vergleichende Studien zur Romantik, Franfurt am Main 1964

Namenregister

Bildnachweis

Aberdeen Art Gallery (GB) 63
Angermuseum, Erfurt 71
Artothek, Weilheim 65; 144 / Bridgeman Art Library 46; 53; 70; 122; 144
Bayrische Staatsgemäldesammlungen, München 59
Bildarchiv Preußischer Kulturbesitz, Berlin 15; 21; 30; 32; 52o; 54; 56; 67; 80; 81; 89; 94u; 102; 112o; 112u; 113; 114; 135o; 135u; 136; 138; 148; 151; 152, 155; 166o (Staatliche Museen zu Berlin – Preußischer Kulturbesitz, Nationalgalerie) — 22u; 23; 25; 60; 76o; 86; 92; 96, 109; 123; 132; 134; 139; 161 (Staatliche Museen zu Berlin – Preußischer Kulturbesitz, Kupferstichkabinett)
Billedgalleri, Bergen (N) 57
Der Spiegel, Hamburg (Nr. 19, 18. Mai 1995)
Deutsches Filminstitut (DIF), Frankfurt am Main, 8o
Eremitage, St. Petersburg 130; 181
Freies Deutsches Hochstift, Goethe-Museum, Frankfurt am Main 116; 126
Galleria Civica d'Arte Moderna, Turin 42; 94o;
Galleria degli Uffizi, Florenz 58o
Germanisches Nationalmuseum, Nürnberg 171
Graphische Sammlung Albertina, Wien 105
Hamburger Kunsthalle 17o; 22o; 64; 75; 76u; 95o; 146; 179 (© Fotos: Elke Walford)
Historisches Museum, Wien 168
Kulturhistorisches Museum, Stralsund 153
Kunstsammlungen Chemnitz 166u;
Kunsthalle Bremen 38; 142o;
Kunsthalle zu Kiel, Gemäldegalerie 18, 93o;
Kunsthaus, Zürich 10u;
Kunstmuseum, Öffentliche Kunstsammlung, Basel (CH) 103; 141;
Kunstsammlungen zu Weimar, Schloßmuseum 24o; 87; 154
Kurpfälzisches Museum Heidelberg 24u; 51
Marseille, Musée des Beaux Arts 61
Musée Carnavalet, Paris 47; 156
Musée de Tessé, Le Mans 77
Musée Ingres, Montauban 99
Museo del Prado, Madrid 20; 43; 45; 121
Museum der bildenden Künste, Leipzig 142u
Museum Folkwang, Essen 95u
Museum für Kunst und Kulturgeschichte, Lübeck 55o
museum kunst palast, Düsseldorf 93u; 176
The National Gallery, London 165
National Gallery of Art, Washington 173
Nationalmuseum Poznań (PL) 50
Nationalmuseum, Stockholm 120
The New York Public Library, Astor, Lenox and Tiden Foundation (NY) 29
Österreichische Galerie Belvedere, Wien 66o;
Potsdam, Schloß Sanssouci 114
Pennsylvania Academy of Design, Phliadelphia 31
Réunion des Musées Nationaux, Paris 7; 19u; 37; 39u; 58u; 69; 101; 145;
Reynolda House, Museum of American Art, Winston-Salem (North Carolina) 28
© Sammlung Froehlich, Stuttgart/© Sigmar Polke, Köln 11
© Sammlung Klüser, München 190
© Sammlung M. Sanders, Amsterdam 16
The Science Museum, London 162
Staatliche Kunsthalle, Karlsruhe 172
Staatliche Kunstsammlungen, Gemäldegalerie Neue Meister, Dresden 10o; 55u; 68; 163; 169
Staatliche Schlösser und Gärten, Berlin 79
Staatliches Museum Schwerin, Kunstsammlungen 66u;
Staatliches Russisches Museum, St. Petersburg 39o; 78u
Städelsches Kunstinstitut, Frankfurt am Main 14; 143
Statens Museums for Kunst, Kopenhagen 49
Tate Gallery, London 36; 52u; 78o; 118; 157
Thorvaldsens Museum, Kopenhagen 27
Tretjakow-Galerie; Moskau 44
The Toledo Museum of Art, Toledo (OH) 48
Victoria und Albert Museum, Liondon 35
The Walker Art Gallery, Liverpool (GB) 62

Die Rechte für alle nicht aufgeführten Abbildungen liegen beim Autor, beim Verlag oder konnten nicht ausfindig gemacht werden.